Korean for Professionals
Volume 1, 2012

Korean for Professionals
Series Editor
Ho-Min Sohn

The Korean Language Flagship Center (KLFC) aims to produce professionals who can function in Korean in their chosen fields. After two years of intensive Korean language training customized to their fields, graduates of this program are expected to take their place among the next generation of global professionals as Korea specialists, commanding professional-level proficiency in Korean. Successful completion of the program and demonstration of the ability to use Korean at a professional level (ILR 3, ACTFL Superior) lead to the Master of Arts degree in Korean for Professionals. This monograph series is a compilation of the students' research critical and controversial issues in Korea or Korea-US relations. The series is issued every year and includes scholarly papers written by all graduates.

This volume is the first in the series and is published by the KLFC at the University of Hawai'i at Mānoa.

ordering information at nflrc.hawaii.edu

Korean for Professionals

Volume 1, 2012

edited by
Haejin E. Koh
& Dong-Kwan Kong

NATIONAL FOREIGN LANGUAGE RESOURCE CENTER
University of Hawai'i at Mānoa

2012 Haejin E. Koh

This work is licensed under the Creative Commons Attribution-NonCommercial-ShareAlike 3.0 Unported License.

To view a copy of this license, visit http://creativecommons.org/licenses/by-nc-sa/3.0/

Manufactured in the United States of America.

The contents of this publication were developed in part under a grant from the U.S. Department of Education (CFDA 84.229, P229A100001). However, the contents do not necessarily represent the policy of the Department of Education, and one should not assume endorsement by the Federal Government.

ISBN: 978-0-9800459-8-7

ISSN: 2159-2454

Library of Congress Control Number: 2012955444

distributed by
National Foreign Language Resource Center
University of Hawai‘i
1859 East-West Road #106
Honolulu HI 96822-2322
nflrc.hawaii.edu

Contents

1. 7·1 경제관리개선조치가 북한사회에 미친 영향/
The sociopolitical implications of economic reforms in North Korea
백은경 / Priscilla Baek   1

2. 이명박 정부의 영어 공교육 강화정책에 대한 연구/
A critical review of Lee Myung-bak's English education policy for Korean public schools
조한나 / Eileen Cho   19

3. 여성 새터민의 국내 적응실태와 지원방안에 대한 연구/
Women *saeteomin*'s adaptation difficulties during their resettlement process in South Korea and suggesting for improvements
허은경 / Kelly Hur   35

4. 북한 식량문제에 대한 해결책: 농업분야를 중심으로/
An agricultural focused solution to the North Korean food issue
임옥균 / Ann Ok Kyun Im   55

5. 한국의 소프트 파워: '한류'에 대한 연구/
Korea's soft power research on *hallyu* (Korean wave)
강지민 / Eunice Kang   71

6. 북한의 핵 협상 전략 패턴 분석: 미국대통령의 취임 전·후 시기를 기준으로/
An analysis on patterns of North Korean nuclear negotiating strategies: Focused on U.S. presidential inaugurations
김보나 / Bona Kim   88

7 북한의 테러 지원국 해제가 갖는 의미 연구/
The impact of removal of North Korea from the U.S. state-sponsored terrorism List
김연아 / Yeun A Kim 105

8 제한된 민주성의 노사관계
세계화에 따른 쟁의행위권 견제: 한국과 중국을 중심으로/
Limited industrial democracy in China and South Korea: Globalization's impact on disputation rights
신태희 / Matthew Lauer 121

9 북한의 대체 에너지 지원에 관한 연구/
Alternative energy aid to North Korea
남궁선 / Sophia Namkung 144

10 국제협약의 관점에서 바라본 북한과 중국의 탈북자 정책: 강제송환 정책을 중심으로/
North Korea-China policy on North Korean defectors in accordance with the international agreement: With a focus on repatriation by force
백재희 / Caroline Paik 157

11 광고를 통해서 본 한국사회의 변화:
전통적 가치관과 현대적 가치관을 중심으로/
Changes in Korean society in through the eyes of advertisement
박재균 / Jae Kyun Park 171

12 오바마 정부와 이명박 정부의 대북정책과 한미동맹의 바람직한 방향을 위한 제안/
Obama and Lee Myung-bak's policies Towards North Korea: Suggestions for the betterment of U.S. policy in North Korea and US-ROK relations
신소윤 / Sophie Shin 186

13 지속 가능한 북한 경제 형성: 지원인가 교역인가 -북한 정권, 중국, 장마당 그리고 주체사상을 향한 행로 /
Creating a sustainable North Korean economy: Aid or trade? – The regime, China, the Jang-ma-dang and the path towards Juche.
Steve Wiscombe 201

14 **미중 양국의 유엔 평화활동 비교분석/**
A comparative analysis of the U.S. and Chinese Peacekeeping Operation (PKO)
이은아 / Adrian Hellen Yi   218

7·1 경제관리개선조치가 북한사회에 미친 영향

백은경 /Priscilla Baek

MA, Korean for Professionals, University of Hawai'i at Mānoa, 2009
BA, Public Policy Studies, Duke University, 2007
BA, Spanish, Duke University, 2007

The sociopolitical implications of economic reforms in North Korea

This paper examines the effects of the July 1, 2002 reforms on the economic activities, social structure, and value systems of the North Korean people. Ever since the severe food crisis that swept across the country in the mid-1990s, the North Korean people have been forced to survive on their own. When the black market began to thrive with the partial collapse of the public distribution system, the North Korean government enacted a series of economic measures to legalize market activities in a policy known as the July 1st Economic Reforms. In this paper, I summarize the main provisions of this policy and trace the changes in the North Korean people's economic activities, social structure and value systems. I argue that the market has not only transformed the people's tangible economic activities toward a more capitalistic trend, but that the market has become a space for resistance against the regime. I argue that in the future, the North Korean government will have no choice but to face a thriving informal economy and will have to take measures to not only reform, but to open their markets to the outside world.

1. 서론

1990 년대 중반부터 북한은 심각한 식량난을 겪고 다양한 사회·경제적 변화에 직면하게 되었다. 2008 년 2 월 미국 워싱턴 포스트 신문에 실린 "기아가 북한을 어떻게 변화시키고 있는가"라는 논설에서 석경화 휴먼 라이츠 워치(Human Rights Watch) 북한 연구원은 북한경제의 현실에 대한 흥미로운 사실을 전했다. 그는 북한과 중국 사이의 국경지역을 방문해 탈북자들을 직접 인터뷰했고, 이를 바탕으로 쓴 논설에서 북한주민들이 1990 년대 중반의 식량난에서 생존하기 위해 투쟁하는 가운데 "북한 정부는 그들의 일상생활에 대한 통제력을 상당 부분 잃었다"고 주장했다. 다시 말해 더 이상 제 기능을 하지 못하는 배급제도가 차츰 성장하는 시장경제로 대체되면서 북한주민들은 스스로 생존할 길을 찾고 돈을 벌기 시작하였다는 것이다.

계획경제와 배급제의 붕괴로 암시장이 활개를 치자, 북한당국은 기존 정치체제를 유지하면서 경제를 회복하는 방안의 하나로, 2002년 7월 1일 경제관리개선조치(이하 7·1조치로 표기)를 채택하였다. 7·1조치를 바탕으로 기존 경제관리체제에 시장기능을 부분적으로 도입하여 붕괴된 계획경제를 정상화하려는 시도였다. 7·1조치로 인한 시장경제의 제한적 합법화는 북한주민들의 생활에 직·간접적인 영향을 미쳤다. 직접적으로, 7·1조치는 북한주민들의 경제활동을 진작시켰고, 주민들이 국가에 의존하는 데서 벗어나 시장에서 장사나 거래를 하는 행위를 인정하였다. 또 간접적으로, 북한의 경제개선방안은, 1980년대 말 부분적으로 개방된 시장을 통해 침투된 외부사조와 함께 북한주민의 가치관변화와 정권에 대한 불신에 주된 요인으로 작용하였다.

본 논문은 위와 같은 문제의식을 바탕으로 7·1경제관리개선조치가 채택된 원인과 이 정책이 북한주민들의 경제활동과 사회구조 및 인식에 미친 영향을 살펴볼 것이다. 연구방법은 주로 기존의 학문적 성과와 관련 문헌을 바탕으로 한 분석에 기초한다. 이 논문은 다음과 같이 구성된다. 먼저 북한 경제변화의 원인과 그에 따른 북한의 대응책이었던 7·1조치를 검토해 볼 것이다. 그 다음으로 7·1조치의 주요 내용을 살펴보고, 이것이 북한 주민들의 생활에 미친 영향을 살펴보겠다. 마지막으로 7·1조치에 대한 평가를 내리고, 그 결론으로 변화하는 북한경제의 여건과 환경에 대해 전망하겠다.

2. 북한 경제변화의 원인 및 북한당국의 대응책인 7·1경제관리개선조치

1990년대 들어 식량난 이전의 북한은 "은자의 왕국"(hermit kingdom)이란 명칭을 달고, 주민들에게 바깥 세계를 경험하기는커녕 이에 관한 정보조차 알지 못하도록 강력한 통제를 실시하였다. 북한 주민들은 김정일 체제의 선전만을 보도하는 국내방송 외에는 다른 정보를 얻지 못하였으며, "자기 거주지 인근지역 밖으로 여행할 수 있는 경우는 가족 구성원의 결혼이나 장례식" 등으로 극히 제한되어 있었다. 또한 국가정보기관은 주민들에 대해 5가구씩 묶어서 서로를 감시하는 '5호 감시제'를 포함한 엄격한 통제 체계를 운영했다. 그렇지만 가장 중요한 점은, 정부가 식량의 배급을 독점했다는 것이다. 따라서 북한 주민들은 그들의 유일한 식량 획득 수단을 잃을지 모른다는 두려움으로 인해, 정부의 지시에 복종하고 거주지에서 이탈하지 않도록 주의했다. 그러나 1990년대 중반 구소련의 공산세력이 붕괴된 국제정세에 더불어 격심한 자연재해를 몇 차례 겪은 북한은 고난의 행군을 밟으면서 대다수 주민들에 대한 식량배급을 중단하기에 이르렀다. 외화부족과 원유 및 원자재난으로 공장가동률이 떨어지고, 식량부족과 연이은 자연재해 등으로 심각한 위기에 봉착하게 되었다. 북한은 외부로부터 지원을 얻기 위해 미국·일본과의 관계를 정상화하려는 시도를 하였으나 이는 실패하였다. 더욱이 식량난과 생필품 부족현상이 심화된 나머지 암시장이 번성하여 공식경제체제를 위협할 수준까지 이르게 되었다. 즉 북한은 10년 가까이 되는 시간동안 고립된 상태에서 국제지원을 받으며 간신히 살아남은 것이다.

　배급제를 더 이상 실행할 수 없는 정부는 주민들의 신뢰와 충성을 잃었다. 고위 계층을 제외하고는 식량 및 생필품의 배급이 거의 중단되었기 때문에, 주민들의 대부분은 필요한 물품을 시장을 통해서 구매했다. 이는 "기존의 기업소를 비롯한 산업현장의 가동이 중단되면서 급여를 받지 못하는 주민들은 시장에서 상행위를 통해 생계를 유지할 수밖에 없는 상황"에 처했기 때문이다. 시장의 확산에 불안을 느낀 북한당국은 국영 상점의 기능을 대폭 확장하여 다양한 물품을 판매하도록 하였고 장마당을 강력히 단속하여 회수한 물품들을 국영직매점에 넘겨 판매하기도 하였다. 직매점에서 장마당에서보다 물품을 더 싼 가격에 판매하도록 함으로써 장마당의 기능을 흡수하려 했지만 시장은 더욱 활성화되었다. 90년대 후반부터 성장하기 시작한 암시장은 정부가 통제할 수 없을 만큼 이미 확대 국면에 접어들었고, 정부는 어쩔 수 없이 경제활동을 제한적으로 허용하는 정책을 펴야 했다. 즉, 2002년 7월에 북한 당국은 "우리식" 개혁·개방을 내세워 7·1경제관리개선조치를 도입하였다. 본 조치는 크게 보아 다음 3가지 목적을 담고 있다. 첫째, 암시장을 효과적으로 통제하는 한편, 정치·경제적 이익도 챙김으로써 국가 재정난을 완화시키려 하였다. 둘째, 인플레이션 압박에서 벗어나는 것이다. 셋째, 주민들에 대한 상품공급을 확대하는 것이다.

　그러나 북한정권은 7·1조치를 실행하면서도 자본주의 방식을 전면적으로 도입한다는 평가를 피하기 위해 '개혁' 또는 '개방'이라는 용어를 의도적으로 거부했다. '개혁'이라는 표현은 기존의 계획경제의 문제점을 지적하는 용어로서 북한 정권의 사회주의적 기반을 부정하는 것으로 인식되었으며, '개방'은 김정일체제의 정당성에 위협을 줄 수 있기 때문에 사용되지 않았던 것이다. 따라서 경제관리에서는 '개혁·개방' 대신에 '개선'이라는 용어를 사용했고, 과학기술분야에서는 "개건"이라는 단어를 채택했다. 북한은

2003년에 들어서 '개혁'이라는 용어를 북한중앙통신을 통해 제한적으로 사용하기는 했다. 그러나 북한정권은 계속 '우리식' 경제개혁, 즉 "주체적인 사회주의 변화의 길"과 '선군시대 경제건설노선'을 표방하며 자본주의 전형도입을 꺼렸다.
그렇다면 북한이 말하는 '북한식' 경제 변화의 대표 정책인 7·1조치의 주요내용은 무엇일까. 다음 장에서는 2002년 시행된 7·1조치가 가져온 북한의 경제 및 시장 환경에 대한 정책과 제도에 관한 내용을 살펴보겠다.

3. 7·1 경제관리개선 조치의 주요내용

7·1조치의 공식적인 기조는 사회주의 원칙을 고수하면서 최대한의 경제적 실리를 도모하며, 현실에 맞게 경제관리 방식을 실현하는 것이다. 이와 같은 목적을 달성하기 위해 북한 당국은 대·내외적인 경제정책을 마련하였고, 재정난을 완화하기 위한 거시경제적 조치와 기업 및 농업을 관리하기 위한 미시경제적 정책을 동시에 전개하였다. 대외부문에서는 개성공업지구법, 금강산관광특구법, 신의행정특별법 등 경제특구를 설정하는 법률을 제정하기도 했다. 그러나 본 논문에서는 7·1조치가 일반 주민들의 삶에 미친 영향을 살펴보려 하므로, 대외부문에서의 정책은 다루지 않을 것이다.
내부적으로 추진한 정책을 검토해 보면, 거시경제적 차원에서는 물가 및 임금 인상, 번수입지표 도입, 사회보장체계 개편 등을 꼽을 수 있다. 미시경제적 차원에서는 공장·기업소의 자율성 제고와 인센티브 확대, 그리고 계획외 생산품 판매 확대로 나누어 고찰할 수 있다. 이와 같은 정책을 개별적으로 살펴보겠다.

3.1 거시경제적 조치

3.1.1 물가 및 임금 인상

북한의 물가는 계획가격제에 의해 중앙에서 결정되기 때문에 암시장의 가격보다 낮다. 그러나 90년대 중반 이후에 국가의 재정 부담이 갈수록 커지고 국정가격과 암시장간의 가격차가 커져, 암시장에서 상품유통이 활발해질 수밖에 없는 문제가 발생했다. 북한은 이러한 문제를 해결하기 위해 생산원가 및 국제가격을 어느 정도 반영하기 시작했고, 식량·공산품·집세·전력 등의 물가를 전반적으로 수십 배 올렸다.
7·1 조치 이전과 이후의 물가를 비교해 보면 다음과 같다. 그러나 공급부족으로 인하여 물가가 훨씬 높게 상승하는 경우가 허다했다.

<표1> 물가 상승

쌀(원/kg)	0.08 -> 44(550배)
전력(원/KwH)	0.035 -> 2.1(60배)
지하철(원/1구간)	0.1 -> 2(20배)
유원지입장료(송도해수욕장)	3 -> 50(17배)
냉면(옥류관)	10 -> 145(14.5배)
노동자임금(월)	110 -> 2,000(18배)
대미환율(달러당)	2.12 -> 153(72배)

출처: 한국 기획재정부 (MOFE) "북한의 7.1 경제관리개선조치무엇인가?"

　북한 정부가 물가를 대폭 인상한 이유가 무엇일까. 암시장의 식량 가격은 북한이 계속 만성적인 식량 부족에 시달려 오면서 급등했다. 그러나 중앙정부에서 농민들로부터 식량을 구입하는 가격에는 변동이 없었다. 이러한 상대적인 물가 차이는 곧 농부들과 주민들이 암시장에서 상품을 내다파는 현상을 부추겼다. 왜냐하면 암시장에서는 정부에 파는 것보다 더 나은 가격을 받을 수 있었기 때문이었다.
　물가 변동을 통해 정부 조달 물가는 시장 가격에 거의 80%로 상승하였다. 공급의 측면에서 살필 경우, 이러한 변동은 식량배급제도에 식량 공급을 늘리는 것과 농부들의 소비활동, 사적 시장 등을 제한하는데 목적을 두고 기획되었다. 북한 정권은 곡물의 공시 물가가 암시장의 그것과 같다면 사람들이 암시장에서 거래를 할 유인이 없게 되리라 판단한 것이다. 수요의 측면에서 보자면, 이러한 물가 변동은 주민들의 소비생활을 다시금 관(官)의 관리 하에 두기 위한 것이었다.
　가격인상에 따른 생활비 부담을 보전하기 위해 임금도 평균 18배에서 25배로 올림과 동시에 노동생산성에 따라 임금을 지불하는 방식으로 전환하였다. 임금인상은 전 업계에 같은 비율로 적용되지 않고, 직종에 따라 차등 인상되었다. 이에 따라 각 노동자들의 성과와 노동시간, 생산량 등을 기준으로 임금을 차등 지급하는 인센티브 제도도 도입됐다. 그러나 일반 노동자가 받는 임금(월 110원에서 2000원으로 인상)은 생계를 유지하기에 형편없이 부족한 금액이었다. 배급비가 물가나 제조비 및 생산비와 같이 대폭 인상하였고 주민들은 생활필수품을 구하기 위해 시장에 나가 장사를 하기 시작했다. 이에 대하여는 7·1조치가 북한주민들의 삶에 어떤 영향을 미쳤는가를 살펴보는 장에서 더 자세히 검토하겠다.

가격인상에 따른 생활비 부담을 보전하기 위해 임금도 평균 18배에서 25배로 올림과 동시에 노동생산성에 따라 임금을 지불하는 방식으로 전환하였다. 임금인상은 전 업계에 같은 비율로 적용되지 않고, 직종에 따라 차등 인상되었다. 이에 따라 각 노동자들의 성과와 노동시간, 생산량 등을 기준으로 임금을 차등 지급하는 인센티브 제도도 도입되었다. 그러나 일반 노동자가 받는 임금(월 110원에서 2000원으로 인상)은 생계를 유지하기에 형편없이 부족한 금액이었다. 배급비가 물가나 제조비 및 생산비와 같이 대폭 인상하였고 주민들은 생활필수품을 구하기 위해 시장에 나가 장사를 하기 시작했다. 이 점에 관하여는 7·1조치가 북한주민들의 삶에 어떤 영향을 미쳤는가를 살펴보는 장에서 더 자세히 검토하겠다.

3.1.2 번수입지표 도입 및 재정과 기업회계의 분리

북한정권은 7·1조치를 통해 '번 수입'과 '번수입지표'를 도입하였으며 기업과 노동자에게 실적에 따른 차등 분배를 시행함으로써 생산성 향상을 도모하였다. '번 수입'이란 시장경제적 용어로 설명하면 매출총액에서 노동비용을 제외한 제 비용을 뺀 수치로서 '임금 + 이윤'이라 할 수 있다. 판매실적을 중요시 하는 번수입지표를 북한의 국영기업 경영에 도입함으로써 경영의 중심을 '계획에 따른 생산 목표량 달성'이 아닌 '소비시장의 기호에 맞춘 판매실적 증가'에 두게 되었다. 이를 통해 생산하기만 하면 판매되지 않아도 되는 비효율적인 현물지표를 극복하는 동시에 북한의 계획능력에 대한 한계를 소비시장의 소유를 통해 넘어섬으로써 기업의 생산성 향상을 도모하고자 했다.

또한 재정과 기업회계를 분리하기 위해 북한정권은 7·1조치를 통해 중앙계획대상을 축소하였고 세부계획권한을 지방이나 기업소, 협동농장에 위임하였다. 이러한 분권화는 기업과 공장의 자율성을 높이는 한편, 국가재정을 축소 운영할 수 있는 기초가 된다.

3.1.3 사회보장체계 개편

북한은 식량·소비재·주택 등을 무상이나 다를 바 없을 만큼 저렴한 국정가격으로 공급해왔다. 그러나 전반적 물가 인상으로 인해 배급제를 구입제로 전환하였다. 배급대상 품목에는 변화가 없으나 식품·의류·신발·생활용품·문방구 등은 전보다 100배까지 가격을 인상하여 배급제의 범위가 축소되었다.

북한은 무상교육·무상치료·사회보험 등 '사회주의의 우월성'을 보여주는 사회보장제도는 유지한다고 하였으나, 새터민의 증언에 따르면 최근에는 이러한 방침들조차 유지하기 힘들다고 한다. 이는 북한 주민들의 경제·사회 활동을 다루는 장에서 구체적으로 언급하겠다.

3.2 미시경제적 조치
3.2.1 기업소·공장의 경제활동 자율성의 증대

각 공장과 기업소는 7·1조치이후 시장경제체제와 같이 이윤을 많이 남기는 경영을 추진하기 위해 생산성 향상에 따라 각종 물질적 보상(인센티브)을 제공하는 체제를 도입하였다. 그리고 과거에는 기업소에서 초과달성한 이윤을 국가에 납부하던 것을 기업 자체로 재투자 재원이나 종업원 복지기금으로 활용할 수 있는 권리를 주었다. 자재공급을 개선하기 위해 기업간 원자재 거래도 허용하는 '물자교류시장'도 도입하였다. 뿐만 아니라 당위원회의 역할을 축소하고 지배인 책임제를 강화하였다고 한다. 또한 근로자 임금과 후생복지 혜택에 '단 위사업소별 실적보상제'를 도입하였고 농업생산의 15%를 차지하는 세금을 뺀 나머지 85%를 시장가격으로 국가에서 수매함으로써 생산을 증가시키려 하였다.

3.2.2 계획외 생산품 판매 확대 및 종합시장의 합법화

북한은 또한 7.1조치의 후속으로 2003년에 들어서 기존의 농민시장과 장마당을 "종합시장"으로 확대.개편함으로써 사실상 암시장을 합법화하고 북한경제의 "시장화"를 더욱 강화하는 조치를 취하였다. 2003년 6월10일 북한은 "농토산물뿐 아니라 공업품도 사고팔게 되어 있는 개편된 종합시장이 지금 도처에 꾸려지고 있다"며 "그동안 여러 기회에 걸쳐 경제개혁을 추진시켜 왔다"라고 언급했다. 북한은 이때 까지는 금기시 되어 있던 개혁이라는 표현을 사용하였다는 점에서 의미 있는 변화가 있다고 분석할 수 있다.

종합시장에서는 농민시장과 장마당에서 허용되었던 농산물 및 토산품 이외에 소비재 성격의 공업제품 거래도 가능하도록 하였고, 농민이나 일반주민뿐 아니라 국영기업소와 협동단체들도 상품을 구매.판매할 수 있도록 하였다. 종합시장에서는 기존의 농민시장과 장마당에서 암거래되었던 상품들이 북한당국의 묵인 하에 거의 그대로 거래되었다. 더불어 종합시장에서 거래되는 주요 품목에 대해서는 시장한도가격을 설정하고 있으나, 한도가격이 시장가격과 큰 차이가 있을 시, 한도가격제는 유명무실한 실정이다.

4. 7·1조치가 북한주민들의 경제활동과 사회적 인식에 미친 영향

앞 장에서 언급했듯이 7·1조치는 경제변화를 다각적으로 촉진한 정책이다. 본 장에서는 7·1조치가 북한주민들의 생활, 특히 이들의 경제활동, 그리고 이들의 사회적 인식에 미친 영향을 2차 자료와 새터민들의 증언을 통해 살펴보려 한다.

4.1 7·1조치가 북한주민들의 경제 활동에 미친 영향

북한당국은 7.1조치이후 암묵적으로 용인되었던 농민시장과 장마당을 합법화하면서 시장의 규모를 확대하였고, 공산품의 유통도 허용하고, 현대식 종합시장을 도입하였다. 자연히 이에 따라 노동력의 이동과 상품유통이 늘어나게 되었다. 7·1조치가 북한주민들의 소비생활에 미친 영향을 조사한 연구 자료는 다음과 같은 탈북자의 증언을 담고 있다.

"국가에서 자꾸 무조건 배급을 주고, 장사는 비사회주의다라고 하면서 장사를 못하게 하니, 더 이상은 못 살겠다, 차라리 배급을 안 주었으면 좋겠다는 말들이 나왔죠. 그런데 2002년 7월 경제조치 시행 후에 장사를 하게끔 지시가 떨어져서 장마당에서 여자들이 만세를 불렀다고요. 마음대로 장사하게 해줘서 고맙다고."

배급제의 폐지 이후 생활을 위해 공식적인 정규직을 떠나 사적 경제활동에 종사하는 경우가 급증하였다. 북한주민들은 시장으로 몰렸으며, 연쇄적으로 직장을 통한 노동력의 통제가 약화되고 노동력의 누수가 나타나는 결과를 초래했다고 평가된다. 2차 자료에 나오는 새터민들의 진술을 살펴보았을 때, 주민의 장사활동 참여가 늘어나면서 부수적인 결과들이 다방면으로 나타나고 있음이 확인되었다.

첫째, 각 직장 및 단위들은 북한당국이 배급을 책임질 수 없는 국가경제 현실을 인정하고 재원 및 구성원의 생계를 해결하기 위한 비공식적인 조직 운영을 일상화했다. 공장에서는 결근을 하는 대신 회사에 납부금을 내고 개인 사업을 하게끔 하는 소위 '8·3 노동자'로 등록하는 근로자들이 흔해지고 일반화되었다. 이들은 가내작업이나 시장, 각종 개인적 생계활동을 통해 수입을 얻고, 수입 중 직장별로 정해진 금액을 출근에 대신해 직장에 지불한다.

2008년 말에 북한 주민 인권 실태를 조사한 논문에 실린 새터민의 증언은 위와 같은 현상을 잘 보여준다.

"지방공장에서는 계획을 못하는 경우에는 8·3 인민소비품 생산을 통해 채우는 것이 보통이입니다. 예를 들어 내가 공장에 적을 두고 이 달에 15만원을 내면 한 달 동안 직장에 나가지 않아도 그 공장에서 신원을 보증해 주는 것입니다."
 이 탈북자의 증언에 의하면, 돈으로 직장배치와 직장이동, 이탈과 관련한 문제를 해결하고 있다는 것을 알 수 있다. 다시 말해, 경제난으로 인해 비공식적 생존시스템이 작동하고 있으며 국가에 의한 직장배치 등의 질서가 약화되고 있다.
 둘째, 사적 경제부문이 확산되면서 전형적인 가족의 생활유형도 달라졌다. 7·1 조치이후 남편은 직장에 다니고 아내는 장사를 하는 경우가 일반화되었다는 것이다. 가족의 생계부담도 사실상 여성들이 책임져야 하는데 전통적인 가사노동의 성별 분업구조는 그대로인 경우가 많아, 여성들의 노동 부담이 커지고 이로 인해 남편과 아내 사이에 충돌이 빈번히 생기는 것으로 나타났다. 어떤 경우에는 남편들이 돈벌이를 못하고 부인들이 경제권을 쥐게 됨에 따라 남편들이 폭력을 행사할 때도 있다. 이와 관련하여 북한 인권 실태 조사 연구 자료에 실린 탈북자의 증언을 살펴보도록 한다.
 "사회가 변하다 보니까 남자들이 소득이란 게 없지 않은가. 여자가 다 벌어 먹인다. 그런데 남자가 자존심이 있다. 그래도 집 문패는 자기 이름으로 걸려 있는데……. 그러니까 여자가 생계 문제와 관련해 이야기하면서 자존심을 건드리면 남자가 아무래도 주먹으로 내리치게 된다."
 이 탈북자의 증언을 보았을 때, 북한주민들의 경제 여건과 실태가 변하면서 경제활동을 하는 여성들의 사회참여율도 높아졌다는 것이 드러난다. 그러나 앞서 언급했듯이 출근하는 것보다 장사를 하는 것이 훨씬 높은 소득을 올릴 수 있기 때문에 남성들도 8·3 노동자로 등록하여, 여성뿐 아니라 남성들도 장사에 나서는 경우가 늘고 있다. 아예 "부부가 모두 장사를 하는 맞벌이 가족이 증가"하고 있는 추세도 나타난다.
 셋째, 개인의 장사활동이 활성화되면서 장사물품을 조달하는 방법도 다양화되고 있다. 장마당에서 판매되는 상품들은 중국이나 일본, 한국에서 들여온 수입품이 큰 비중을 차지하고 있다. 북한 내부적으로는 여러 가지 수단을 동원해 물품을 구하고 이를 시장에 내다 판다. 한 새터민에 의하면 공장에서 생산하는 품목을 가져다 장사를 한다고 한다.
 "공장에서 비누를 100 개 만들었다 하면 한 70%는 창고에 있고, 30%는 다 도둑질 하고… 그것이 생계수단이니까. 출근을 해야 비누를 장마당에 내다 팔아서 자기 생계를 유지하니까. 그런 일도 간단한 일은 아니다. 매수가 지정되어 있기 때문에… 어쨌든 그것이 우리 공장에서 1 차적인 생계수단이었다."
 또한 공장에서의 생산이 마비된 상태이었을 때, "비누 등의 생필품, 신발이나 옷, 모자 등의 의류, 순대 등의 식품이 가내수공업의 형태로 제조, 판매"되고 있다는 증언도 있었다.

"어떤 집은 빵만 구워서 팔고 이렇게 개인들이 몽땅 집에서 하는데, 시장에 나가보면 얼마나 신기한 물건들이 많은지, 아이디어들이 얼마나 기발한지 (…) 지금 북한 상품들이 얼마나 기가 막히게 잘 나오는지 몰라요. 지금 현재 완전 자본주의가 다 되었어요. 사람들의 사상 상태가 … 공산주의 사상이라고는 요만큼도 없어요. 이제는 완전 개인주의 … 신의주 같은데 가면 집집마다 다들 운동화 만들고 있어요."

　　더 나아가 개인이 스스로 물품을 만들어 시장에 내다파는 1인 경제 형태뿐 아니라, 개인사업자가 기술. 기능직 노동자들을 고용하여 물품을 생산해 판매하는 '분업구조의 경제형태'가 늘어나고 있다. 북한정권은 이러한 사적 고용관계를 위법행위로 간주해 처리하려고 노력은 하고 있지만, 시장의 힘이 커지면서 사적 고용관계뿐만 아니라 도매상과 소매상간의 가격차를 활용하는 등 시장원리에 따라 거래를 하는 전문장사꾼이 계속해서 등장하고 있다. 북한 탈북자를 심층 조사한 연구물에 따르면 "북한에도 외국에서 수입되는 의류, 자전거, 중고 가전제품 등을 대량으로 구매해서 소매상에게 되파는 도매상들이 등장했으며, 도매상과 소매상간의 소득의 격차는 점차 심화되고 있다"고 한다. 또한 소매상들의 경우도 판매하는 품목에 따라 얻는 이윤의 차이가 크다. 예를 들어 채소류, 국수 등의 음식물을 파는 경우 겨우 먹고사는 정도의 생활만이 가능한 상태인 반면, 의류나 가전제품 등의 소매를 하는 경우는 상당한 이윤을 남길 수 있다.

　　북한 주민들의 경제활동이 활발해지고 개인주의적인 성향을 가지면서 이들의 가치관에도 역시 변화가 있었다고 볼 수 있다. 다음에서는 북한주민들이 7·1조치로 인해 얻을 수 있는 경제적 자유가 이들의 사회적 인식을 어떻게 변화시켰는지 살펴보겠다.

4.2 7·1조치가 북한 사회구조와 주민들의 인식에 미친 영향

　　7·1조치는 단순한 경제적 개혁조치에 머무는 것이 아니고, 북한의 사회구조와 주민들의 가치관을 변화시킨 정책이라고 볼 수 있다. 배급제 시절과 달리 일한 만큼 벌어간다는 의식을 사회에 확산시키고 있는 7·1조치는, 내부적으로 사회적 지위나 관계, 북한체제에 대한 새로운 태도 등에 영향을 주었다.

　　첫째, 사적 경제가 활성화되고 극단적인 부익부 빈익빈 현상이 심화되면서, "사회적 지위도 소용없고 돈만이 살 길"이라는 인식이 북한주민들 사이에 만연하게 되었다. 90년대 중반 고난의 행군을 겪은 주민들 사이에서는 똑똑한 사람은 어떤 수단을 사용해서라도 식량을 구해 살아남는다는 인식이 자리 잡았고, 비공식적이고 불법적인 경로를 통해 큰 소득을 얻는 것이 사회에서 성공하는 길이라고 여겼다.

돈을 빠르게 벌기 위해서는 대부분 외국과의 교역이나 밀거래 등에 의존하는 경우가 많았는데, 이 경우 북한사회에서는 권력층과의 공생관계가 필연적이었다. 따라서 '법 일꾼'(법기관 종사자)에게 뇌물을 주는 것은 당연한 것이 되어 버렸고, 생계유지를 위한 일반 주민들의 불법행위도 불가피한 현실이 되고 말았다. 국가의 지원 없이 어떤 방법으로든 스스로 알아서 살아야 한다는 현실 속에서, 가난은 "곧 새로운 경쟁에서의 낙오로 인식되고 있고 사회적 연민보다는 야유의 대상이 되고 있다". 즉, 정치적 권력보다 부를 더 중요시 하는 의식변화는 김정일 수령에 대한 충성을 무엇보다 중요시 여겨 온 북한의 근본적인 사회질서를 약화시키는 요인으로 작동한다.

둘째, 부의 가치를 올린 7·1조치는 사회 계층 구조의 변동을 가져왔다. 경제난 이전 시기의 북한의 계층구조는 소득과 재산 등 경제적 기준보다는 "성분이라는 정치적 잣대"에 의해 구분되었다. 그러나 앞서 언급했듯이 개인이 부를 축적하게 되면서 새로운 가치관이 형성되기 시작했고, 이에 따라 경제적 기준에 의한 계층질서가 형성되기 시작했다. 계층별 소득의 격차는 고난의 행군을 경유하면서 2000년부터 현저히 나타나기 시작해서 2002년 7·1조치가 실행된 이후 "완전히 갈라졌다".

북한 탈북자들의 증언을 종합하면 2000년대 이후 경제적 계층은 상위계층, 중간층, 하위계층으로 구분할 수 있다. 2005년 이후의 상황을 보면, 대도시에서는 상위계층 5~15%, 중간층 30~40%, 하위층, 50~60% 정도, 농촌 지역에서는 상층은 극소수, 중간층 20~30%, 하층 70~80% 정도의 분포가 나타난다. 사회 계급을 구분하는 가장 기본적인 기준은 소비수준, 즉 식생활 수준과 예비식량 보유 여부이다. 북한 주민들의 일상생활을 새터민의 증언을 통해 조사한 연구에 따르면 상위계층은 "쌀밥에 돼지고기 먹는 사람", 중간층은 "배고픈 고생을 안 하는 사람," 하위계층은 "죽 먹는 날도 있고 밥 먹는 날도 있고, 여러 가지로 어려운 사람" 등으로 규정된다. 식량뿐만 아니라 소비내용도 계급이 높아지면서 보다 고급스럽고 다양해진다고 밝혀졌다. 이러한 사회계층의 구조변화는 북한주민들의 욕구변화로 이어졌고, 김정일 체제에 충실하면서 굶어죽는 것보다 장사를 해서 상위계층에 속하고 싶은 주민들의 마음은 체제의 근간을 흔들었다.

셋째, 7·1조치 이후 시장이 확대되면서 주민들의 관계망에도 변화가 있었다. 기존에는 북한정권이 식량과 주택의 배급제를 유지함으로서 주민들을 "직장과 공적 관계망에 긴박(繁縛)"시켰다. 또한 인민반 조직이나 직맹, 여맹, 청년동맹 등 각종 근로단체와 당

조직 간의 강력한 관료적 관계망을 통해 주민들의 일상생활을 통제해왔다. 그러나 주민들을 통제하기 위해 쓰인 배급제가 사실상 폐지되면서 기존의 공적 관계망은 약화되고 사적 관계망과 같은 비공식적 관계망이 싹트기 시작했다. 따라서 기존의 심리적·도덕적·사회적 결속이 해체되고, "상거래관계를 중심으로 하는 새로운 질의 관계망이 형성됐다".

처음에는 북한 주민들은 주로 가족구성원들과 사적 관계망을 형성했다. 그것은 시장경제활동에 대한 제도적 보장이 부재한 상황에서 그나마 신뢰할 수 있는 사람들과 사적 관계망을 형성하는 것이 안전하였기 때문이다. 그러나 시간이 지나고 시장 중심의 경제활동이 활성화되면서 사회적 관계망은 일종의 "사회적 자본"(social capital)으로 작용하여 일반 주민들의 생활수준과 경제적 계층의 이동에 큰 영향을 미치기 시작했다. 따라서 주민들은 장사와 연계된 관계망은 물론, 자신의 이득에 혜택이 되는 관료들과 뇌물을 매개로 관계를 형성하였다. 관료들과의 관계를 맺는 것은 북한 정부의 법을 회피할 수 있는 하나의 수단으로 사용되었으므로, 이러한 변화 역시 북한체제의 위협하는 요인으로 볼 수 있다.

넷째, 7·1 조치 이후로 경제활동이 활발해지면서, 시장은 주민들이 사회적 통제에서 일탈하고 사적 영역을 도피하는 등 일상 속의 저항을 할 수 있는 공간이 되었다. 우선 개인고용노동이나 기업소의 원료나 생산물을 절도하는 등 생계유지를 위한 불법행위(不法行爲)를 통해 주민들은 북한정부에 대한 소극적인 반발을 하고 있다. 이러한 행위는 일탈과 위법의 의미가 아니라 생계유지를 위한 당연한 자구책의 의미가 강하지만, 이를 분석해 보았을 때, 불법행위에 대한 적극적 정당화는 북한 주민들이 국가적 담론을 변형시켜 자기화하는 대표적 사례로 보여진다. 금지된 자본주의 문화를 시장을 통해 사적으로 향유하는 행위도 북한 정부에 대한 저항이라고 볼 수 있다. 북한 당국의 강력한 통제에도 불구하고 북한주민들은 여가생활로 남한(南韓) 영상물을 비롯해 자본주의 문화에 빠져들었다. 이는 정치적 저항과 달리, "매우 사적이고 비정치적인 대응방식"이다. 이러한 경로를 통해 북한주민들의 의식이 실제로 변하고 있다는 사실은, 새터민들의 증언을 통해 살펴볼 수 있다. 마지막으로 장사하는데 힘을 기울이는 주민들은 정치교육이나 생활총화 등 사상적 통제에 불응하거나 불성실하게 임한다. 정치교육과 사회단체활동은 북한당국이 주민들을 통제하고 감시할 수 있는 수단일 뿐 아니라 주민들에게 끊임없이 지배 이데올로기를 주입하며 '일상의 정치화'를 시도하는 방편이었다. 그러나 먹고살기 바쁜 주민들이 사회단체모임 대신

시장에 나가 활동을 하는 것은 북한정권의 통제로부터 벗어나는 행위라고 볼 수 있다.
7·1조치로 인한 시장의 발전과 주민들의 경제활동 확대는 무엇보다도 북한당국과 김정일체제에 대한 불신을 가져왔다. 다음 장에서는 전문가들이 북한정권이 취한 7·1조치의 영향과 범위를 어떻게 평가하고 있는지, 그리고 더 나아가 필자는 7·1조치를 어떻게 이해하고 있는지 밝히도록 하겠다.

5. 7.1조치에 대한 평가

위와 같은 경제적 및 사회적 변화를 분석해 보았을 때, 7·1조치는 간단한 경제개선 조치가 아니라 북한주민들의 생활체계를 변형시킨 정책이다. 그럼에도 불구하고 전문가들 사이에서는 여전히 7·1조치가 북한의 경제상황의 실질적인 변화에 얼마나 기여했는지, 그리고 북한경제가 앞으로 얼마나 개혁될 것인지에 대해 엇갈리는 평가가 나오고 있다. 이는 대체로 북한의 경제정책을 '계획개선조치'로 보는 시각과 '시장개혁조치'로 보는 시각으로 대별된다.

7·1조치가 '계획개선'이라고 보는 전문가들은 동 조치가 아래로부터의 시장화 압력에 떠밀려 사후적으로 시행된 경제개혁정책이며 개방화 되는 현실을 처방하려고 시행된 정책이라고 주장한다. 이들은 7·1조치는 오히려 계획경제를 고수하기 위해 기획된 정책이며 김정일 체제하에서는 의미 있는 경제 및 정책변화 가능성이 희박하다고 주장한다. 홍성국 극동연구소 연구위원은 "북한의 변화는 시장원리를 적극적으로 수용한 것이 아니라 어쩔 수 없는 지엽적인 부문에 대한 최소한의 변화에 그치고 있다. 오히려 북한은 시장원리의 도입을 경계하면서 '자력갱생'에 기초한 사회주의 체제 강화에 더욱 큰 역점을 두고 있다"며 7·1조치의 소극적인 접근과 그 제한성을 비판하고 있다. 2006년에 탈북한 한 새터민은 "7·1조치는 완전히 실패한 조치이다. 좀 더 개혁을 하고 기업에 자율권을 주어야 했으나, 국가통제는 여전하고, 세금은 세금대로 징수해가니 기업도 아니고 국가산하단체도 아니고 반쪽짜리가 되고 만 것"이라고 말한다. 이들은 또한 북한정권이 배급제도의 정상화를 다시 시도하면서 식량의 시장거래를 금지시키고 개인경작 생산물도 전량 수매하는 움직임을 보인다고 지적하며 북한에서 시장제도가 획기적으로 발전할 수 없을 것이라고 주장한다.

이 반면, 7·1조치를 '시장개혁'으로 보는 전문가들은 북한 내 변화에 무게를 두며 북한이 적극적으로 시장을 확산해 나가려는 노력을 기울이고 있다고 주장한다. 7·1조치를 긍정적으로 평가하는 전문가들은 대개 단기적인 성과보다는 장기적인 변화에 주목하고 있다. 북한이 취한 경제정책이 현재로서는 제한적일지라도 장기적인 관점에서 시장화와 개방화를 향하고 있음에 그 의의를 찾고 있다. 권영권의 논문에 의하면 북한은 "국영기업관리, 농업관리, 재정, 금융, 상업 및 유통 대외경제부문 등 경제의 전 부문에 걸쳐 시장조절도구를 도입"하고 있다는 것을 강조한다. 권영권은 북한의 경제개혁의 과정도 7·1조치 이후 "분권화 및 화폐화 → 시장화 → 개방화"로 단계적으로 시행되어 왔음을 주장한다. 7·1조치를 '시장개혁'으로 보는 전문가들은 또한 북한이 사회주의체제하에서 개혁.개방한 다른 국가들의 발전모델을 따라가려는 노력을 보인다고 주장한다. 칼길(Cargill)과 파커(Parker)에 의하면 북한은 일당지배체제를 유지하면서 경제성장을 이룬 중국을 모델로 삼아, 중국으로부터 경제정책을 배우고 있다. 북한이 자국의 경제상황을 베트남과 동유럽의 경제개혁과정과 연계시킨다는 주장도 나온다.

　　필자는 '개획개선'과 '시장개혁'이라는 두 가지 인식에 공히 한계점이 있다고 판단한다. 7·1조치를 부정적으로 평가하는 전자의 경우, 급격히 변하는 북한경제의 모습을 제대로 고려하지 못했으며 북한의 시장개혁 노력을 과소평가했다는 비판이 가능하다. 북한이 처음에는 7·1조치를 불가피하게 실행하였고 '사회주의 원칙'을 강조한 것이 사실이지만, 이데올로기적으로는 '시장에 대한 금기'를 완화하였다. 서론에서 언급했듯이 2003년부터 북한의 공식 매체에서 '개혁'이라는 용어를 사용하기 시작했고, 부간 문언에서 기술적 도구로서의 '시장'에 대한 논의가 증대하고 있다. 북한은 또한 2012년까지 '강성대국'을 설립하기 위해 경제발전을 위한 투자를 지속적으로 하고 있다. 예를 들어, 2004년부터 국립도서관인 평양인민 대학습당에서 자본주의 경제 교육을 실시하기 시작했다. 수강생들은 유럽의 유명 대학에서 파견된 교수들로부터 영어 교육과 함께 경제와 경영실무, 정보기술, 상표법, 세관업무 등에 대한 교육을 받기도 했다. 이러한 교육적 교류를 보았을 때, 북한은 사회주의 체제를 유지하려 하면서도 경제변화에 대비하고 있음을 확인할 수 있다.

　　7·1조치를 '시장개혁'으로 이해하는 전문가들에 대해서도 부족한 측면을 두 가지 지적할 수 있다. 첫째, 이들은 북한의 시장화와 점진적 개방화에 대한 기대를 지나치게 높게 가진다는 점이다. 북한은 분명히 경제개혁을 하고 있으나, 2006년부터 배급제를 다시 정상화하려는 노력, 2008년에 시장 종사자 연령제한, 시장에서 공산품 취급금지, 일부지역에서 1일장을 10일장으로 환원한다고

공표하는 등 주민들의 시장활동을 통제하려는 움직임을 보이고 있는 것도 사실이다. KDI 북한경제리뷰는, 2009년에 들어서 정권을 잡은 관료들은 김정일의 건강 이상설을 두려워하는 등 이전에 집권을 잡은 관료들보다 보수적인 성향을 갖고 있어, 개혁보다는 통제를 더 강력하게 추진할 것이라고 전망한다. 그러나 연합뉴스에 따르면 "김정일 위원장은 1월 1일부터 시장 체제에 대한 통제를 강화하기 위해 매일 열리던 사설 시장을 한 달에 3일로 제한하려 계획했으나 주민들의 반발이 거세져 최소한 올해 중반까지 통제 계획이 보류된 것으로 전해졌다". 이 사건을 감안할 때, 북한당국이 아무리 시장의 확산을 통제하려고 해도, 이미 시장경제의 매력을 경험한 주민들의 경제활동을 제한하지는 못할 것으로 보인다.

두 번째 문제점은 북한이 중국과 같은 경제개혁조치를 취할 수 있을 것이라고 생각하는 점에 있다. 김정일이 2001년 1월 상하이를 둘러볼 때도, 전문가들은 이것이 개혁·개방 움직임이라고 주장했으나, 현실은 그렇지 않았다. 김정일은 상하이를 방문한 이후 평양인민경제대학과 원산경제대학의 교수, 전문가 300명을 중국에 파견해 경제공부를 시켰다. 그러나 중국을 다녀온 전문가들이 개혁·개방을 추진하는 방법을 논의하였으나, 당에서 계획경제 유지, 주민들의 사적 재산 금지, 개인 경제 자율화 방지 및 배급제의 정상화 등 4가지 원칙을 포기해서는 안 된다고 주장하는 바람에 결국 흐지부지되고 말았다. 북한은 중국과 달리, 경제 개방을 회피하고 사적 재산을 금지하는 등의 모습을 보이므로, 중국이라는 모델을 쉽게 따라갈 수 없을 것으로 보인다.

7·1조치의 결과와 영향을 통합적으로 분석해 봤을 때, 7·1조치의 영향을 부정적으로 보나 긍정적으로 보나, 북한주민들의 삶에 획기적인 변화를 가져왔다는 것을 부정할 수는 없다. 이 관점에서 북한 정부가 아무리 주민들의 시장참여와 경제활동을 제한하려 해도, 북한 주민들은 시장으로 계속하여 몰릴 것으로 보인다. 그렇다면 결론에서는 앞으로 북한의 경제상황이 어떻게 변화될 것인지 전망하겠다.

6. 결론: 북한의 경제환경 변화에 대한 전망

본 논문은 북한정부의 정책적 선택에도 불구하고 시장은 계속해서 확산될 것임을 보여주고 있다. 거시적.미시적 경제정책으로 북한의 경제상황을 변형시킨 7·1조치는 종합시장에서 이루어지는 일종의 거래를 합법화함으로써 계획경제의 실패를 보완하고 국영상점을 대체하고 있다. 북한당국은 시장의 확산으로 인한 내부적 불안과 급속한 변화를 제약하기 위해 시장억제 정책도

때때로 시행해 왔다. 그러나 앞서 살펴보았듯이 주민의 생계를 마련해주는 시장에 대한 제약은 거의 불가능할 것으로 전망한다. 한 전문가가 주장하듯이, "북한에서 시장은 이제 단순히 상거래를 하는 곳이 아니라 상당수 북한주민의 생계를 책임지고 있기 때문이다".

북한 주민들은 7·1조치 이전부터 '고난의 행군'에서 살아남기 위해 사적 거래에 나섰다. 7·1조치 이후 시장 활동이 일반화되자, 주민들은 김정일 체제와 사회주의를 고수하는 정치사상적 자극에서 물질적 자극으로 관심을 돌렸다. 즉, 시장은 주민들이 국가의 통제에서 이탈하고 정부에 대해 사적으로 저항할 수 있는 공간으로 끊임없이 작동할 것이다. 주민들은 식량난과 경제난을 겪으면서 많은 고통을 겪었지만, 시장의 발전으로 인해 이들도 보다 자립적이고 창의적으로 삶을 모색할 수 있다는 점에서 한편으로 긍정적인 파급효과가 있었다고 생각한다.

이러한 경제환경에서 북한 정부는 시장의 확산을 억제하려고 노력할 것이라고 예상된다. 그 이유는 북한의 시장이 활성화되면서 체제에 대한 불신, 불만 그리고 저항이 확산될 수 있기 때문이다. 즉, 북한은 경제환경을 제한적으로 개혁하되, 개방하지는 않을 것이다. 개방(開放)이라는 것은 김정일 독재체제 아래 주민들을 통제하려는 북한정권에게는 내부적 불안정과 체제에 대한 저항을 초래할 수 있는 자살(自殺)과도 같은 의미로 닿는 까닭이다.

그러나 경제적 기반이 취약한 북한은 개방하지 않으면, 심각한 물가상승 등 경제왜곡 현상을 지금보다 더 심하게 겪을 것이다. 또한 북한이 핵을 보유하는 이상, 국제사회는 북한과의 교류를 공식적으로 확대해 나갈 수 없기 때문에 북한은 고도의 경제성장을 이룩하지는 못할 것이다.

따라서 필자는 북한 경제가 계속 정부의 지원이 없는 상태에서, 아래로부터 발전할 것으로 전망한다. 또한 북한당국이 시장에 대한 통제를 강화하면 할수록 시장은 왜곡되고 결국 기득권의 부패를 조장시키는 등 사회적 문제를 초래할 것으로 본다. 북한이 부작용을 피하고 시장으로부터 진정한 이득을 보기 위해서는 계획경제에서 개방된 시장으로 체제전환을 실행해야 된다. 그러나 이것은 현실적으로나 정치적으로 불가능하기 때문에 북한은 지속적으로 성장잠재력을 손실하면서 무질서적인 경제변화에 시달릴 것이다.

참고문헌

곽승지. "북한의 경제주체는 군대이며 계획과 시장이 병존하는 체제 지향." 북한. 2008년 7호.
권영경. "7.1조치 이후 북한정권의 경제개혁·개방전략과 향후 전망." 북한연구학회보. 제12권 제1호. p. 2.

권영경. "북한의 최근 경제개혁 진행동향에 대한 분석."수은북한경제. 2005. 겨울호. p. 112.
권영경. "북한의 경제개혁과 개방전략."북한연구학회보. 제12권 1호. 2008년 여름호.
김영수. "북한주민의 살림살이와 호주머니 시장경제." NSI 강의. 2005.7.21.
김영윤. 2006. 북한 「7·1경제관리개선조치」 4년의 평가와 전망. 통일정세분석 2006-08. http://www.kinu.or.kr/issue/index.jsp?page=1&num=231&mode=view&field=&text=&order=&dir=&bid=DATA01&ses=&category=3
김진국. "실패한 북한 7.1경제조치, 경제 살자면 당 권한 빼야."북한. 2008. 5월호.
남북경제팀. "북한의 7.1 경제관리개선조치란 무엇인가?" 기획재정부 홈페이지. http://www.mofe.go.kr/division/br_ec/br_ec_03.php?action=view&page=97&field=&keyword=&branch=&t_code=97&no=55584
민경배. "북한의 시장경제제도로의 이행에 따른 비경제분야의 법제변화." 2008. 공법학연구 제9권 제2호. p. 91-112
박석삼. "북한의 사경제부문 연구." 한은조사연구. 2002. 3.
박형중. "최근 북한의 경제개혁에 대한 평가와 전망."사회연구. 2003. 통권 제6호. pp.101-127.
서재진. "7.1조치 이후 북한의 체제 변화: 아래로부터의 시장사회주의화 개혁." 통일연구원, 2004.
석경화. "변화하는 북한: 기아와 원조, 그리고 시자." 북한경제리뷰. 2008년4월호. pp.44-51.
양문수. "7.1조치 5주년의 평가와 전망: 경제관리 시스템을 중심으로."수은북한경제. 2007년 여름호. p. 1-20
양문수. "북한의 종합시장: 실태, 파급효과, 성격과 의미." KDI 북한경제리뷰. 2005.2. p. 3-27.
양운철. "분권화의 관점에서 본 북한의 시장 현황과 전망." 세종정책연구 2009년 제5월1호.
연합뉴스. "북 주민 자유시장 제한에 반발." 2009.2.21 http://www.chosun.com/site/data/html_dir/2009/02/21/2009022100081.html
연합뉴스. "'북한경제 7.1조치 불구 한계 봉착." 2005.6.29. http://www.hani.co.kr/section004000000/2005/06/004000000200506291121477.html
이기춘외. "북한의 2002년 '7.1 경제관리개선조치' 이후 소비생활연구." 소비자학연구. 제19권 제4호. 2008.8.

이승훈, 홍두승. "북한의 사회경제적 변화: 비공식부문의 대두와 계층구조의 변화." 2007. 서울대학교 출판부.
이우영외. 2008. "북한 주민 인권 실태 조사." 국가인권위원회 인권상황실태좌 연구용역보고서.
조선일보. "북시장 점령한 아줌마 부대, 체제도 위협." 조선일보 2007년 11월9일자, 종합 2면.

조선중앙통신. 2003.6.10.
조정아외. "북한 주민의 일상생활." 2008. 통일연구원 연구총서.
최수영. "7.1조치 이후 5년, 북한경제의 변화와 과제." 통일정세분석. 2007.7.
홍성국. "김정일 체제 하에서 한 차원 높은 변화 가능성은 희박." 북한. 2008. 4월호.
KDI. "2009년 1월 북한경제 동향." KDI 북한제리뷰. 2009년 1호.
SBS 주요뉴스. "북한, 시장경제 교육 허용." 2004.1.14.
http://news.naver.com/tv/read.php?mode=LOD&office_id=055&article_id=0000015465
Bernhard Seliger. "July 2002 Reforms in North Korea: Liberman-Style Reforms or Road to Transformation?" North Korean Review. Fall 2005.
Cargill, T.F. and Parker, E. "Economic and Financial Reform: Alternatives for North Korea." *North Korean Review*. Fall 2005.
McMillan, J. "What Can North Korea Learn from China's Market's Reforms?" Presented at the conference on "The System Transformation of the Transition Economies: Europe, Asia, and North Korea," Institute of Korean Unification Studies, Seoul, Sept. 14, 1996.
Oh, K. and Hassig, R. "North Korea Between Collapse and Reform." Asian Survey. Vol 39, No. 2 (1999) 287-309.

이명박 정부의 영어 공교육강화정책에 대한 연구

조한나 / Eileen Cho

MA, Korean for Professionals, University of Hawai'i at Mānoa, 2009
BA, Social Welfare, UC Berkeley, 2005

A critical review of Lee Myung-bak's English education policy for Korean public schools

The Lee Myung Bak administration recently introduced a national plan to strengthen English education in the public school system through English immersion programs. This policy is intended to increase national competitiveness, reduce private English education expenses, and close the achievement gap between students who have access to private education and those who do not. Despite the program's objectives, spending on private tuition has increased, a greater learning divide between students has resulted, and students are still not able to communicate in English fluently. This paper critically reviews the effectiveness of the English immersion program for Korean schools and the basic conditions that must be met to successfully implement this program. English immersion programs in Hungary and Hong Kong will also be analyzed as precedents for problems to avoid and methods to utilize in better planning for Korea's English immersion program. Based on these discussions, this paper argues that the English immersion program in Korea needs sufficient preparation and drastic changes to the current plan to ensure the successful acquisition of English in public schools.

1. 서론

1.1 연구 목적 및 연구 내용

한국에 영어가 처음 소개됐던 것은 1883 년 조선시대에 통역사를 훈련하기 위해 영어언어학교를 설립했을 때였다. 이후 일본의 식민지가 되기까지 22 년 동안 영어교육은 계속해서 이루어졌고, 광복 이후 국제 무역의 개방과 함께 영어는 필수 불가결하게 되었다. 특히 1990 년대 후반 IMF 의 금융위기를 맞아 많은 외국인들과 접촉하게 되면서 국제 언어로서의 유창한 영어가 더욱 절실히 요구되었다. 21 세기 한국의 영어교육 열풍은 그때부터 시작되었다고 할 수 있다. 결국 영어구사능력은 통신 분야뿐만 아니라 국가의 이익과도 직결되어 모든 한국인에게 요구되는 필연적인 운명이 된 것이다.

이렇게 영어의 활용도가 높아지면서 영어교육의 열풍은 더욱 강화되고 있는 한편, 외국인과의 원활한 의사소통은 여전히 이루어지지 않고 있는 실정이다. 한국인에게 있어서 영어라는 것은 "점수를 위한 단지 합격의 당락을 결정짓는 잣대일 뿐"[1]이라는 분석도 있으며, 전반적으로 한국 학생들은 토익 등의 영어시험점수가 월등히 높지만 실제 대화 상황에서는 원활한 의사소통을 하지 못하고 있다. 이렇게 높은 점수 받기에만 급급했던 영어교육은 사교육비 증가라는 커다란 교육문제를 초래하게 되었다[2]. 이에 대해 정부는 한국의 현 실정에 있어서 사교육이 불가피한 것이라면 어떻게든 이를 완화시켜야 한다며 꾸준한 노력을 기울여 왔다.

급기야 지난 해 출범한 이명박 정부는 몰입교육을 중심으로 하는 영어 공교육 강화정책이라는 대안을 제시했다. 영어몰입교육은 현재 중학교 2 학년 학생이 고등학교에 진학하는 2010 년부터 '영어 외에 일반 교과목도 영어로 수업한다' 는 정책이다[3]. 그러나 영어몰입교육의 실현 가능성은 낮고, 사교육 열풍은 더욱 가속화될 것이라는 점에서 이 정책에 대한 시민들의 반발이 적지 않았다. 이로 인해 정부는 정책의 방향을 수정하지 않을 수 없는 상황이 되었다. 그래서 현재 추진되고 있는 대안은 2012 년부터 영어교과에 한해서만 몰입교육을 실시하겠다는 것이다. 이 시점에서 필자는 이명박 정부의 영어몰입교육 정책에 대해 검토해 볼 필요성을 제기하지 않을 수 없다. 따라서 본고에서는 현 정부의 영어 공교육 강화정책 즉, 영어몰입교육 정책이 어떤 면에서 미비한지 살펴보는 것을 목표로 할 것이다. 그리고 이 정책이 효율적이지 않은 이유에 대해서도 검토해 본 뒤, 향후 어떤 제안이 필요할지에 대해서도 고찰해 보고자 한다.

1.2 선행연구 검토

이 연구주제와 관련된 선행연구들은 대부분 국내 교육제도와 국내 학생들을 대상으로 하는 조사로부터 출발한다. 더 나아가 특정 연구 자료들은 국내 영어교육과 해외 영어교육을 비교하는 경우도 있다. 그리고 이런 비교분석을 통해 한국의 영어교육이 상대적으로 부적절하다는 것을 발견하게 된다.

---

[1] 김준호 (1998), 영어학습 열풍은 1 등, 성적은 꼴등, 『월간 말』 1998 년 4 월호, p. 196
[2] 김홍주 (2004), 2004 년 한국교육의 개관, 『교육의 경쟁력 제고 측면에서 본 한국교육의 과제(2004 한국교육평론)』, 한국교육개발원, p. 12
[3] 이동권 (2008), 불타는 사교육 시장에 기름을 끼얹은 영어 공교육강화 정책 : 학원과 과외에 내몰린 고교 신입생들의 영어 '울렁증', 『월간 말』 2008 년 4 월호, p. 59

이명박 정부는 영어 공교육 강화정책을 추진하는 이유로 영어가 국가경쟁력을 좌우한다는 것과 영어사교육비를 경감시킬 수 있다는 것, 그리고 영어교육 양극화를 해소할 수 있다는 것 등이라고 밝혔다. 그러나 연구자들은 사교육비의 증가, 양극화의 심화 등이 악화되고 있는 현실에 비추어볼 때, 이명박 정부는 그 목표를 달성하지 못하고 있다고 공통적으로 지적하고 있다.

  지금까지의 연구를 살펴보면 크게 민찬규(2008)와 박선호(2006)의 연구를 토대로 한국의 현 교육 상황과 문제에 대해 파악하고 앞으로의 과제를 예측해볼 수 있다. 민찬규(2008)는 영어몰입교육에 있어 학습자, 교사, 교재, 그리고 교육 환경에 중요성을 두고 있다. 그는 각 측면을 분석하여 현재 영어몰입교육은 사교육의 확대, 학교 교육의 혼란, 그리고 양극화 심화 등의 문제점을 유발시킬 수 있다고 지적하고 있다. 박선호(2006)는 현재 국내에서 이루어지고 있는 몰입식 외국어교육 사례 분석을 통해 개선해야 하는 부분에 대해 지적하고 있다. 즉, 박선호는 현 프로그램을 보완하기 위해 정부의 지원, 프로그램의 연계성, 그리고 우수한 영어 원어민 교사의 안정된 수급이 필요하다고 주장한다. 그는 앞으로의 과제를 설문조사를 바탕으로 제시하고 있으며, 응답자들의 선호를 통해 몰입식 영어교육의 수업형태, 교사, 교재 등에서 개선을 요구하고 있다. 본 연구자들은 현 영어몰입 프로그램이 적절하지 않다는 점에서 출발하여 영어교육정책의 변화 없이는 목표를 달성하기 어려울 것이라고 동의하고 있다.

  민찬규와 박선호에 연구에 있어 가장 유사한 점은 홍콩과 헝가리의 사례에 대한 분석이다. 그들은 Johnson(1997)의 홍콩 몰입교육에 대한 연구와 Duff(1997)의 헝가리의 몰입교육에 대한 연구를 통해 각 나라 교육정책의 문제점들을 지적하고 있다. 홍콩과 헝가리에서 겪은 문제들을 분석함으로써 한국에서 보다 효과적이고 성공적인 영어몰입교육을 위한 과제에 대해 제의하고 있다. 다른 국가에서 발생한 문제, 또는 한국에서 현재 발생하고 있는 문제에 대처하기 위해서는 현 정책의 변화가 필요할 것으로 보인다.

2. 이명박 정부의 영어 공교육 강화정책

  정부는 영어 공교육에 있어서 국민들의 부담을 줄이고 이로 인해 발생하는 다양한 사회적 문제들을 완화시키기 위한 방안을 2008년 1월에 발표한 바 있다. 이 당시 새로 취임한 이명박 대통령은 2010년을 기점으로 전국의 모든 고등학교에서는 영어

몰입교육 4 을 실시할 예정이라고 밝혔다. 이 방안에 따르면, 앞으로 전국의 모든 고등학교에서 영어 과목뿐만 아니라 그 외 교과목도 영어로 수업을 진행하게 될 것이다.
영어 공교육의 활성화를 위해 현 정부가 추진하고 있는 이러한 영어 몰입 프로그램의 근본적 취지는 다음과 같다. 첫째, 이명박 정부의 국가경쟁력을 좌우하는 젊은 인재들의 영어실력을 강화시키고, 둘째, 영어사교육비를 경감시키고, 셋째, 영어교육의 양극화를 해소시키고자 하는 것이다5. 이 중에서 마지막에 언급한 영어교육의 양극화 해소는 가장 근본적인 취지로 꼽히고 있다. 학부모의 빈부 격차가 자녀의 영어 실력 차이를 일으키고 그들의 영어 실력 차이가 다시 빈부 격차를 확대시키는 악순환을 의미하는 영어교육의 양극화 현상은 곧 사회적 양극화 현상으로 이어질 수 있기 때문이다. 그러므로 이러한 사회적 양극화 현상을 야기하는 영어교육을 완화하기 위해 정부가 마련한 정책이 바로 영어 공교육의 활성화, 즉 영어몰입 프로그램이라는 새로운 교육 방안인 것이다.

2.1 영어 공교육 강화정책이란

영어몰입교육이란 "학교 교과목의 전부, 혹은 일부를 영어로만 학습함으로써 학습자를 목표어의 환경에 몰입시켜 영어를 교육시키는 방법" 6을 의미한다. 이러한 영어몰입교육의 특징은 학습자가 창조적 구조화 과정 및 환경에서 의사소통을 함으로써 스스로 언어를 습득할 뿐만 아니라 영어를 보다 지속적인 방식으로 접하도록 교과내용을 활용할 수 있다는 것이다. 또한 현 정부가 추진하고 있는 영어 공교육 강화제도란 모든 교과목의 수업을 영어로 실시하기 위한 그 준비단계부터 절차까지를 총체적으로 포함한다. 현재 교육과학 기술부는 영어 공교육 강화제도의 일환으로 현직 영어교사들의 부족한 실력을 보충하기 위한 심화연수, 영어전용강의실과 영어수업시간의 확대,

---

[4] 몰입식 교육은 1965 년에 캐나다의 St. Lambert 시에서 프랑스어 몰입식 외국어교육으로 처음 시작되었다. 당시 캐나다에서는 영어만을 공식언어로 인정하고 있었지만, 프랑스계의 혈통을 잇는 캐나다인들을 비롯해 상당수의 인구가 프랑스어를 자유자재로 구사할 수 있었기에 프랑스어 몰입식 교육은 성공할 수 있었다. 이후 미국, 호주, 핀란드, 헝가리, 홍콩, 아일랜드, 뉴질랜드, 싱가포르, 남아프리카공화국 등의 나라에서도 몰입교육 방식이 실행되고 있다.
[5] 박휴용 (2008), 영어몰입프로그램의 공교육 도입에 대한 비판적 고찰, 『사회언어학』 제 16 권 1 호, p.132
[6] 민찬규 (2008), 영어 몰입 교육의 문제점과 대안, 『영어교과교육』 제 7 권 1 호, pp.110-11

그리고 그 외에 다양한 영어교육 프로그램을 통한 영어 익히기 시간 확대 등의 구체적 방안을 마련해 실시하고 있다[7].

2008년 12월 교육과학기술부의 발표에 의하면, 2010년부터 초등학교 3학년에서 6학년까지의 영어수업시간을 확대할 계획이라고 한다. 주 1시간씩 늘린다는 것이다. 현재 주 1시간인 초등학교 3, 4학년의 영어수업시간은 2시간으로 늘리고, 주 2시간인 5, 6학년의 수업시간은 3시간으로 늘릴 예정이다. 또한, 2012년에는 학생들의 영어능력을 평가하기 위해 국가가 직접 개발한 학생용 평가시험인 국가영어능력 평가시험도 시행할 계획이다[8]. 교육과학기술부 산하의 영어교육강화 추진팀은 올 2009년부터 이 국가영어능력평가시험의 개발을 시작하여 예비시험을 실시하고 2012년에 시행되는 평가시험에는 읽기와 듣기뿐만 아니라 말하기와 쓰기에 대한 평가도 모두 포함시킬 것이라고 발표했다. 그러나 이 시험을 대학수학능력시험 외국어영역의 대체로 사용할지에 대해서는 많은 논란이 제기되고 있는 상황 속에서 정부는 그 대체 여부를 개발이 완료되는 2012년으로 유보시킨 상태이다.

이와 함께 2010년부터는 '영어회화 전문강사' 제도도 도입된다[9]. 영어회화 전문 강사는 "교원자격증 소지자 중 영어 능숙자를 선발하여 수업시수가 늘어나는 초등학교 영어수업과 중·고등학교의 수준별 영어이동수업"에 투입될 예정이다[10]. 정부는 올해 3월 1차 영어회화 전문강사 모집 공고를 내고 5천여 명을 선발할 계획을 밝혔다. 이번에 선발된 5천여 명은 올 2학기 (9월)부터 각 학교에 배치되어 방과후 학교나 수준별 이동수업을 맡게 될 것이라고 한다. 그러나 이번 영어회화 전문강사 모집 공고에 대해서도 비난과 우려의 목소리가 제기되고 있다. 응시자격에 있어 교사자격증 미소지자도 응시 가능하다는 예외사항은 교사 무자격 채용 논란을 일으킬 수 있으며, 1년 단위의 계약직이라는 임용조건 또한 신분이 불안정한 비정규직 교원을 양산하게 될 것이라며 비난 받고 있다.

---

[7] 이동권 (2008), p. 60
[8] "국가영어능력평가시험 개발 방안 확정, 수능대체 여부는 2012년에 결정하기로" (교육과학기술부 보도자료 2008년 12월 19일자)
[9] 앞 글
[10] 앞 글

2.2 영어 공교육 강화정책의 진행 절차

영어몰입교육의 절차를 결정하는 과정에서 교육인적자원부(현 교육과학 기술부)는 연구검토를 위해 앞으로 영어상용환경이 확대될 것으로 예상되는 경제자유구역과 제주특별자치도 내에 있는 초등학교 교사, 교육대학교 재학생, 초등학생 학부모와 전국의 교육대학교 교수들을 대상으로 설문조사를 실시한 바 있다. 그리고 당시 그 설문조사 결과를 바탕으로 경제자유구역과 제주특별자치도 내에서의 초등영어 몰입교육 도입정책 방안에 대해 제안했다. 그 내용을 살펴보자면 다음과 같다.
첫째, 몰입교육 절차의 도입시기는 초등학교 3 학년으로 하며 초등학교 1, 2 학년 과정에는 집중영어교육 과정을 개설하고 몰입식 영어교육이 도입되는 3 학년 이후에도 집중영어교육을 병행하는 것이 좋다. 둘째, 먼저 수학과 과학 과목을 모국어가 아닌 영어로 수업하기 시작하여 단계적으로 다른 교과목들도 영어로 수업하도록 확대해 나가야 한다. 셋째, 몰입교육의 수업형태는 한국인 교사와 영어 원어민 교사가 공동으로 진행하는 수업방식이 적합하며, 장기적으로는 영어사용능력이 우수한 한국인 교사가 단독으로 수업을 진행하는 것이 이상적이다. 넷째, 몰입교육에 참여할 한국인 교사들의 영어사용능력을 향상시키기 위한 중장기 집중영어연수 프로그램을 개발하고, 교육 대학교 교육과정에 있어서도 재학생들의 영어사용능력을 제고하기 위한 집중영어 연수과정의 개발도 함께 이루어져야 한다. 마지막으로, 몰입교육에서 사용될 교과목 교재는 교과목 전문가와 영어교육 전문가가 공동 협력하여 개발하되 현 교과목 교재를 영어로 번역하여 사용할 것을 추천한다[11].

위의 내용들은 이명박 정부의 인수위원회(아래 인수위)가 추진했던 영어몰입교육 정책의 핵심내용과 크게 다르지 않다. 즉, 특정구역을 대상으로 실시된 정책연구가 전국적으로 시행하고자 하는 영어몰입교육 정책의 청사진이 되었다고 해도 과언이 아닐 것이다. 한편, 정부의 이러한 정책에 대해 거세게 반발하는 여론 또한 적지 않았다. 특히 시민사회단체들은 영어몰입교육의 시작은 공교육의 '입시학원화'를 초래할 것이며 사교육비 또한 '두 배로 증가'하게 될 것이라며 강력히 반대하고 나섰다. 이에 대해 인수위는 영어몰입교육을 국가차원에서 계획한 바는 없다며 한 발 물러서기도 했으나, 정부는 여전히 점진적이고 단계적인

---
[11] 박선호 외 (2006), 경제자유구역 및 제주특별자치도 초등영어몰입교육 시범실시 방안, 교육인적자원부 HRD 정책연구 2006-7, p. iii

실행방안을 내세우며 영어 공교육 강화 방안의 핵심적 대안으로 몰입교육 정책을 추진 중에 있다.

실제 한국에서 극히 소수이기는 하나 이미 몰입식 영어교육을 실시하고 있는 학교들이 있다. 특히 '몰입교육의 1번지'라고 불리는 서울의 영훈초등학교를 예로 들 수 있는데, 이곳에서는 1996년에 초기부분 몰입식 교육모형(early partial immersion education)을 채택해 1학년을 대상으로 영어 원어민 교사가 진행하는 몰입식 교육을 시작했다.

그러나 영훈초등학교의 몰입식 영어교육의 효과에 대한 구체적인 평가는 아직까지도 이루어지지 않고 있다. 그 곳의 교사, 학생, 그리고 학부모는 몰입교육의 효과에 대해 대체적으로 긍정적인 평가를 내리고 있지만, 학교 측에서는 여러 가지 보완점과 문제점에 대한 개선방안을 끊임없이 모색하고 있는 실정이다.

3. 영어 공교육 강화정책의 긍정적 효과 및 문제점

현 정부의 영어 공교육 강화방안의 핵심은 영어몰입교육이라 해도 과언이 아니다. 물론 표면적으로는 인수위가 한 발 물러섬으로써 "영어몰입교육 해프닝"이란 말과 함께 영어교과 이외의 과목에 대한 영어 몰입식 수업은 없었던 일이 되었지만, 여전히 정부의 정책방향은 몰입식 교육의 주변을 맴돌고 있다. 그렇다면, 정부가 이렇게 공교육 강화방안의 핵심정책으로 추진하고자 하는 몰입식 교육의 긍정적 효과는 무엇이며, 그 문제점은 무엇이고, 이에 대한 여론의 우려는 어떠한 것인지 검토해 볼 필요가 있겠다.

3.1 영어몰입교육의 긍정적 효과

영어몰입교육의 긍정적 효과는 유의미한 실제적 의사소통 중심으로 언어 학습이 가능하다는 것이다. 즉, 특정 분야의 내용을 영어로 배우는 것이 학습자의 언어 실력을 증진시켜 보다 적극적으로 상호작용하고 의미교섭을 하게 함으로써 의사소통 활동을 할 수 있게 하는 것이다. 이러한 과정을 통해 다른 학습방법과 비교해 훨씬 빠른 속도로 언어 능력이 향상될 수 있다는 것이 몰입교육의 중요 쟁점이다. 또한 언어교육을 통해 타 교육 내용을 학습자의 경험과 통합시킨 이 교육은 학습자의 학습 범위를 넓히는데 더욱 효과적이라는 평가를 받고 있다[12]. 그러나 현재 수학과 과학 교과에 대한 이러한 몰입식 교육의 실시는

---

[12] 민찬규 (2008), p. 111

백지화된 상태이다. 다만 서울시 교육청의 발표에 의하면, 고등학교까지 원어민 영어보조교사 배치가 완료되는 2012년부터 영어교과는 몰입교육으로 실시될 예정이라고 한다.

3.2 영어몰입교육의 문제점

3.2.1 사교육의 확대

영어몰입교육에 대한 반발이 커지고 있는 가운데 여러 가지 문제들이 제기되고 있다. 논란의 이유를 이해하기 위해서 현 상황을 파악하고 교육 정책에 있어 어떤 문제들이 있는지 알아볼 필요가 있다. 우선 사교육비 감소를 위한 영어몰입교육의 목표 성과는 무엇인지 알아보자.

영어 공교육 강화정책이 실시되면서 아이들을 학원에 보내지 않고 과외를 시키지 않아도 충분한 영어교육을 받을 수 있다고 정부는 생각했다. 그러나 기대와는 달리 실제로 사교육을 감소시키기는커녕 오히려 역효과가 발생했다. 사교육 시장은 '불에 기름을 끼얹은 듯' 활황을 맞았다[13]. 부동산 업계에 의하면 신흥학원가만 해도 학원 개수가 폭발적으로 증가했으며, 대규모 학원전문상가들도 증가하는 추세를 보이고 있다. 최근 2007년 정부가 조사한 결과에 따르면 한국의 초중고 학생들의 매년 사교육비는 대략 20조원으로 추정됐다[14]. 20조원이란 국가예산의 12%에 육박하는 수치로 이는 교육 양극화뿐만 아니라 사회 양극화의 요인으로까지 확대될 수도 있다. 또한 초등학생의 90%가 공교육 외에 사교육도 받고 있다는 것은 교육에 대한 국민들의 열의가 굉장할뿐더러 공교육에 대한 불신도 나타나고 있음을 알 수 있다. 이러한 사교육비의 과중은 급기야는 주택문제, 강남 집값 문제 등의 다른 사회문제로 확대되기까지 한다[15].

영어 공교육 강화정책이 사전의 목표를 달성하지 못하는 것은 일부 사교육 증가를 통해 볼 수 있다. 영어몰입 프로그램이 영어의 중요성을 강조하기 때문에 학부모가 공교육의 영어교육을 신뢰하기 보다는 오히려 자신의 자녀가 더욱 열렬하게 영어를 잘 배울 수 있도록 사교육에 의존할 수 밖에 없다는 것은 분명한 일이다. 이미 영어몰입교육을 실시하고 있는 다른 나라에서도 이런 현상이 벌어지고 있는 것으로 알려져 있다. 몰입교육 방식의 수업이 영어 공교육 활성화 방안으로 발표된 이후, 한국

---

[13] 이동권 (2008), p. 60
[14] 김도연 (2008), 국무위원후보자 인사청문경과보고서, 『국회교육위원회』 2008년 2월, p. 16
[15] 김홍주 (2004), p. 12

학원에서도 몰입식 수업방식이 급속히 증가하고 있다고 보도됐다[16].

3.2.2 양극화의 심화

영어 공교육 강화정책이 실시되었을 때 발생하는 가장 큰 문제점은 영어 양극화를 떠나 더욱 심각한 교육 양극화를 가져온다는 것이다. 영어몰입교육은 학생들이 영어뿐만 아니라 해당 과목도 동시에 학습해야 하는 것인데, 이 어려움은 곧 제대로 학습하는 학생과 그러지 못하는 학생들 사이에 교육 격차 또는 학업 양극화(learning divide)를 초래할 수 있다는 것이다. 현재 한국어로만 수업하는 교육 제도에서도 학생들 간에 학업 양극화가의 문제점이 지적되고 있는데 영어로 학습을 할 때는 양극화가 심화될 것으로 예측된다. 예를 들어 몰입교육 과정에서 학생들의 영어 능력이 수업에 적절하지 않을 가능성이 크며 이것을 보충하기 위해 여유 있는 학부모는 자녀를 영어뿐 아니라 영어몰입 학습을 하는 교과에 대해 사교육을 하게 될 것이다. 이에 반해 여유가 없는 부모는 그 사교육비를 부담하지 못해 학생들 간에 학력 격차가 심화될 것이다.

학업 양극화는 곧 사회적 양극화로 이어진다. 즉, 교육이 삶을 향상시킬 수 있다는 것을 감안할 때 학업을 포기한 학생들은 사회에 진출할 때도 신분의 격차를 겪게 되고 곧 사회적 양극화에 빠지게 될 가능성이 크다. 사회적 양극화는 더욱 깊고 심각한 문제이다. 그러므로 교육으로부터 사회적 양극화를 심화시키지 않도록 몰입식 교육을 신중히 고려하고 계획해 나가는 것이 보다 중요할 것이다.

4. 영어 공교육 강화정책-영어몰입교육의 성공을 위한 조건

영어몰입교육이 성공적으로 시행되기 위해서는 학습자, 교사, 교재, 그리고 교육 환경적 차원 모두에서 충분한 준비가 필요할 것이다. 우선 학습자 측면에서 몰입교육을 바라본다면, 몰입교육을 실시하는 학교의 학생들이 어느 정도의 기초 영어 능력을 가지고 있어야 한다. 박준호와 박선호(2006)의 연구에 따르면 3 학년부터 영어몰입 교육을 실시하기 위해서는 1,2 학년 동안 적어도 매일 1-2 시간씩 기초 영어 능력을 발달시키는데 노력을 기울여야 한다고 주장하고 있다. 그러나 실제 초등학교에서 일주일에 1-2 시간, 중·고등학교에서는 주당 3-5 시간 밖에 영어수업이 실시되고 있지 않으며, 영어교과도

---

[16]민찬규 (2008), p. 115

영어로 활용되고 있지 않다고 한다 [17]. 따라서 이러한 교육은 학습자의 충분한 영어 능력을 갖추는데 그다지 큰 도움이 되지 못한다고 볼 수 있다.

4.1 교사의 측면

교사는 교과 내용을 제대로 전달하고 성실하게 가르치는데 충분한 능력이 있어야 한다. 특히 각 과목에 대한 전문적 지식뿐만 아니라 그 지식을 영어로 전달할 수 있는 능력이 필수적이다. 그러나, 현재 한국의 교사 양성 교육과정에서는 각 교과의 담당 교사를 길러내고 있을 뿐, 이들에게 자신의 교과를 영어로 교육할 수 있도록 훈련시키는 과정은 없다. 그렇다고 해서 영어 교사가 전문지식도 없이 다른 과목을 가르치는 것도 해결책은 아닐 것이다. 여러 면에서 인수위가 처음 내놓았던 2010년까지 영어몰입교육을 완전히 실시하기 위해 준비하려면 아직까지는 교사 차원에서 부족함을 느낄 수 있으며, 이것 또한 하나의 과제가 되는 것이다.

4.2 교재의 측면

영어몰입교육이 효과적으로 실행되기 위한 또 하나의 조건은 교재의 측면이다. 영어 공교육 강화정책에 따른 목표를 달성하기 위해서는 많은 교재 개발이 이루어져야 한다. 그래서 특정 과목의 교재가 영어로 만들어져 수업에서 활용되어야 한다. 이것 또한 짧은 시간에 준비될 수 있는 문제는 아니다. 과학이나 수학에 있어 전문 용어와 구문이 사용되어 영어로 교재가 바뀐다면 영어수준이 높아짐에 따라 학생들이 학습에 어려움을 겪게 될 것이다. 그렇다면 학생들의 수준에 맞추어 교육과정을 전체적으로 재조정해야 할 필요가 있다. 이에 따른 교재의 조정도 필수적이며, 이는 단기간에 이루질 수 있는 문제가 아니다.

4.3 교육 환경의 측면

마지막으로 교육 환경적 측면을 살펴볼 필요가 있다. 영어몰입교육 프로그램은 학교에서의 모든 측면을 바꾸어 놓을 것이며, 교육과정과 교육환경 또한 전면적 변화를 겪을 수밖에 없을 것이다. 우선, 한국 교육은 국가교육과정의 틀 속에서 이루어지기 때문에 교육과정의 개정은 국가적인 측면에서의 논의와 연구가 먼저 실행되어야 한다. 국가적 차원에서의 절차가 점진적으로 이루어져야 충분한 지지를 통해 개정안을 뒷받침할 수

---

[17] 앞 글, p. 113

있기 때문이다. 또한 현재 공교육 교실의 학생 수는 35-40 명으로, 효과적인 몰입교육을 실시하기에는 불충분한 과밀학급이므로 그 수를 줄일 필요가 있다. 하지만 이 문제는 교육 예산과 연관된 보다 복잡한 문제이다. 만약 한 반의 학생수를 줄인다면 정부는 지금보다 더 큰 부담을 갖게 되기 때문에 신중히 고려해야 한다. 그리고 실제 수업 현장에서도 내국인 교사의 단독 수업으로 진행할 것인지 원어민 교사와 협동 수업으로 진행할 것인지에 대해 준비과정에서 결정할 필요가 있다. 교육 환경 차원의 준비과정이 간단하지 않다는 것은 명백하며 문제해결을 위한 절차도 쉽지 않고 보다 많은 시간이 필요할 것으로 보인다.

5. 다른 국가의 몰입식 외국어교육 사례분석

5.1 홍콩의 몰입교육

홍콩의 경우 몰입식 영어교육이 엘리트 위주의 조기 몰입 영어교육으로 시작되어 점차적으로 모든 교육 차원에서 이루어지는 것으로 전환되었다. 즉, 과거 홍콩의 교육은 중국어와 영어를 반반씩 사용해 운영되었지만 근래에 들어 초등학교에서는 90% 이상의 학생들이 중국어로 수업을 받고 있다. 그 후, 중학교와 고등학교에 들어가서는 영어로 수업을 하는 몰입식 교육이 진행되고 있다[18].

Johnson(1997)이 연구한 홍콩의 몰입식 교육을 살펴보면 몇 가지 문제들을 발견할 수 있다. 중학교 과정부터 몰입식 교육을 실시하고는 있지만, 초등학교까지 중국어로만 교육을 받은 학생들은 중학교부터 갑자기 영어로 교육을 받기에는 영어사용능력이 굉장히 부족하다는 것이다. 또한, 영어 교과목을 담당하는 교사들도 영어로 수업을 가르치기에는 실력이 부족한 사람이 많았다. 하지만 이런 문제들이 존재함에도 불구하고 교육당국은 해결방안을 모색하지 않은 채 교사들에게 책임을 떠맡겼다. 이에 따른 또 하나의 문제는 교사들이 수업을 진행하면서 영어와 중국어를 섞어 사용하여 언어혼용(code-switching)이 교실에서 나타나기 시작했다는 것이다[19]. 영어는 간단한 지시나 표현, 질문에만 사용되고, 학생들에게는 yes/no 대답이 나오는 간단한 질문을 주는 것으로 수업이 진행된다. 이렇게 비효율적인 의사소통 활동으로 진행되는 수업으로 인해 학생들의 표현능력은 향상되지 못하고 있다. 이러한 홍콩의

---

[18] 박선호 외 (2006), p. 39
[19] 앞 글, p. 39

몰입교육은 체계적인 준비 없이 몰입교육을 도입, 실시하게 되면 진정한 형태의 몰입교육이 되지 못한다는 것을 잘 보여준다. 게다가 오히려 수업의 질을 떨어뜨리거나 교육에 대한 불신을 초래할 수 있다는 지적도 있다[20].

홍콩 교육당국은 언어혼용의 문제를 해결하기 위해 1984년에 새로운 정책을 마련해 중국어와 중국역사 수업을 제외한 나머지 수업들을 영어로 진행하도록 하였다. 이와 함께 영어사용능력이 부족한 학생들을 위한 3개월 간의 집중영어연수 프로그램과 교사들의 영어사용능력 향상을 위한 교사연수 프로그램도 개발하고 있다.

한편, 홍콩의 몰입교육을 보면 몇 가지 성공적인 부분도 있다. 홍콩 학생들이 학습한 내용을 효과적으로 전달하고 표현하는 데는 한계를 느끼지만, 특정 교과목에서 학습하는 내용에 대한 이해 수준은 높은 편이라는 것이다. 또한 영어 몰입식 교육에 대한 학생들의 반응도 전반적으로 긍정적인 편이다.

5.2 헝가리의 몰입교육

헝가리의 몰입식 교육은 1980년대 중반에 도입되어 특정 중등학교에서 처음 실시되었다[21]. Duff(1997)의 연구에 따르면, 정부는 후기 몰입교육(late immersion education)을 도입하여 헝가리어와 영어로 수업하는 이중언어학교(Dual Language School)를 만들었다. 이중언어학교는 엄격한 국가시험에 합격해야 입학이 가능한 학교로, 4년제 과정과 5년제 과정으로 나뉘어져 있다. 4년제 과정은 몰입식 프로그램으로 영어사용능력이 어느 정도 높은 학생만 입학할 수 있는 반면, 5년제 프로그램은 영어사용능력이 부족한 학생들이 0년차(zero year)에서 어학을 집중적으로 배우게 되는 과정이다.

이러한 헝가리 몰입교육의 문제점은 이중언어학교의 엄격한 입학시험에 주로 중상류층 학생들이 선발되어 교육 기회의 불평등과 엘리트주의가 심화되고 있다는 것이다. 왜냐하면 이중언어학교에서 몰입교육을 받은 학생들은 대학 입학시험에서 가산점을 받거나 유학의 기회를 제공받는 등 그렇지 못한 학생들과 비교해 볼 때 더 많은 혜택을 누릴 수 있기 때문이다. 이와 유사하게 한국에서도 민족사관고등학교를 비롯한 외국어고등학교 등의 특수목적고등학교에서 후기 몰입교육이 실시되고 있으며, 이러한 학교 진학에는 사교육과 부모의 경제적

---

[20] 민찬규 (2008), p. 112
[21] 박선호 외 (2006), p. 40

능력이 크게 영향을 미치고 있는 실정이다. 이처럼 몰입교육을 받기 위해 과도하게 가열된 사교육 경쟁과 교육 양극화 현상은 한국과 헝가리 몰입교육의 유사한 문제점을 시사한다고 볼 수 있다.

6. 결론 및 대안

지금까지 영어몰입교육에 대한 내용을 중심으로 이명박 정부의 영어 공교육 강화 정책에 대해 살펴보았다. 현 정부가 영어몰입교육에 대한 찬반의 의견이 팽배하게 대립되고 있는 상황에서, 준비되지 않은 영어몰입교육을 실시한다면 더 큰 혼란을 야기시킬 수 있을 것이다. 그러므로 지금은 현 공교육의 부족한 측면을 보강한 후, 다른 국가에서 실제 이루어진 몰입교육의 성과를 충분히 고려하여 앞으로의 과제를 성실히 준비해 나가는 모습이 필요한 시기이다. 또한, 공교육의 영어활성화를 위해 많은 노력이 필요할 것이며, 개선 방향을 신중히 생각하고 밟아나가는 절차가 필요하다.

한국의 영어 공교육은 수업 시간, 교사, 심화 연수 등에 있어서 개선해야 할 과제가 남아 있다. 우선, 영어의 효과적인 의사소통 능력을 키우기 위해 초등학교 때는 주 3시간 이상, 중·고등학교에서는 주 5시간 정도를 영어만으로 진행하는 수업이 필요하다. 그렇게 해야만 졸업 때까지 총체적으로 1,400시간 이상을 학습하게 되므로 한 언어의 의사소통 능력을 갖추기 위한 최소한의 교육시간을 확보하게 되는 것이다. 그리고 이외의 시간을 더 필요로 하는 학생이 있다면, 방과 후 학습을 이용해 집중적으로 연습할 수 있도록 배려해야 한다[22].

또한, 영어 수업은 그 수업시간만이라도 모국어 즉 한국어를 사용하지 않고 영어로만 진행되어야 할 것이다. 특히 몰입식 교육이라는 것은 학생들을 영어에 노출시키고자 하는 목표이므로 영어로 수업을 진행하는 것이 필수적이다. 수업 진행 과정에 있어서도 학습자 중심의 활동 학습이 중점적으로 이루어져야 한다. 지식의 축적을 목표로 하는 조용한 영어 수업보다는 학습자 스스로가 적극적으로 참여할 수 있는 활동이 많은 수업이 되어야 할 것이다.

그리고 효과적인 몰입식 영어교육을 위해서는 수업 교사에 대한 개선도 필요하다. 무엇보다 중요한 것은 전문성을 갖춘 영어 교사를 채용하는 것이다. 영어 교사의 전문성에 있어서는 수업 내용을 충분히 전달할 수 있는 정도의 영어사용능력이 필수적이다.

---

[22] 앞 글, p. 118

교사는 내용을 재미있게 전달하여 학생들의 학습 동기를 유발할 수 있도록 유도해야 하고, 학생들이 정확한 영어를 학습할 수 있도록 영어에 대한 지식도 높아야 한다.

설문조사에 따르면, 84.6%의 응답자들이 원어민 영어교사는 교사 자격증과 영어교육관련 (TESOL) 자격증을 구비해야 한다고 응답했다[23]. 한편, 일각에서는 원어민 교사의 재교육을 지원하는 것보다는 대학에 집중적으로 투자하여 예비 영어교사를 훈련시키는 것이 훨씬 효과적이라고 주장하는 연구자들도 있다[24,25]. 따라서, 충분한 영어사용능력을 가진 교사를 배출하기 위해서는 우선 양성기관의 교육부터 개선될 필요가 있다. 교육대학교 교사들의 강의 중 63.5%만이 영어강의로 진행되고 있다. 이에 대해 교대생들의 37.6%가 현재의 교육대학교 교육과정이 몰입식 영어교사를 배출하는데 부족한 이유는 영어로 수업하는 강의가 많지 않아서라고 주장하고 있으며, 교육대학교의 영어강의 비율을 높일 필요가 있다고 했다[26]. 영어 교사 양성은 최소한 대학에서부터 이루어져야 하며 영어로 토의할 수 있는 수업 환경 조성도 필요하다. 이와 더불어 2006 년에 구 교육인적자원부가 영어교육혁신방안으로 제안했던 인증제도가 실행되어야 한다. 이 인증제는 현 영어 교사 양성과정을 바꿔 새로운 영어교육을 수행할 수 있는 교사를 훈련하기 위한 제도이다. 이런 노력들이 실행된다면 더욱 능력 있는 교사의 훈련이 가능할 것이다.

새로운 영어교사 정책이 정착될 때까지는 상당한 시간이 걸릴 것으로 예상된다. 그때까지 영어교육을 현재 상태로 계속 유지할 수는 없을 것이다. 따라서 새로운 정책이 정착되기 전까지라도 현재의 영어교육을 맡고 있는 교사에 대한 집중적 연수가 필요할 것이다. 현재 진행되고 있는 연수도 있지만, 앞으로 더 많은 교사들이 연수에 참여하도록 해야 한다[27]. 현행 심화 연수는 6 개월 동안 교사들이 영어 능력을 배양하고 영어권 문화도 경험하는 등 영어교사로서의 전문성을 신장시키는 것을 목표로 하고 있다. 2003 년부터 시작된 이 심화 연수에는 약 2,300 명 이상의 초, 중, 고등학교 영어 교사가 참여하여 70% 정도가

---

[23] 박선호 외 (2006), p. 99
[24] 김성애 (2000), 새천년과 한국 영어교육의 과제, 『새한영어영문학』 제 42 권 1 호, p. 34
[25] 민찬규 (2008), p. 119
[26] 앞 글, p. 102
[27] 민찬규 (2008), p. 120

수업을 진행할 수 있는 능력을 갖추게 되었다는 판정을 받았음에도 불구하고 여전히 전문성 있는 수업을 진행하고 있지 못하는 실정이다. 따라서, 무엇보다도 교사들이 연수과정에서 습득한 것을 효과적으로 수업에 활용하는 방안을 모색해야 한다. 그리고 그 다음으로 심화 연수의 양과 질을 확대시키고, 현재 이루어지고 있는 심화 연수의 문제점들을 파악해 개선해 나갈 필요가 있다.

우리는 영어몰입교육 정책이 한국의 교육 상황에서 진정 학생을 위한 학습자 중심의 방안인지 다시 생각해볼 필요가 있다. 과연 교육적인 면에 있어 학생들의 의사소통 능력을 향상시키기 위한 효율적 방안인지 아니면 또 하나의 교육과제를 적용하고 있는 것은 아닌지 다시 살펴볼 필요가 있다. 충분한 준비 없이 이 정책이 추진된다면, 더 많은 문제를 불러올 수 있으며 소기의 목적을 달성하기 어려울 것이기 때문이다. 따라서 정부는 새로운 정책 도입 과정에 있어 조금 더 신중을 기해 철저한 준비와 시뮬레이션을 통해 도입여부를 결정해야 할 것이다.

참고문헌

김성애(2000),새천년과한국영어교육의과제,『새한영어영문학』제 42 권 1 호, 새한영어영문 학회, pp.25-37

김준호(1998), 영어학습 열풍은 1 등, 성적은 꼴등,『월간 말』1998 년 4 월호, pp.194-97

한국교육개발원(편)(2005),『교육의 경쟁력 제고 측면에서 본 한국교육의 과제(2004 한국교육 평론)』, 한국교육개발원

민찬규(2008), 영어 몰입 교육의 문제점과 안,『영어교과교육』제 7 권 1 호, 한국영어교과 교육학회, pp.109-23

박재평(2003), 반미 감정과 영어 열풍,『월간 인물과사상』2003 년 2 월호, pp.210-14

박휴용(2008), 영어몰입프로그램의 공교육 도입에 대한 비판적 고찰, 『사회언어학』제 16 권 1 호, 한국사회언어학회, pp.131-58

신현석(2003), 공교육 위기현상의 분석과 정상화를 위한 전략적 구상,『한국교육』제 30 권 제 1 호 , 한국교육개발원, pp.419-45

이동권(2008), 불타는 사교육 시장에 기름을 끼얹은 영어 공교육강정책: 학원과 과외에 내몰린 고교 신입생들의 영어 '울렁증' ,『월간 말 2008 년 4 월호, pp.58-61

교육인적자원부 HRD 정책연구 2006-7

박선호 외(2006), "경제자유구역 및 제주특별자치도 초등영어몰입교육 시범실시 방안"

한국교육개발원 연구보고 RR98-6

장명림 외(1998), "유아교육 공교육화에 대비한 유아교사 양성체제 개선 방안 연구"
국무위원후보자 인사청문경과보고서 2008년 2월 28일자
김도연 (2008), "국무위원후보자 인사청문경과보고서" pp. 1-43
교육과학기술부 보도자료 2008년 12월 19일자 "국가영어능력평가시험 개발 방안 확정, 수능대체 여부는 2012년에 결정하기로"

여성 새터민의 국내 적응실태와 지원방안에 대한 연구

허은경/ Kelly Hur

MA, Korean for Professionals, University of Hawai'i at Mānoa, 2009
MA, Second Language Studies, University of Hawai'i at Mānoa, 2008
BA, Psychology, University of Hawai'i at Mānoa, 2001

Women *saeteomin*'s adaptation difficulties during their resettlement process in South Korea and suggestuin for improvements

Recently the number of North Korean defectors entering South Korea has been increasing rapidly and 80% of them are women. These defectors are known as *saeteomin*, which means new settlers from North Korea. These women leave North Korea and resettle in China and eventually settle in South Korea. Such combined migrating experiences from North Korea, China and South Korea create extreme adaptation difficulties for these women. During their migration process from North Korea to China, they are exposed to extreme situations where many of them fall victim to human trafficking and either are forced into marriage or prostitution and start to use sex as a tool for survival. They also suffer from extreme psychological and emotional pain as illegal immigrants in China since they can be repatriated to the North. Many of these women have experienced repeated repatriation to the North and suffer from physical and psychological trauma from such experience. Even after they arrive in South Korea, they face social discrimination and prejudice from the South Koreans due to the language and cultural differences. They also suffer from economical difficulties which results from unsuccessful job searches, and psychological and health problems that resulted from years of traumatic experiences.

1. 서론

1.1 문제제기 및 연구목적

근래 한국으로 입국하는 탈북자 수는 지속적으로 증가하고 있다. 북한 탈북자의 국내 입국 규모는 2008년 12월 1만 5천여 명에 이르렀고 2010년 에는 2만 명을 넘을 것으로 전망되고 있다. 또한 10년 전과 비교했을 때 25% 밖에 되지 않던 여성비율이 78%으로 증가한 점은, 여성 새터민에 대한 현황 파악, 문제점 검토 및 대안모색이 탈북자 문제 및 새터민 국내정착과정을 이해하는데 중요한 연구의 함의가 있다고 하겠다. 여성 새터민들은 북한,

중국뿐만 아니라 한국에서도 가족의 생계를 꾸려나가고 있고 이들의 성공적인 적응은 새터민 정착과정에 큰 기여를 할 것이다.

본 연구는 현재 여성 새터민의 국내 정착 과정에서의 사회적응 현황을 검토하고 그에 대한 문제점을 지적하여 이를 통해 여성 새터민들을 위한 지원방안을 모색하는데 그 목적이 있다. 이같은 연구는 탈북자의 80% 이상이 여성 새터민임에도 이들을 위한 관련 정책은 많지 않다는 현실인식에서 출발하게 되었다. 여성 새터민은 탈북, 이주와 정착과정에서 심리적, 정서적 문제와 함께 경제, 사회, 문화적 적응 문제 등으로 많은 어려움을 겪고 있는 것으로 많은 연구에서 보고되고 있지만, 이에 대한 정부차원의 여성 새터민 관련 정책이나 지원프로그램이 잘 정비되어 있지 않은 것이 실정이다.

이를 위해 본 연구는 주로 관련문헌과 정부(국가인권위원회, 통일부, 통일연구원 등), 북한인권단체 보고서 및 실태조사를 주요 참고자료로 하여 그 내용을 분석해 볼 것이며, 기존 연구들에 대한 검토를 통해 여성 새터민의 탈북 동기, 현 정부의 새터민 정착지원정책과 민간단체의 지원역할에 대한 현황과 문제점에 대해 살펴볼 것이다. 또한 여성 새터민들이 겪고 있는 어려움에 관한 문건을 대상으로 문헌 조사도 할 예정이며, 이들이 겪고 있는 어려움에 대한 심층적인 이해와 연구를 위해 새터민 여성들의 심층면담결과와 관련 있는 선행연구들을 적극 활용할 것이다. 더불어 현재 여성 새터민들이 사회적응과정에서 겪고 있는 사회적, 경제적, 심리적 어려움들을 심층면담 결과를 통해 분석적으로 검토할 계획이다.

본고에서는 먼저 여성 새터민에 대한 선행연구들을 검토하고자 한다. 이는 여성 새터민의 국내정착과정에서의 제 문제를 포괄적으로 이해하는데 중요한 단초를 제공할 것이다. 또한 본론에서는 여성 새터민의 국내정착 현황을 그 특성과 적응실태를 중심으로 논의한 후, 이를 통해 결론에서 정착지원에 대한 방안을 제시할 것이다.

1.2 선행 연구

현재 북한을 떠나 한국으로 입국한 사람들을 부르는 호칭은 매우 다양하다. 그러므로 먼저 이러한 새터민과 관련된 용어들을 정리해 볼 필요가 있다. 자주 사용되는 용어들을 살펴보면, '북한이탈주민', '탈북자', '남한이주북한이탈주민', '망명자', '귀순자', '탈북난민', '탈북주민', '탈북동포', '귀순북한동포', '남한이주북한동포', '북한출신남한이주자', '북한탈출주민', '월남자', '자유이주민',

'새터민' 등이다.[1] 북한 탈출자에 대한 일반적 용어는 '탈북자'이지만, 정부는 탈북자가 갖는 부정적 의미를 해소하기 위해 1997년 이후 '북한이탈주민'으로 개칭했다. 그러나, '북한이탈주민'에 대해서도 비판적 의견이 개진되면서 2004년 9월부터 통일부가 용어를 바꾸기 위한 작업을 실행해 그 결과 2005년 1월 9일부터 '북한이탈주민'과 '탈북자'라는 용어를 '새터민'으로 대체 선정했다. '새터민'은 '새로운 터전에서 삶의 희망을 갖고 사는 사람'을 뜻하는 말로, 본 연구에서는 일관성을 위해 북한 여성 탈북자와 북한이탈주민 여성을 여성 새터민이라 지칭하기로 한다.[2]

현재 여성 새터민에 대한 연구는 지속적으로 증가하고 있는 추세이다. 매년 증가하고 있는 새터민 수와 더불어 새터민의 60% 이상이 젊은 북한 여성이라는 점이 탈북 여성에 대한 관심을 더욱 확대시키고 있다고 볼 수 있다.

이금순(2008)의 논문을 살펴보면, 여성 새터민의 정착문제는 여성주의 시각에서 분석해야 한다고 지적하고 있다.[3] 이것은 여성 새터민들이 북한을 탈출하여 제3국에서 살면서 가지게 된 성의식 및 여성의 역할에 대한 의식들이 실제 한국사회의 정착과정에서 어떠한 영향을 주고 있는지에 대한 체계적인 검토가 필요하기 때문이라고 한다. 또한 이 여성들을 단순한 인신매매나 성폭력의 피해자로 인식하기보다는 이들이 겪은 심리적, 신체적 어려움과 경험들에 대해 스스로 어떻게 대응, 극복하고 있는지에 대한 심도 있는 연구도 이루어져야 한다고 지적한다. 그리고 이러한 결과들을 바탕으로 여성 새터민들의 사회정착 지원방안의 기초가 마련되어야 한다고 역설하고 있다.

조영아(2007)는 여성 새터민들이 겪고 있는 어려움을 크게 4가지 발전 방향을 통해 해결해야 한다고 설명하고 있다.[4] 첫째, 여성 새터민뿐만 아니라 부부 및 가족에 대한 심리, 정서적 지원 상담 프로그램이 강화되어야 하고, 둘째, 여성 새터민의 자녀 교육을 돕는데 필요한 정보제공을 포함하는 교육 및 상담 프로그램도 함께

---

[1] 윤여상(2007), 『국내 북한이탈주민들의 적응 및 조기 정착방안』, 통일연구원, p. 1.
[2] 하지만 법률 행정적 측면의 공식적 표현은 현재까지 '북한이탈주민'이다. 북한이탈주민의 보호 및 정착지원에 관한 법률 제 2 조는 '북한이탈주민'은 북한에 주소·직계가족·배우자·직장 등을 두고 있는 자로서 북한을 벗어난 후 외국의 국적을 취득하지 아니한 자를 의미한다고 규정되어 있다.
[3] 이금순, "여성 새터민의 정착현황과 과제", 『국제사회의 북한인권 인식과 과제: 국가인권위원회 북한인권 국제심포지엄』, 자료집 (2008. 10. 29) p. 50
[4] 조영아, "남한 내 새터민 여성의 삶." 국가인권위원회, 탈북여성관련 전문가 간담회 자료, 2007, p. 20.

실시되어야 하며, 셋째, 여성 새터민들이 북한 및 탈북과정에서 받은 심리적 충격의 후유증을 극복할 수 있는 지원이 필요하며, 마지막으로 여성 새터민들의 취업을 제고할 수 있는 지원내용이 다양화, 구체화되어야 한다고 지적하고 있다.

김선화 (2007)의 연구도 조영아의 연구와 비슷하게 새터민 정착에 있어서의 4가지 문제점과 지원방안에 대해 제시하고 있다.[5] 첫째, 정부 생계비에 대한 의존도가 높고 경제적 미자립 상태인 새터민들에게는 정착가산금 외에도 직업훈련교육 프로그램과 지역단위의 새터민 취업활성화 노력이 필요하다 고 설명한다. 둘째, 가족 입국이 증가하면서 복잡한 혼인관계에 놓인 여성 새터민들의 한국사회 부적응문제가 나타나는 현상에 대해 해당 여성뿐만 아니라 그 가족 모두를 지원할 수 있는 프로그램이 필요하다고 한다. 셋째, 북한에서의 경험, 탈북과정에서의 경험, 제3국에서의 경험속에서 정신적으로 많이 피폐해진 새터민들은 남한사회에의 적응과정에서 또 다른 스트레스로 인해 정신건강이 악화되기 때문에 이들에 대한 정신적인 치료 및 교육, 지원도 필요하다고 기술한다. 마지막으로 하나원에서 이루어지고 있는 새터민들의 한국사회적응을 위한 교육은 아직 미흡한 부분이 많으므로 이후에도 지속적이고 체계적인 지역사회의 사회적응 교육 프로그램 시스템이 필요하다고 지적하고 있다.

윤인진(2007)의 연구에서는 새터민의 사회적응을 경제적, 문화적, 심리적 차원으로 나누어 살펴 보면서 이들의 사회적응을 돕기 위해선 기본적인 경제적 자립과 사회문화적 통합이 이뤄져야 한다는 입장을 내세우고 있다.[6] 따라서 이들을 위한 정책을 세울 때, 맞춤형 지원방안으로 이들의 독립성을 확보하고 빈곤탈출을 실질적으로 도울 수 있는 제도적 장치가 추진되어야 한다고 설명했다.

이상과 같이 기존의 연구들은 여성 새터민들의 국내 적응문제를 경제적, 심리적, 사회적 차원으로 나누어 다루고 있다. 또한, 이금순, 조영아, 김선화, 윤인진의 연구에서 볼 수 있듯이 여성 새터민의 국내 적응을 위해서는 포괄적이면서도 체계적인 정부 지원 프로그램과 정책이 필요하다. 즉, 앞으로의 정책과 지원은 새터민들이 사회적응에 있어서 독립하여 자립 생활을 할 수 있는 방향으로

---

[5] 김선화, "북한이탈주민의 이해를 위한 제반 현황." 국가인권위원회, 탈북여성관련 전문가 간담회 자료, 2007, p. 30.
[6] 윤인진, "북한이주민의 사회적응 실태와 정착지원방안." 『아시아연구』 제 50 권 2 호, 2007, pp. 106-143

제공되어야 하며, 특히 여성 새터민의 적응을 위해서는 한층 세부적이고 구체적인 지원이 필요하다고 볼 수 있다.

2. 여성 새터민의 현황 및 특성

1990년대부터 시작된 북한의 경제난과 식량난의 지속으로 탈북현상이 급속히 증가함에 따라 중국을 거쳐 제3국에서 남한으로 입국하는 탈북자들이 늘어나기 시작했다. 이러한 탈북자들의 국내 입국 현황을 살펴보면, 1993년까지는 연평균 10여 명 내외였으나 94년에 50여 명으로 증가하여 매년 두 배씩 증가하면서 2008년에는 2809명이 입국하기에 이르렀다. 현재까지 국내에 입국한 탈북자 수는 1만 5천여 명에 달하고 있으며, 이를 성별로 나누어 살펴보면 98년까지는 23%에 그쳤던 여성의 비율이 2008년에는 78%로까지 증가한 것을 알 수 있다.[7] 특히, 2000년을 경계로 여성의 수가 남성보다 급속한 증가추세를 보이며 최근 10여 년 사이에 10배 이상의 증가세를 보이고 있는데, 이는 2000년 이후에 등장한 브로커들로 인해 여성과 가족단위의 입국자가 증가하기 시작하면서 일어난 현상이라고 분석되고 있다.[8]

<표 1> 성별 새터민 입국 현황 (2008년 12월)

구분	~'89	~'93	~'98	~'01	'02	'03	'04	'05	'06	'07	'08	합계
남(명)	562	32	235	563	506	469	626	423	509	570	612	5,107
여(명)	45	2	71	480	632	812	1,268	960	1,509	1,974	2,197	9,950
합계	607	34	306	1,043	1,138	1,281	1,894	1,383	2,018	2,544	2,809	15,057
여성비율	7%	6%	23%	46%	55%	63%	67%	69%	75%	78%	78%	66%

출처 : 통일부(2008년) 북한이탈주민 관련 통계자료

---

[7] 통일연구원 www.unikorea.go.kr 통일부 북한이탈주민 입국인원 현황, 2008년 12월 기준.
[8] 박호성, "북한이탈주민의 남한사회 장착지원 현황과 개선 방안"『국제정치연구』제7집 2호, 2004, pp. 1-24

<표 2> 연령별 유형 (2008년 11월 입국시점 기준)

구 분	0-9세	10-19세	20-29세	30-39세	40-49세	50-59세	60세	계
누계(명)	542	1,772	4,109	4,893	2,082	630	691	14,719
비율(%)	4	12	28	33	14	4	5	100

출처 : 통일부(2008년) 북한이탈주민 관련 통계자료

　최근 국내 새터민들의 현황에 대해서는 아래와 같은 4가지 특성으로 정리해 볼 수 있다. 첫째, 새터민 입국자 수가 급증하고 있다. <표 1>에서 볼 수 있듯이 새터민 수는 2000년 이후부터 급격히 증가하고 있으며 앞으로 이러한 추세는 지속될 것으로 보여진다. 둘째, 여성 새터민과 가족동반 입국자의 증가이다. 특히 현재 국내 입국 새터민 현황을 보면 여성이 78%를 차지하고 있다. 이렇게 여성의 비율이 증가한 이유로는 여성들이 남성들보다 중국 등 제3국에서 돈을 벌기가 용이하고, 장기간 체류하면서 구성된 가족들과 가족동반 탈북이 늘어나게 된 점을 꼽을 수 있다. 셋째, 탈북 이후 국내 입국까지 제3국에서 체류기간의 장기화이다. 여성들 대다수가 중국과 같은 제3국에서 오랜 기간 체류하면서 자원을 확보하여 한국으로 더 쉽게 입국할 수 있었던 것으로 분석된다. 마지막으로 탈북 동기의 변화이다.[9,10] 과거와의 탈북 동기를 비교해 보면, 90년대 말에는 식량난으로 인한 생존차원의 동기가 많았던 것에 반해 2002년부터는 돈을 벌어 더 나은 삶을 추구하기 위해 이주를 계획하는 사람들이 증가하고 있다

3. 여성 새터민의 적응 실태

　사회적응이란 한 개인이 일상생활에서 사회의 다양한 조건이나 환경에 대해 별 어려움 없이 만족스럽게 개인의 내적, 심리적 욕구와 잘 조화를 이루는 것을 뜻한다. 그러나 새터민의 사회 적응, 즉 한국사회 적응에 관한 연구를 살펴보면, 이들을 이주난민의 경우와 비교해 분석하는 연구들을 적지 않게 볼 수 있다.[11] 이는 새터민들이

---

[9] 박현선, "탈북자 국내 정착정책의 현황과 발전 방향." 『북한연구학회보』, 제6권 1호, 2002, pp. 209-240.
[10] 박은숙, "북한이탈주민의 실태와 남한사회 정착지원 정책에 관한 연구," 『한국행정학회 2008년도 하계학술대회 발표논문집』, 2008, pp. 575-603.
[11] 이금순 앞의 글 p. 52.

'난민적' 성격과 '이주자적' 성격을 복합적으로 갖고 있다고 보기 때문이다. 북한의 정치적 박해와 경제 붕괴, 그리고 중국에서의 체포위협과 강제송환 시 겪게 되는 처벌 등은 새터민 들을 이주난민이라 규정지을 수 있는 근거가 되고 있다. 하지만 새터민의 사회 적응에 관한 연구는 점차적으로 난민보다는 이주자적 성격이 강화될 것으로 보여진다.[12]

그렇다면 여성 새터민들이 국내 정착과정에서 겪는 어려움 중 가장 심각한 적응 문제는 무엇일까? 탈북하여 중국 혹은 다른 제3국에 장기간 체류한 후 한국에 정착하게 되는 대부분의 여성 새터민들은 한 사회에 적응할 수 있는 충분한 시간이 주어지지 않은 채 사회문화적 갭이 큰 나라들 사이를 이동하면서 겪게 되는 다양한 경험들로 인해 심리적 충격이나 과도한 스트레스에 시달리게 된다. 또한, 한국에 정착한 이후에도 주변사람들과의 대인관계 문제나 한국 사회의 편견 등으로 인한 사회적 갈등과 불안정한 수입으로 인한 경제적 문제들이 새터민들의 적응을 더욱 어렵게 하는 요인으로 꼽히고 있다. 따라서 이 장에서는 새터민들이 탈북하여 한국에 정착하기까지 겪게 되는 적응 문제를 심리적, 경제적, 사회·문화적 차원으로 나누어 검토해 보고자 한다. 그러나 여기서 강조하고자 하는 것은 <그림 1>에서 볼 수 있듯이 여성 새터민의 국내 부적응 원인인 심리적, 사회적, 경제적 요인들이 서로 밀접하게 연관되어 있고 상호작용하고 있기 때문에 심리적, 사회적, 경제적 요인들을 개별적으로 검토해 보되, 복합적인 면을 고려하며 이들의 국내 적응 문제를 이해해야 할 것이다.

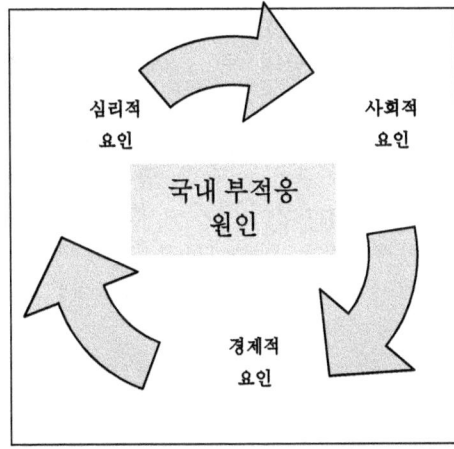

<그림 1> 새터민 국내 사회 부적응 원인

---

[12] 윤여상, 앞의 글, p. 3

3.1 심리적 적응

이금순(2008)[13]의 연구에 의하면, 이주난민들은 새로운 사회의 정착과정 중 초기에 심각한 심리적 적응문제를 겪는 것으로 나타났고 여성 새터민들도 그와 비슷한 경험을 겪는 것으로 밝혀졌다. 여성 새터민들은 이주과정 중 북한 내에서 겪은 경험, 탈북한 후 중국 등 제3국에 정착하면서 겪은 경험을 비롯해 한국에 입국한 후 겪는 다양한 경험들로 인해 심리적인 스트레스에 시달리고 있다. 또한 이러한 심리적인 문제는 신체적인 문제로까지 이어져 여성 새터민들의 정착 과정을 한층 더 어렵게 만들고 있다. 이 절에서는 이들이 겪는 심리적 어려움을 북한과 제3국에서의 경험, 남한사회 내에서 겪는 어려움으로 나누어 살펴보도록 하겠다.

3.1.1 이주과정에서의 경험

여성 새터민들은 북한 내 혹은 중국 등 제3국의 체류과정에서 겪게 되는 심리적 충격과 이로 인해 발생하게 되는 정신적 질환으로 고통 받고 있는 것으로 분석된다.[14] 여성 새터민들이 북한 내에서 겪게 되는 심리적 스트레스는 아사, 공개처형, 강제송환 시 성적 수치심을 유발하는 조사, 폭력, 고문, 강제낙태 및 영아살해의 경험 등에 의한 것이다. 2005년 북한인권 정보센터의 새터민 종합실태조사 결과[15]를 살펴보면, 응답자 중 66.4%가 육체적, 정신적으로 충격적인 사건을 경험한 적이 있다고 했으며 이에 따른 스트레스 여부에 대해서 87.2%가 스트레스를 받았다고 응답했다.[16] 또한, 대량학살이나 가족들의 죽음과 같은 심각한 충격을 경험한 경우에는 외상 후 스트레스 장애 (PTSD [17])증상이 나타나기도 하는데, 이 심리적 장애는 1차적으로는 악몽, 환청, 환각 정도로 느껴지지만 치료 없이 방치되어 외상이 잠재화되면 장기적으로는 심각한 정신적 질환을 일으킬 수도 있다.[18]

---

[13] 이금순, 앞의 자료 p. 22
[14] 조영아, 전우택. "탈북 여성들의 남한 사회 적응 문제: 결혼 경험자를 중심으로." 『한국심리학회지: 여성』. 10권 1호, (2005.3), pp. 17-35.
[15] 북한인권정보센터, 『새터민 정착상황 종합실태조사』, 통일부 연구용역보고서, 2005.
[16] 위의 자료
[17] PTSD (Post traumatic Stress Disorder)는 외상적 사건의 재경험, 지속적인 회피와 마비, 수면곤란, 분노조절 곤란, 집중곤란, 과 경계 및 과민상태이며 이러한 상태는 우울, 불안, 충동적 행동, 약물남용, 신체화된 증상으로 이어진다.
[18] 이금순, 앞의 글, p. 52

한편, 중국과 같은 제3국가로의 이주과정에서 겪게 되는 심리적 문제는 브로커들에 의한 매매혼 및 성폭력, 인신매매에 의한 정신적, 육체적 스트레스와 불법체류자라는 신변불안에 의한 고통 등이다. 특히, 매매혼과 성폭력을 경험한 여성들은 한국 사회에의 정착 적응과정에서도 심각한 내면적 갈등을 경험하고 있는 경우가 많았다. 또한, 중국에서 북한으로의 강제송환과 탈북과정을 여러 번 반복한 경우에는 중국인이나 조선족과 3, 4번씩 결혼을 한 사람들도 있어 여성 새터민들의 심리적 적응은 매우 복잡한 양상을 띠고 있다. 이외에도 북한에 두고 온 가족, 자녀들에 대한 걱정과 그리움, 죄책감 등으로 인해 심리적인 불안감을 호소하는 여성들도 있다.[19] 이들은 가족에 대한 죄책감으로 인해 의심, 우울, 신체적 호소 등의 정신적 질환을 겪거나 가족과의 이별에 대한 강박관념과 가족과의 재결합 욕구로 인해 악몽에 시달리기도 한다.

3.1.2 남한사회 정착후의 경험

여성 새터민의 한국 정착 과정에서 북한이나 중국과 같은 제3국에서의 경험 외에도 남한사회 내에서 겪는 심리적 적응에 대한 문제도 빈번히 지적되고 있다. 남한사회 내에서의 문제는 남한사람들이 갖고 있는 북한사람에 대한 편견, 남북한간 문화와 사고방식의 차이 그리고 입국 당시 새터민의 심리적 특성과 경험이 복합적으로 작용되어 적응을 어렵게 하고 있다.

2003년 북한이탈주민후원회 조사[20]에 따르면, '남한사람의 편견과 차별'이 새터민의 사회생활에서 가장 어려운 문제점으로 지적되었다. 그리고 남한사람들이 새터민에 대한 편견을 갖는 이유로는 '북한에서 왔다는 이유', '사고방식이 달라서', '노력 없이 기대수준이 높아서', '말투가 달라서'로 밝혀졌다. 즉, 남한사람들은 새터민들을 자신들과 동등하고 동질적인 이웃으로 보기보다는 식량난과 탈북을 경험한 자라는 색안경을 끼고 바라보면서 동정심과 호기심, 의심의 대상으로까지 여기고 있는 것이다.[21] 또한, 언론매체에서 보도되는 일부 새터민의 부적응 사태가 새터민 전체에 대한 문제로 인식되어 한국 사회 내에서의 새터민은 개별성 있는 개인이 아닌 하나의 집단으로 분류되는 경향도 보여지고 있다.[22]

---

[19] 김선화, 앞의 글, p. 60
[20] 북한이탈주민후원회, 『탈북 동포들의 희망 찾기 (II)』, 북한이탈주민후원회, 2003.
[21] 이금순 외. 『북한이탈주민 적응실태 연구』. 통일연구원, 2003.
[22] 윤인진, 앞의 글 p. 20

결국 이러한 편견과 인식들로 인해 새터민들은 더욱 강도 높은 스트레스와 심리적 어려움으로 고통 받게 되는 것이다.

이외에도 여성 새터민 중에는 중국이나 제 3 국에서 강제혼인이나 자기 보호를 위한 자발적 혼인 등으로 결혼한 경험이 있는 여성이 그 혼인 관계가 정리되지 않은 채, 한국에서의 외로움이나 심리적 불안감 등의 이유로 또다시 결혼을 하는 사례도 적지 않다.[23] 이러한 경우 여성 새터민은 한국에서의 새 가정을 통해 심리적 안정을 찾을 수는 있지만, 중국이나 제 3 국에 남아있던 이전 가족들이 한국에 입국하게 되면 중혼관계로 받게 되는 정신적, 심리적 고통이 그 이전의 몇 배가 된다. 한편, 독신 여성 새터민의 경우도 외롭다는 생각 등으로 한국에서 의지하며 살아갈 배우자를 비교적 서둘러 선택하고자 하는 경향을 보이지만, 성역할에 있어서의 문화적 차이나 생활방식 등의 차이로 갈등하거나 유부남과의 불안정적인 이성교제 등으로 불안한 심리상태를 겪게 되기도 한다.[24]

여성 새터민의 심리적 적응 문제는 새터민의 개인적인 특성과 경험들이 한국사회내의 문제와 뒤엉켜 그 강도가 한층 높아진다고 볼 수 있다. 북한에 두고 온 가족, 자녀들에 대한 죄책감을 비롯한 중국에서의 경험, 그리고 한국에 입국한 후 겪게 되는 사회, 문화적 혼란까지 이러한 문제들이 복합적으로 결합되어 여성 새터민들에게 불안감, 외로움, 대인관계에 있어서의 두려움 등과 같은 심리적인 어려움을 주고 있는 것이다.

3.2 사회적 적응

3.2.1 사회적 편견

북한과 남한은 같은 민족임에도 반세기가 넘는 분단기간 동안 서로에 대해 이질적 문화, 언어의 차이, 사회화의 차이, 편견 등을 형성하게 되었다. 따라서 새터민들은 이러한 차이들로 다른 이주민과 비슷한 사회적 적응의 어려움을 겪고 있다. 새터민들과 남한사람들은 서로에게 문화적, 사회적 이질감을 느끼고 있으며, 남한사람들의 편견과 무관심으로 새터민들이 더 큰 어려움을 겪는 것으로 나타났다. 2003년 통일연구원 조사[25]에 따르면, 새터민들은 자신들이 쓰는 어투, 어휘, 뉘앙스가 상이한 용어 등으로 직장이나

---

[23] 이금순, 앞의 글 p.60
[24] 김선화, 앞의 글, p. 65
[25] 통일연구원, 『북한이탈주민 적응실태연구』, 2003 참조

대인관계에서 어려움을 겪고 있다고 한다. 사고방식에 있어서도 전통적인 유교적 태도와 남한사람보다 직선적인 사고방식 때문에 남한 사회에 적응하는데 어려움을 겪는 것으로 나타났다. 또한, 새터민과 남한사람과의 관계에 대한 이재민 외(2008)의 연구조사에서 대다수의 새터민들은 남한사람들과의 관계에서 가장 큰 어려움의 요소로 남북한 가치관의 차이(41.7%)를 꼽았다.[26] 그 다음으로는 남한사람들의 북한사람에 대한 부정적인 시각(33.3%), 남한사람들의 강압적이고 권위적인 행동(25%) 순으로 나타났다. 따라서 사회적 적응에 있어서 남한사람들의 새터민의 대한 편견이나 부정적인 시각이 이들의 적응에 있어 매우 부정적인 영향을 미치고 있는 것을 알 수 있다.

3.2.2 사회 네트워크 문제

남한사회의 편견 외에도 새터민의 사회적 적응을 어렵게 하는 요소로서는 남한사회에 연고가 없어 사회 연결망이나 사회참여가 부족한 점을 지적할 수 있다. 특히 여성 새터민들의 경우, 가족 외에 가깝게 지내는 사람들이 정부관계자, 다른 새터민들, 종교인들이라고 밝힘으로써 사회활동의 정도와 인간관계가 매우 제한되어 있음을 보여주었다. 2003년 통일연구원 조사[27]에 따르면, 어려운 일이 생겼을 때 주로 누구와 의논하는가에 대한 질문에 가족 및 친척(35.7%), 신변보호담당관(24.2%), 없다(14%), 탈북동료(11%), 기타 (6.8%), 거주지보호담당관(3.4%), 동네이웃(2.3%) 순으로 응답해 남한 주민과의 교류가 거의 없는 것으로 나타났다. 2005년 북한인권정보센터 실태조사[28]에서 실시된 새터민 참여모임이나 단체에 대한 조사결과 또한 46.9%의 응답자들이 소속단체나 모임이 없는 것으로 나타났고, 새터민들의 여가활동도 주로 텔레비전, 라디오, 비디오 시청, 신문읽기, 컴퓨터 이용, 책 읽기, 종교활동 등으로 대부분이 혼자서 하는 소극적인 활동들이었다. 이 중 사회참여가 가장 활발하게 나타나는 것은 교회나 종교활동이다. 새터민의 60%가 신앙을 갖고 있는 것으로 나타났으며, 특히 탈북 과정이나 사회 적응 단계에서 남한 선교사나 목사들로부터 물질적,

---

[26] 이재민 외, "북한이탈주민의 남한사회 적응에 영향을 미치는 요인", 『사회복지정책』 제33집, p. 11
[27] 위의 자료.
[28] 북한인권정보센터, 『새터민 정착상황 종합실태조사』, 통일부 연구영역보고서, 2005.

정신적 도움을 받은 것이 계기가 되어 기독교로 귀의하는 사람들이 많았다.29

그러나 교회를 제외하고는 새터민들이 남한사람들과 긴밀하게 접촉할 수 있는 기회는 별로 없다. 이로 인해 이들은 남한사람들과 관계를 맺지 못하고 자신들, 즉 새터민들끼리만 어울리게 되면서 또다시 한국 사회의 일원으로 적응하지 못하게 된다. 윤인진(2007)30의 연구에 의하면, 새터민들의 초기적응기간에는 새터민 간의 서로 다른 배경, 탈북동기, 불이익 우려 때문에 문제가 발생할 수 있으므로 서로 만나는 것을 피하고 가능한 남한주민들과 더 어울리려는 노력을 보인다고 한다. 그러나 결국 남한 사람들과의 만남의 기회조차 거의 주어지지 않으면서 다시 새터민들끼리 어울리게 되는 경향이 많다고 지적했다. <표 3>에서 볼 수 있듯이 새터민 들은 남한사람들과 인사 정도만 하는 사이로, 이웃이나 지인으로서의 대인 관계를 맺지 못하고 피상적인 수준의 관계에 머물고 있는 것을 알 수 있다.

<표 3> 남한 주민과의 친밀도 (연령별 비교 %)

친밀도	20대	30대	40대	50대	60대	70대	80대	전체
잘 모르고 지낸다	17.8	15.9	14.0	12.0	15.9	13.3	33.3	15.5
인사하는 정도이다	44.5	48.1	49.7	46.7	52.3	40.0	33.3	47.7
말벗친구와 도움을 받는 정도다	18.6	18.6	16.4	26.1	13.6	23.3	33.3	18.5
매우 믿고 가족처럼 지낸다	18.6	17.0	17.1	15.2	15.9	23.3	0.0	17.2
기타	0.4	0.4	2.7	0.0	2.3	0.0	0.0	1.1
계(명)	236	447	292	92	88	30	6	1191

출처 : 북한인권정보센터(2005년) 새터민 정착상황 종합실태조사

3.2.3 가족 문제

새터민의 가족단위 입국이 증가하면서 가족간의 문제도 심각한 사회적응 문제로까지 이어지고 있다. 특히, 남한 사회에 정착하는 과정에서 부모와 자녀들 사이에 생겨나는 문화차이를 꼽아볼 수 있다. 가족과 같이 입국한 가정들은 교육문제와 양육문제에서도 어려움을 겪고 있다. 남한 사회의 교육체제와 남한의 교육 상황에

---

29 윤인진, 앞의 글 p.15.
30 위의 자료, p. 16

대한 이해도 부족하고 교육과 관련된 정보나 지식이 부족해 사회적 어려움을 많이 겪는 것으로 나타났다. 자녀가 학교에 다니면서 어려움을 겪어도 효율적으로 대처하기도 어려울 뿐만 아니라 북한에서는 학습과 관련된 부분은 모두 선생님의 몫이기에 남한에서도 선생님이 다해줄 것이라고 기대한다. 2005년 통일부 실태조사[31]에 의하면, 62.2%의 새터민이 자녀교육에 어려움이 있다고 밝혀 대부분의 여성 새터민들은 자녀교육에 있어 고초를 겪고 있는 것으로 나타났다. 한편, 부모는 빠른 시일 내에 남한사회에 적응하여 경제적인 책임을 짊어져야 하므로 자녀에게 관심을 쏟을 수 있는 시간이 더더욱 줄어 자녀 양육에 어려움을 겪게 되는 것이다.

3.3 경제적 적응

여성 새터민 뿐만 아니라 새터민들에게 가장 어려운 사회적응은 경제적 적응이라고 할 수 있다. 새터민 중에서 경제활동가능인구의 30~40% 가량이 실업상태에 있고 직업이 있어도 비정규적에 종사하고 있으며, 80%는 실업이나 저소득으로 정부의 생계비보조금에 의존하여 생계를 유지하고 있다.[32] 최근 북한인권정보센터의 조사자료(2008)에 의하면 새터민의 실업률은 22.9%로 한국인 평균의 5~6배에 달하며, 새터민 취업자 중 월 근로소득 100만원 이하가 50.1% (50만원 이하 13.5%)로 높은 비율을 차지하고 있다.[33] 또한, 다른 이주민들의 경우와 비슷하게 북한에서보다 낮은 신분으로 이동하는 현상을 보이고 있었다. 이러한 상황은 남성 새터민보다 여성 새터민의 경우가 더욱 심각하다. 남성은 41.4%가 정규직에 있는 반면 여성은 26.8%만이 정규직에 종사하고 있으며, 비정규직 비율도 남성은 48.3%인 반면 여성은 68%에 달한다. 이렇게 남성에 비해 여성의 취업상황이 상대적으로 열악한 것에 대해 이금순(2008)은 여성 새터민의 대한 사회적 편견과 육아부담이 가장 큰 장애요인으로 작용한다고 지적했다. 실제로 여성 새터민들도 자신들의 취업 장애요인에 대해 58.2%의 대다수가 '북한이탈주민에 대한 사회적 편견과 관행'이라고 생각하고 있으며, 18.7%는 '육아부담'이라고 한다.

한국 정부는 새터민들을 위해 직업훈련 및 취업지원을 하고 있으며 지역별로 취업박람회도 개최하고 새터민을 고용하는

---

[31] 통일부, 『북한이탈주민 정착지원업무 실무편람』. 서울: 통일부, 2005.
[32] 윤인진, 앞의 글, p. 25.
[33] 윤여상, 『한국사회는 새터민을 공동체의 일원으로 포용하고 있는가?』, 미래전략연구원, 2008, p 2.

사업주에게 고용지원금을 지급하기도 한다. 하지만 이러한 지원은 성별, 연령별, 가족단위별 세부집단의 특성을 반영하지 못하고 있어 직업훈련을 받아도 이러한 직업훈련이 취업으로 이어지지 않고 있는 상태이다.34

한편, 취업한 직장에서의 문제점에 대한 2005 년 통일부 실태조사 35 에 의하면, 여성들은 건강문제를 가장 많이 꼽았고 남성들은 업무능력 부족과 인간관계를 높게 뽑았다. 이러한 결과로 볼 때, 신체적, 체력적 문제 또한 여성들의 경제활동을 저해하는 요인으로 작용하는 것을 알 수 있다.

4. 여성 새터민의 사회적응 지원 개선 방안

지금까지의 여성 새터민을 위한 사회적응 프로그램을 살펴보면 정부와 민간차원으로 나뉘어 추진되어 왔다. 그러나 현실적으로 여성주의 시각 에서의 논의와 대안은 부족한 상태이다. 실제로 여성 새터민들을 성착취 피해자로만 인식하는 경우가 대부분이었으며 이러한 측면만 부각되면서 여성 새터민들의 한국사회 적응은 더욱 어려워지고 있다. 현재 입국하는 여성 새터민들의 다양한 상황이나 경험을 고려하지 않은 채 단순한 성적 피해자 계층으로만 보는 것은 이들에 대한 부정적인 인식과 편견을 부추길

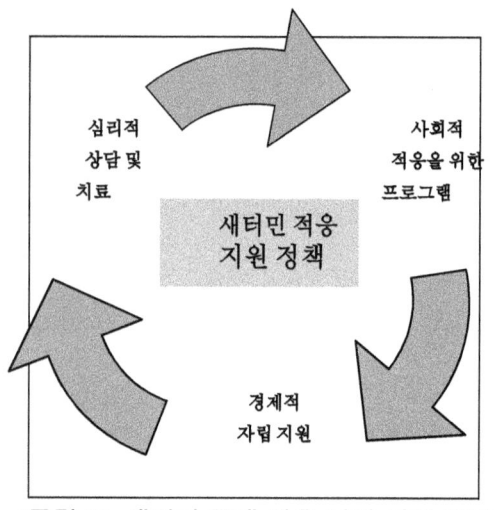

<그림 2> 새터민 국내 적응 지원 정책 방향

수밖에 없게 된다. 따라서 이들의 다양한 경험에 대한 이해와 이주과정에서 경험한 상처를 이해하는 것이 우선되어야 한다. 그리고 이들의 사회적응 지원은 이러한 이해 아래 심리적, 사회적, 경제적 지원이 수반될 때 효과적일 것이다. 지금까지 실행되어 온 새터민 적응 지원은 경제적 차원의 지원이나 사회적 적응 차원의

---

34 국가인권위원회 "새터민 정착과정 실태조사: 직업실태를 중심으로."
『국가인권위원회 인권상황실태조사 연구용역보고서』, 2007
35 통일부, 『북한이탈주민 정착지원업무 실무편람』. 서울: 통일부, 2005.

지원이 많았다. 하지만 이들이 겪는 적응 문제는 복합적이기 때문에 보다 포괄적인 접근이 필요하다. <그림 2>와 같이 여성 새터민에 대한 적응 지원은 심리적 문제에 대한 치료와 함께 경제적으로 자립할 수 있는 지원, 사회적으로 적응할 수 있도록 하는 교육과 지원이 병행되어야 할 것이다.

그뿐만 아니라 새터민에 대한 편견과 고정관념을 버리고 그들을 우리 사회 구성원의 한 사람으로 받아들일 수 있도록 남한사람들을 대상으로 하는 교육도 동시에 실행되어야 할 것이다.

4.1 심리적, 신체적 상담 및 치료 제도

북한, 중국, 한국사회에서 겪은 심리적인 스트레스는 여성 새터민들의 정신적인 건강뿐만 아니라 신체적인 면에 있어서도 직·간접적인 영향을 주게 된다. 새터민들의 건강상태의 대한 설문조사에 따르면 건강하지 못함이 49%, 건강함이 25%였고, 질병 수준도 년간 1인당 2개의 질병이 발병하는 것으로 나타나 남한 평균의 2배에 달한다.36 그리고 여성 새터민들은 북한 및 중국에서 거주하면서 본인의 건강에 대한 인식과 건강관련에 대한 지식이 많이 부족한 것으로 나타났다.37 실제로 많은 여성 새터민들이 만성적인 여성질환에 감염되어 있었고, 대부분이 본인의 건강에 대한 올바른 이해와 인식이 없는 것으로 나타났다. 앞으로 이들이 적절한 치료를 받을 수 있고 주기적으로 본인의 건강을 체크하고 인식할 수 있는 지원과 교육 제도가 필요하다.

신체적인 질병 외에도 여성 새터민들이 많이 겪고 있는 것이 우울증 같은 정신적 장애이다. 이러한 정신적 질병은 일시적인 치료나 상담이 아닌 장기간 지켜보며 치료가 이루어져야 한다. 이외에도 이들을 돕는 전문 상담자나 정착 도우미가 지원되어야 하며, 이들에게도 새터민들의 배경에 대한 교육이 충분히 실행되어야 한다. 새터민들은 한국사회에 정착하기 위해 다양한 경험과 상처를 지니고 온 사람들이기에 주변 사람들의 깊이 있는 이해와 배려가 필요하기 때문이다. 그리고, 성폭력이나 성매매 등의 경험이 있는 여성들에게는 특별한 치료가 요구된다.

여성 새터민들 중에 가족관계나 결혼관계가 복잡한 사례가 많다. 이러한 상황들은 여성 새터민에게 스트레스나 정신적인 부담과 죄책감의 원인이 될 수 있다. 따라서 개인적인 문제이고 다소 민감한

---

36 김선화, 앞의 글, p. 55
37 김창오, "북한이탈주민 여성들의 신체건강 문제: 부인과를 중심으로", 『탈북여성의 정신, 신체적 건강과 사회적응 연세대 통일연구원 전문가 심포지움 자료집』, 2004. P.75.

사안들이지만, 중혼이나 복잡한 결혼 등 이성관계에 대해 상담할 수 있는 상담소나 제도도 마련 되어야 한다. 이들 중에는 매매혼이나 인신매매를 통해 원하지 않는 결혼을 한 경우도 있으므로 법적인 보호나 상담을 할 수 있도록 적절한 조치가 필요하다고 본다. 그리고 여성 새터민뿐만 아니라 가족단위로 이루어지는 카운슬링도 도움이 될 것이라고 본다. 새로운 사회 적응을 위해 여성 새터민뿐만 아니라 부부관계 및 부모와 자녀간의 관계와 갈등을 포괄적으로 도와주고 상담할 수 있는 제도도 필요하기 때문이다.

4.2 사회문화적 적응을 위한 프로그램

여성 새터민의 적응 과정의 개선을 위해서는 우선 남한 사회내의 변화가 이루어져야 된다. 앞에서도 언급했으나 여성 새터민의 사회적응을 어렵게 하는 요소 중 남한주민의 편견과 차별이 아주 큰 영향을 미치는 것으로 나타났다. 한국에는 이미 100 만 명 이상의 외국인들이 체류하고 있으며 이른바 다문화사회로 접어든 상태이다. 하지만 새터민 뿐만 아니라 이주 노동자, 이주 결혼 여성, 다문화 가정의 자녀들에 대한 한국사회 내의 사회적 통합과 이해가 많이 부족한 것이 현 실정이다. 이러한 현실을 극복하고 새터민에 대한 부정적인 인식이나 편견을 해소하기 위해서는 우선 학교교육에서부터 다문화교육이 수반되어 새터민들에 대한 인식의 변화를 도모해야 한다. 이외에도 새터민들이 많이 사는 지역이나 일터 등에서 그들과 자주 만나고 접하는 직장동료나 고용주, 지역시민들을 상대로 한 교육이 필요하다. 하지만 새터민에 대한 인식변화는 하루 이틀에 해결될 수 있는 문제가 아니기에 적극적으로 그리고 장기적으로 추진되어야 한다. 또한 이들에 대한 관심과 이해를 도울 수 있는 사회적 캠페인이나 드라마와 같은 문화적 차원의 접근도 긍정적 효과를 기대할 수 있을 것이다.
앞서 보았듯이 현재 가족단위로 입국하는 새터민 수의 증가와 함께 여성 새터민들은 자녀교육에 대해서도 많은 어려움을 호소하고 있었다. 이에 대해서는 학교나 지역사회 차원에서 한국사회의 교육체제와 자녀 교육 및 진로에 관한 이해를 도울 수 있는 상담창구 등을 마련해 주는 것도 필요할 것이다.

마지막으로 남한사람들에 대한 교육 외에도, 새터민들이 더욱 적극적으로 한국 사회에서 활동하고 네트워크를 형성할 수 있도록 하는 지원이 필요하다. 현재 이들이 접촉하는 남한사람은 종교관련자나 정부담당자 뿐이므로 이들의 사회적 적응은 더욱 어려워질 수밖에 없다. 따라서 이들을 한국사회에 합류시키고 사회적으로 통합하기 위해서는 남한사람들과 보다 많은 교류를 할 수 있도록 지원해야 한다. 교회나 종교 활동 외에 취미나 스포츠, 문화적인 체험과 모임 등을 통해 지역사회 사람들과 더 많은 교류를 할 수 있도록 지원하고, 현재 실행하고 있는 도우미 시스템을 더욱 적극적으로 활용해 도우미 체제보다 개인적이고 포괄적인 자매관계 형성에 초점이 맞추어져야 한다. 남한사람과 맺은 자매관계는 이전의 도우미들의 관계보다 친밀한 관계를 맺을 수 있고 개인별 사항에 맞추어 접근할 수 있어 보다 효과적이라 할 수 있다. 이러한 관계를 통해 여성 새터민들은 다양한 정보를 얻을 수 있을 뿐만 아니라 본인의 취향에 맞는 취미생활이나 개인적인 문제에 대한 상담을 할 상대가 생길 수 있다. 그리고 한국사회의 대한 전반적이 이해가 상승할 수 있고 어려운 상황에 처했을 때 도움을 받을 수 있어 보다 안정적으로 한국사회의 적응할 수 있을 것으로 예상된다.

4.3 경제적 적응-안정적인 취업 지원

여성 새터민들은 남성과 비교해 더 취약한 경제적 상황에 처해 있다. 남성에 비해 취업률도 낮을 뿐만 아니라 비정규직, 저임금직, 일용직 등 불안정한 취업상태에 있다. 여성 새터민들의 직업능력을 상승시키기 위해서는 여성 새터민들이 겪고 있는 문제들을 먼저 파악해야 한다. 이들은 대부분 단순노동이나 미용, 요리, 가사도우미, 식당, 노래방 도우미, 간병인, 보모와 같은 일부 직업에 한정되어 있다. 현재 새터민들의 취업지원을 위한 취업담당관 제도가 실시되고 있으나 제대로 활용되고 있지 않다는 지적을 받고 있다.[38] 이것은 직업훈련이나 취업지원제도가 성별이나, 연령, 가족단위의 세부집단의 특성을 반영하지 못하고 있는 점을 지적할 수 있다. 따라서 여성 새터민들의 보다 안정적인 취업을 위해서는 개인의 적성과 희망에 맞는 직업을 가질 수 있도록 맞춤식 상담이 필요하다.[39] 형식적인 취업상담보다 개개인의 경험과 경력, 연령, 적성을 파악하고 체계적으로 이들이 원하는 직업을 가질 수 있도록 지원하는 것이 궁극적인 목적이 되어야 할 것이다. 그리고 이러한 직업훈련은 일회적인 교육훈련이 아니라 이들이 지역사회에 진출한 후에도 지속적으로 지원하고 경제적으로 자립할 수 있도록 도와주어야 할 것이다. 따라서 중앙정부보다 지역차원에서 지역자치단체나 민간단체 등의 협력과 함께 여성 새터민들에게 체계적으로 정보를 얻을 수 있게 도와주고 이들의 취업상황과

---

[38] 국가인권위원회 "새터민 정착과정 실태조사: 직업실태를 중심으로."
『국가인권위원회 인권상황실태조사 연구용역보고서』, 2007
[39] 이금순, 『북한이탈주민 사회적응 프로그램 연구』, 통일연구원, 2005, Pp. 20-22.

만족도에 대한 현황파악을 지속적으로 하면서 지원해야 할 것이다. 이외에도 인턴십이나 재교육 프로그램, 취업간담회를 활용하여 북한에서의 직업을 가능한 활용할 수 있는 방향으로 추진되어야 한다. 북한에서 직업이 없었던 경우에는 새로운 기술이나 적성에 맞는 직업이나 창업을 할 수 있도록 법률적, 제도적 지원이나 교육을 실시하는 것도 효과적일 것이다. 따라서 현재의 일회적인 상담이나 지원보다는 지역사회에 진출 해서도 이들이 경제적으로 자립 할 수 있도록 교육과 정보 제공 및 제도를 통해 지속적이면서 체계적인 지원을 해야 한다.

5. 결론

지금까지 검토해 본 여성 새터민들의 적응 실태에 비추어 볼 때, 이들의 사회적응문제는 한국사회가 해결해야 할 중요한 과제임에 틀림없다. 여성 새터민들은 북한을 떠나 중국이나 제 3국에서 장기간 체류하면서 인권침해를 경험하고 한국으로 이주한 이후에도 북한 출신이라는 점과 여성이라는 이중의 불이익을 겪으면서 한국사회 적응에 어려움을 경험하고 있다. 한국에 정착하게 되는 대부분의 여성 새터민들은 충분한 시간이나 준비 없이 한국사회에 진입하게 된다. 그리고 이주과정에서 겪은 다양한 경험들과 한국사회에서의 경험들이 복합적으로 영향을 미쳐 심리적 충격이나 스트레스에 시달리게 된다. 또한, 한국에 정착한 이후에도 주변사람들과의 대인관계 문제나 한국 사회의 편견 등으로 사회적 갈등을 겪으며 한국사람들과 어울리지 못하고 있다. 경제적으로도 불안정한 수입과 취업상태로 인해 어려움을 겪으며, 결국 한국사회 내에서 소수집단으로 고립되어 가고 있다. 따라서 여성 새터민의 적응을 지원하기 위해서는 이들의 심리적, 사회적, 경제적 어려움에 대한 구체적 이해를 통해 복합적이면서도 포괄적인 관점에서 이들의 국내 적응 문제를 해결해 나아가야 할 것이다. 여성 새터민의 적응 지원은 심리적 문제에 대한 치료와 경제적 자립을 위한 취업지원, 남한사람들과의 교류를 위한 네트워크 구축이 병행되어야 할 것이다. 그리고 이러한 지원은 일회적으로 실시될 것이 아니라 장기적이고 지속적인 안목에서 새터민들이 정착하는 지역사회가 이들을 모니터링 하면서 자립할 수 있도록 도와줘야 한다.

여성 새터민들의 사회적응문제는 한국사회에서 큰 의미를 갖는다. 이들의 성공적인 사회 문화적 통합은 통일 후 남북한 주민이 함께 살 수 있는 통합모델이 될 것이기에 더욱 중요하다고 볼 수 있다. 또한, 현재 다문화 사회로 진입하고 있는 한국 사회에서 이들의 성공적 사회 적응은 다른 이주자들에게도 큰 영향을 미칠 것으로 예상할 수 있다. 한국은 이미 다문화 사회로 접어든 상태이다. 따라서 한국은 통일 뿐만 아니라 공존하는 다문화 사회를 이루기 위해 새터민의 한국사회적응을 위한 지원과 제도적 장치 마련에 적극적인 노력을 기울여야 할 것이다.

참고문헌

김선화. "북한이탈주민의 이해를 위한 제반 현황." 국가인권위원회, 탈북여성관련 전문가 간담회 자료. 2007.4.
김창오, "북한이탈주민 여성들의 신체건강 문제: 부인과를 중심으로", 『탈북여성의 정신, 신체적 건강과 사회적응 연세대 통일연구원 전문가 심포지움 자료집』, 2004.
국가인권위원회 "새터민 정착과정 실태조사: 직업실태를 중심으로." 『국가인권위원회 인권상황실태조사 연구용역보고서』, 2007
박은숙. "북한이탈주민의 실태와 남한사회 정착지원 정책에 관한 연구." 『한국행정학회 2008년도 하계학술대회 발표논문집』 pp. 575-603. 2008.
박호성, "북한이탈주민의 남한사회 장착지원 현황과 개선 방안" 『국제정치연구』 제7집 2호, 2004
박현선. "탈북 여성 문제." 『탈북자 문제의 이해』 한국방송학회 세미나 및 보고서, pp. 79-87. 2003. 12.
_____. "탈북자 국내 정착정책의 현황과 발전 방향." 『북한연구학회보』, 제6권 1호, pp. 209-240, 2002.
북한이탈주민후원회, 『탈북 동포들의 희망찾기 (II)』, 북한이탈주민후원회, 2003.
북한인권정보센터, 『새터민 정착상황 종합실태조사』, 통일부 연구용역보고서, 2005.
이금순. "여성 새터민의 정착현황과 과제." 『국제사회의 북한인권 인식과 과제』 국가인권위원회 북한인권 국제심포지엄. 2008.
이금순 외. 『북한이탈주민 적응실태 연구』. 통일연구원, 2003.
_____. 『북한이탈주민 사회적응 프로그램 연구』. 통일연구원. 2005.
이재민 외. "북한이탈주민의 남한사회 적응에 영향을 미치는 요인." 『사회복지정책』. 제33집. pp. 61-84. 2008.
윤여상. 『한국사회는 새터민을 공동체의 일원으로 포용하고 있는가?』, 미래전략연구원. 2008.
_____. 『국내 북한이탈주민들의 적응 및 조기 정착방안』, 통일연구원, 2007.
윤인진. "북한이주민의 사회적응 실태와 정착지원방안." 『아시아연구』. 제50권 2호. pp. 106-143. 2007.

장혜경, 김영란. 『북한이탈주민가족의 가족안정성 및 사회적응과 여성의 역할』. 한국여성개발원 연구보고서. pp. 240-13. 2000.

조영아. "탈북여성들의 남한 적응 특징과 대책." 『탈북여성의 정신•신체적 건강과 사회적응』. 연세대 통일연구원 전문가 심포지움. pp. 29-44. 2004.

조영아, 전우택. "탈북 여성들의 남한 사회 적응 문제: 결혼 경험자를 중심으로." 『한국심리학회지: 여성』. 10권 1호, (2005.3), pp.17-35.

통일부, 『북한이탈주민 정착지원업무 실무편람』. 서울: 통일부, 2005.

www.unikorea.go.kr 통일부 북한이탈주민 입국인원 현황

북한 식량문제에 대한 해결책: 농업분야를 중심으로

임옥균 / Ann Ok Kyun Im
MA, Korean for Professionals, University of Hawai'i at Mānoa, 2009
BA, International Development Studies, UCLA, 2007

An agricultural focused solution to the North Korean food issue

This paper examines the present situation of the North Korean food issue by focusing on the agricultural sector as a means to solve this problem. Throughout the 1990s, North Korea experienced severe famines, and in 1994, North Korea officially requested food aid from other countries and international organizations. Although North Korea attributes the food problem to the 1995 and 1996 floods, even after this period, the majority of the North Korea population is still suffering from a shortage of food. The following problems can be contributed to factors such as lack of food aid and unequal distribution of aid; however, by examining the agricultural sector, we are able to identity other plausible factors. Thus far, North Korea has focused its efforts on potatoes, cattle, and the double-cropping program in order to ease the shortage of food. Although these efforts can be seen as successful to some extent, unresolved underlying problems hinder North Korea from completely recovering from such food issues. These problems include, but are not limited to, environmental factors, a shortage of investment materials, and a lack of incentives in the agricultural system.

I. 서론

1990년대 북한 전체 인구 23만 명 중에서 약 1만 명이 심각한 기근과 식량난으로 사망했다. 1991년 구소련 체제가 붕괴하면서 북한은 그 동안의 주요 무역 상대국이자 농산물 등의 주된 공급처였던 우방국들을 잃어버렸다.[1] 당시 북한 정부는 "하루에 두 번만 먹자"라는 계획을 세웠고, 1994년에 이르러서는 외부에 식량 원조를 요구하게 되었다. 이 과정에서 북한의 식량부족 사태의 심각성이 전세계에 알려지게 되었다.[2] 북한은 1995년 7~8월 심한

---

[1] Daniel Goodkind and Loraine West, "The North Korea Famine and Its Demographic Impact." *Population and Development Review* 27-2 (June 2001), p.220.

[2] Stephan Haggard and Marcus Noland. *Famine in North Korea: Markets, Aid, and Reform* (New York: Columbia University Press, 2008), p. 27.

홍수를 겪었으며, 이 후 북한 정부는 자연재해가 기근의 주요 원인이라고 발표했다. 그러나 많은 전문가들은 홍수와 같은 자연재해가 없었어도 북한은 심각한 식량부족 사태를 겪었을 것이라고 주장한다.3 현재 북한은 5 개 미국 비정부기구로부터의 식량 원조를 거부하고 있으며, WFP(World Food Program: 세계식량계획)는 북한의 기아 사태가 악화될 가능성이 크다고 발표했다. 북한에서 영양 부족을 겪는 사람들의 비율은 1990 ~ 1992 년에 20%, 1995 ~ 1997 년에 30%, 2003 ~ 2005 년에 33%, 2008 년에 40%로 지난 20 년간 2 배에 가까운 증가 추세를 보였다.4 현재 이 문제는 해결되지 않고 있으며, 해외 원조가 감소하면서 보다 장기적인 안목에서 근본적인 해결책이 필요한 실정이다.

실제로 북한은 곡물 생산에 대한 비교우위가 없으며, 인간 삶에 필요한 기본적인 식량의 공급 또한 부족한 상태이다. 따라서, 기본적인 식량이 국제 원조를 통해 마련될 수 있다는 주장도 있지만, 이러한 단기적인 원조는 식량난을 해결할 수 있는 기아구제(famine relief) 전략이라고 볼 수 없다.5 더욱이 원조 지향 전략(aid-oriented strategy)은 국내 생산성을 감소시킬 우려가 있을 뿐만 아니라, 지원자와 수혜자 양측에서 의도하지 않은 결과가 발생될 수도 있다. 그러므로 무역 지향 전략(trade-oriented strategy)이나 개혁 전략(reform strategy)이 북한의 기근 해결을 위한 바람직한 방향이라고 볼 수 있다.

이 연구는 북한의 심각한 식량부족 사태와 해외 식량 원조의 감소 추세에 따른 발생 가능한 문제 제기로부터 시작되었다. 이 문제와 관련된 연구들은 주로 북한 식량 문제와 농업 분야에 치중하고 있으며, 특히 남성욱(2004)의 『현대 북한의 식량난과 협동농장 개혁』에서는 북한 농업시스템의 형성과 발전, 농업개혁의 조건과 과제, 남북한 농업협력과 그 역할에 대해 분석하고 있다. 또한 농법체계의 연속성과 변화에 대해 제시하고 있으며, 앞으로 농업부문에서의 남한과 북한의 협력이 경제개혁의 바람직한 방향이라고 주장하고 있다.

Stephan Haggard 와 Marcus Noland(2007)의 『Famine in North Korea』에 따르면, 북한 식량 문제의 주요 원인은 북한

---

[3] Marcus Noland, et.al, "Famine in North Korea: Causes and Cures." *Economic Development and Cultural Change* 49-4 (July 2001), p. 7.

[4] "North Korea Refuses US Food Aid," http://news.bbc.co.uk/2/hi/asia-pacific/7949785.stm (검색일: 2009.4.1).

[5] Noland, Robinson, and Wang (2001), p. 20.

경제와 정치 제도에 있다. 따라서 Haggard 와 Noland 는 북한의 식량 문제를 해결하기 위해서는 농업 개혁뿐만 아니라, 해외 투자를 포함한 수출 지향(export-oriented)정책을 통해 북한 경제를 활성화시켜야 한다고 주장하고 있다.6 또한 농업 분야에서 인센티브 제도를 개혁하고, 국제 금융 제도에 북한이 진입하는 것도 좋은 해결책이 될 수 있을 것이라고 설명한다. 그러나 이러한 긍정적이고 바람직한 행동은 북한 사회의 근본적인 변화가 수반되어야 가능할 것이라며, 현재의 북한 사회는 한층 자유롭고 개방적인 사회로 전환될 필요가 있다고 지적한다. 이를 통해 북한 시민들에게 재산권과 상거래의 자유, 개인 생산 활동의 안전성 등이 보장될 것이라고 예측하고 있다.7

지금까지 살펴본 선행연구들은 북한 기근에 대한 해결책을 논의하고 있는데, 본고에서는 북한 기근의 해결책을 위한 남한의 역할에 집중하면서 이에 대한 중요성을 제시하고자 한다. 우선 북한의 식량부족 사태를 살펴보고 바람직한 북한 농업 정책의 변화를 찾아본뒤, 이 후 변화 과정을 고찰하고 북한 농업의 생산성 제약 요인이 무엇인지, 그리고 남한이 이 문제에 대해 어떠한 역할을 할 수 있는지를 검토하여 해결책을 제시하고자 한다. 본 논문의 참고 자료로는 인터넷 사이트, 논문, 책, 신문 기사 등을 이용하여 포괄적인 시각으로 남한이 해야 할 역할과 과제에 대해 제시할 것이다.

2. 농업 정책의 개선

2.1. 감자농사혁명

1998 년 9 월 북한 최고인민회의를 거쳐 김정일 체제가 공식 출범한 이후, 농업분야에서 최고의 화두는 단연 '감자농사혁명'이었다. 1999 년 이후 7 년간의 북한 신년 공동사설에서는 '감자농사혁명' 을 식량 문제 해결을 위한 주요 농정추진 과제로 채택했다. 이는 감자가 비료를 많이 필요로 하지 않는 작물이고, 고산지대에서도 재배 가능하기 때문이었다.8 이와 함께 지금까지 주요 식량자원으로 재배해 오던 옥수수의 경작은 권장하지 않게 되었다. 감자에 비해 지력을 많이 소모시키고 비료도

---

6 Haggard and Noland (2007), p. 219.
7 Haggard and Noland (2007), p. 243.
8 남성욱, 『현대 북한의 식량난과 협동농장 개혁』 (서울: 국립중앙도서관 출판시도서목록, 2004), p.19.

많이 필요로 하는 옥수수를 유기질이 부족한 북한의 토양에서 주작물로서 재배하는 것은 부적합하다는 판단을 하게 된 것이다.

<표 1> 북한의 감자 재배면적 및 연도별 생산량 추이

구분	1994	1995	1996	1997	1998	1999	2000	2001	2003
재배면적(천 ha)	55	45	48	80	120	187	188	188	187
Ha 당 수량(톤)	10.4	9.7	10.6	10	10.6	7.9	9.9	10	12.8
생산량(만톤)	57	44	51	80	127	147	187	188	239

출처: http://apps.fao.org(FAO Statistical Databases)

위의 <표 1>을 보면, 감자 재배면적이 1998년 이후에는 약 12만 ha, 1999 ~ 2003년 사이에는 약 18만 8천 ha로 늘어나 감자 생산량도 70% 가량 증가했다.[9] 감자의 재배면적은 지금도 계속 늘어나고 있으며, 생산량 또한 증가 추세를 보이고 있다. 이는 북한이 감자증산정책을 통해 식량문제를 해결하려는 의도로 보인다.

2.2 이모작 면적 확대

이모작(double-cropping programme)은 농작물 경작 방법 중 하나로 동일한 농장에 두 종류의 농작물을 1년 중 서로 다른 시기에 재배하는 농법이다. 현재 양강도와 함경북도를 제외한 북한의 모든 지역에서 재배되고 있는 겨울밀과 봄보리는 유엔개발계획(UNDP: United Nations Development Programme)에 따라 진행된 계획으로, 국제 식량 농업 기구(FAO: Food and Agriculture Organization)의 기술지원을 받아 이루어졌다.[10] 이 프로그램은 쌀을 6 ~ 9월 사이에 재배한 이후, 농지의 일부를 활용하여 다른 곡물과 감자를 10월부터 이듬해 6월까지 재배하도록 계획되었으며,[11] 현재 북한의 상황 하에서 식량 생산을 증대시킬 수 있는 가장 효과적인 방법이라 할 수 있다.

2.3 가축 사육 촉진

북한은 국가 경제의 중점 과업으로 2002년 3월 북한 최고 인민위원회 제 10기 5차 회의에서 '인민생활의 향상을 위해 알곡, 고기,

---

[9] 남성욱 (2004), p.21.
[10] 유환옥, 『새 천년을 향한 남북한 농업협력』, (서울: 대산농촌문화재단, 1999), p. 27.
[11] 남성욱 (2004), p. 22.

과일, 양어 등을 먹는 문제'에 대해 제시하였고, 이를 관철하기 위한 사업추진을 더욱 가속해 왔다.[12]

북한에서 가축의 생산 및 공급 또한 국가가 직접 통제하는 계획경제체제로 이루어진다. 그러나 심각한 식량부족 상황에 직면한 북한 정부는 염소나 토끼와 같은 동물의 사육을 장려하는 한편, 곡물사료를 소비하는 가축의 사육을 억제하는 정책을 펴고 있다.[13] 특히 염소는 다양한 식물 사료를 소화할 수 있으며 적응성 역시 뛰어나 사육하기가 쉽고 비용도 적게 든다. 또한 곡물소비에 있어서 인간과 경쟁 관계에 있지 않으며, 육류와 우유를 생산하기 때문에 영양 보충 및 소득 증대의 면에 있어서도 그 중요성이 점차 증가하고 있다. 아래 < 표 2 >를 보면, 1996년의 대홍수로 인해 1997년에는 가축 사육두수가 대폭 감소한 것을 알 수 있다. 이후 소와 양을 제외한 다른 가축의 사육두수가 점차 회복세를 보이는 것을 관찰할 수 있으며, 특히 염소와 토끼의 사육두수는 눈에 띄게 증가하고 있는 것을 볼 수 있다. 이는 정부의 초식가축 사육촉진책이 반영된 것으로 보여진다.

< 표 2 > 북한의 가축사육두수 추이 (단위: 천두)

	1996	1997	1998	1999	2000	2001	2002	2003	2004	2008
소	615	545	565	577	579	570	575	576	566	576
돼지	2,674	1,859	2,475	2,970	3,120	3,137	3,152	3,178	3,194	2,178
양	248	160	165	185	185	189	170	171	171	167
염소	712	1,077	1,508	1,900	2,276	2,566	2,693	2,717	2,736	3,441
토끼	3,056	2,740	2,795	5,202	11,475	19,455	19,482	19,576	19,677	26,467
닭	8,871	7,547	8,965	10,371	14,844	15,804	17,259	18,711	18.729	14,071
오리	1,098	822	1,372	1,624	2,078	3,158	4,189	4,613	5,189	5,878
거위	554	357	462	829	889	1,090	1,247	1,247	1,580	1,477

출처: "FAO / WFP Crop and Food Supply Assessment Mission to the Democratic People's Republic of Korea," Special Report, 28 October 2002, 30 October 2003, GIEWS

---

[12] 앞 글, p. 26
[13] 남성욱 (2004), p. 26.

3. 농업의 생산성 약화 요인

3.1 환경 원인

북한은 지리적 요인과 변덕스러운 기후로 6월부터 10월까지만 식량생산이 적합하다. 또한, 북한의 인구와 토지 산출력(natural fertility of land)을 대비해 보면 일년에 12%의 곡물이 부족하다.[14] 1995년 여름의 자연재해는 이러한 원인을 극대화시켜 식량 부족 문제를 악화시켰다. 1995년 7월과 8월 두 달 동안의 홍수로 40만 헥타르 정도의 경지가 피해를 입었고, 곡물 생산은 190만 톤이 감소하였다.[15] 특히 1996년 7월에 발생한 홍수는 북한의 주요 곡물 생산지인 남쪽 지방에 가장 많은 피해를 입혔는데, 이는 식량 및 식량 생산량의 감소뿐만 아니라 보건 체계의 파괴로 이어졌다. 이 두 가지 원인으로 인해 북한의 사망률 또한 증가했다.

1997년 초에는 충분한 강수 때문에 풍작이 예상되었지만, 그 해 6월과 7월에 평균 이상의 온도와 평균 이하의 강수량으로 가뭄이 발생했다. 그로 인해 큰 저수지의 수위는 평균의 10-20% 이하였으며, 규모가 작은 저수지는 거의 말라 버렸다. 그 결과 곡물 산출량이 7억 톤에서 19만 톤까지 감소했다.[16] 이러한 가뭄은 1997년말까지 계속됐다.

그러나 2005년부터 강수는 7월과 8월 두 달 동안 집중되었고, 강수량 역시 증가해 이 두 달간의 강수량은 전체의 60%를 차지했다. 2007년 여름에는 연간 강수량의 90%가 이 기간동안 집중되었다.[17] 그리고 각종 침전물, 자갈, 돌 등이 점차적으로 강바닥에 쌓이면서 하상의 깊이가 감소함에 따라 북한의 경작지 대부분이 이러한 범람원(floodplain)에 위치하게 되었다. 이렇게 형성된 범람원은 홍수의 가능성이 아주 높음에도[18] 홍수에 대한 복구와 재건이 여전히 이루어지지 않고 있는 상태이다. 정부는 도로, 다리, 댐 등의 재건을 위해 많은 노력을 기울이고 있지만, 복구가 제대로 이루어지지 않은 상태에서 매년 수위가 증가함에 따라 더욱 큰 어려움을 겪고 있다.

---

[14] Goodkind and West (2001), p. 221.
[15] 앞 글, p. 221.
[16] Noland, Robinson, and Wang (2001), p. 7.
[17] Economic and Social Development Department. "Special Report: FAO/WFP Crop and Food Security Assessment Mission to the Democratic People's Republic of Korea," http://www.fao.org/docrep/011/ai475e/ai475e00.htm#3 (검색일: 2009.4.18).
[18] 앞글.

3.2 농업 기반 부족

북한 농업성의 추정에 따르면, 생산량 유지를 위한 북한의 연간 화학비료 수요량은 70 만톤 정도다. 그러나 북한의 화학비료의 사용량은 1980 년 말부터 1998 년까지 지속적으로 감소해왔다. 1989 년 65 만톤이었으나 1998 년에는 12 만톤에 불과했다. 1999 년부터 개선되어 사용량이 증가했지만, 여전히 10 만톤에 미달한다.

(단위: 만톤)

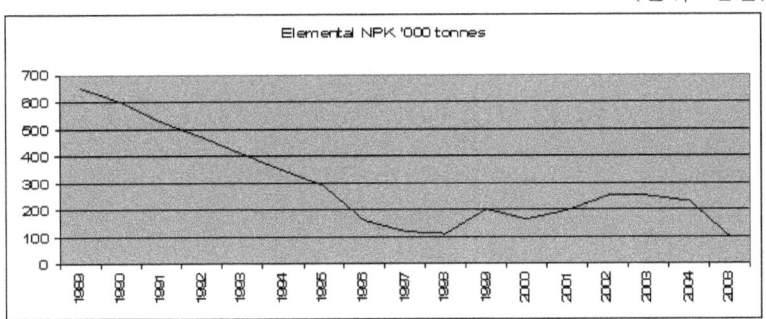

<그림 1> 북한의 화학비료 사용량 1989 년 - 2008 년
출처: http://www.fao.org/docrep/011/ai475e/ai475e00.htm#3

2008 년의 비료 사용량은 전년도 대비 60% 정도 감소한 양으로 다른 해보다도 특별히 부족했다. 그 이유로는 농부들이 북한내 비료 부족 상황을 인지 하지 못한 채 정부의 지원을 기대하고 겨울과 봄의 농작물에 정상적인 양을 사용했으며, 게다가 정기적인 지원국인 남한이 2008 년에는 비료를 원조하지 않았기 때문이다. 또한 북한 국내에서는 세 곳의 공장에서만 비료 생산이 이루어지고 있는 실정이라 그 양이 절대적으로 부족한 상황이다. 19

<표 3> 북한 곡물생산량 변동(1990~2000)

(단위: 만톤)

연도	1990	1991	1992	1993	1994	1995	1996	1997	1998	1999	2000
생산량	630	884	868	914	722	379	260	287	442	385	295

주: 통계는 쌀, 옥수수, 보리, 조, 수수, 귀리, 호밀, 밀 등을 포함한다.
출처: 세계식량농업기구(FAO) 웹사이트 "country profiles" (http://www.fao.org)

---

19 Economic and Social Development Department. "Special Report: FAO/WFP Crop and Food Security Assessment Mission to the Democratic People's Republic of Korea," http://www.fao.org/docrep/011/ai475e/ai475e00.htm#3 (검색일: 2009.4.18).

1995년부터는 북한의 곡물생산량이 급격히 줄어들었다. 지난 10년 동안 북한의 곡물생산량을 보면 그 변화를 확연히 알 수 있다. 위의 <표 3>를 보면, 1990년대 들어 1993년에 914만톤에 이르던 북한의 곡물생산량이 1994년에는 722만톤으로 감소하였고 1995년에는 갑자기 379만톤으로 급감했다. 이후 1996년에는 1993년의 1/3 수준에도 미치지 못하는 260만톤으로 감소하여 최저치를 나타냈다.

북한 농업 분야 산출량 중 쌀의 부족이 가장 심각하다. 아래의 <표 4>에서 알 수 있듯이 쌀 생산량은 지역마다 큰 차이를 보이며, 동해안 지역과 내륙 지역의 쌀 생산량은 전체의 절반을 차지하지 못한다. 따라서 특히 이 두 지역에서의 쌀 부족 현상이 두드러진다고 볼 수 있다. 그리고 북한의 쌀 생산은 평안남북도와 황해남북도를 포함한 서해안 지역에 집중되어 있다. 그러나 1995년부터 서해안 지역의 곡물생산 또한 급격히 줄어들었음을 알 수 있다. 그 해 북한의 주요 곡물생산지인 서해안 지역이 커다란 홍수피해를 입었기 때문이다.

<표 4> 지역별 쌀 생산량(1989~1996년)

(단위: 조곡기준, 만톤)

지역 \ 년도	1989	1990	1991	1992	1993	1994	1995	1996
동해안 지역 (함경도, 강원도)	70	73	76	84	49	49	38	25
서해안지역 (평안도, 황해도, 남포)	323	337	292	319	380	239	141	99
내륙 지역 (양강도, 자강도, 평양, 개성)	39	38	41	41	45	24	21	17
전체	432	448	409	445	475	311	200	141

출처: UNDP 1998, "Thematic Roundtable Meeting on Agricultural Recovery and Environ-mental Protection in DPRK-Annex O".

농기계 중 트랙터는 쌀 경작을 위한 경지준비에 사용되고 있으며, 경작지의 옥수수 재배에도 많이 사용된다. 100ha 당 10대의 트랙터가 목표였으나, 1984년에는 100ha 기준으로 6대의 트랙터가 사용되었고 93년에도 목표치에 미치지 못하였다.[20] 2001년에도 6만 4천 대의 트랙터 중 55% 정도만이 사용 가능했던 것으로 알려져 100ha 당 2대 수준의 사용율을 보이고 있다.

---

[20] Andrea Matles Savada. "North Korea Agriculture," http://countrystudies.us/north-korea/49.htm (검색일: 2009.5.1)

3.3 인센티브 제도 미흡

북한은 사회주의국가로서 농업 분야 또한 사회주의 제도 하에서, 분배방식이나 인센티브 제도에 있어서도 그들만의 방식을 고수해 오고 있다. 북한은 집단농장 체제 속에서 공유하는 생산수단을 이용하고 공동으로 노동한다. 그리고 그 노동의 성과도 공유하게 된다. 북한은 토지개혁 이후, 농업협동조합을 정책으로 우대함으로써 집단화를 촉진하고자 하였다. 그 결과 1953년 이후 농업집단화가 매우 빠른 속도로 진전되었다.[21] 현재까지도 농업 분야에서 집단화를 계속 추진하고 있으며, 물질적 인센티브가 미흡하여 개인농들의 노동의욕을 고취하지 못하고 있다. 지금까지 북한 정부는 정신적인 인센티브(정신적인 자세)만 강조하고 물질적인 인센티브에 대해서는 소홀히 하여 북한의 농업은 발전하지 못하였다. 이에 대해 2002년 7월 1일부터 북한은 인민들에게 노동동기를 유발하기 위해 기존의 정신적 인센티브와 함께 물질적 인센티브를 중시하는 정책을 펴기 시작하였다.

<표 5> 경제관리개선조치에 따른 가격 변화

(단위: 원)

		2002년 7월 전	2002년 7월 후
쌀 (kg)	수매가격 판매가격	0.8 0.08	40 44
옥수수 (kg)	수매가격 판매가격	0.49 0.06	20 24

출처: "New Economy Policy Enforced in DPRK: Seeking Maximum Profits While Maintaining Principles," People's Korea, August 17, 2002, <http://www.korea-np.co.jp.>

2002년 7월 1일 북한은 식량, 교통, 전기 등 상품의 공정 가격을 올렸는데, 이것은 생산의 실제 원가를 반영하고 정부 보조금(subsidization)을 없애기 위한 것이었다. <표 4>를 보면, 1kg의 쌀 수매 가격은 0.08원에서 44원으로 증가했다. 또, 정부는 식량 증산을 위해 배급량을 조절하는 식량배급제(public distribution system)를 통해 농부에게 인센티브를 지급하려고 했다.[22]

경제관리개선제도 시행 이후, 농민시장의 물가는 기존의 물가에 비해 약 182%의 상승폭을 보였다. 이로 인해 과거에는 거의

---

[21] 이일영, 『북한농업개혁의 형황과 전망』, (서울: 통일부 통일교육원, 2004), p. 30.

[22] Christopher D. Hale, "Real Reform in North Korea? The Aftermath of the July 2002 Economic Measures," *Asian Survey* 45-6 (Nov.-Dec. 2005), p. 6.

무상으로 제공되었던 전기와 수도 등의 공공요금이 높게 부과되면서 이것들을 포함한 전체 물가는 기존에 비해 약 2 배 정도가 높아졌다.[23] 또, 임금인상도 이루어져 모든 계층이 혜택을 받게 되었으나 계층별 임금인상폭에는 차이가 있었다. 그 중 군인들의 월급 인상률이 최소 25 배에서 최고 31 배의 인상률을 기록함으로써 일반노동자, 공무원 및 교원에 비해 굉장히 높게 나타났다.[24] 경제관리개선제도는 모든 북한주민에게 공평한 인센티브를 마련하고자 하는 의도에서 시작되었으나, 결과적으로는 계층별 차이를 불러 일으키는 요소로 작용하게 되었으며 농업 구조에 있어서도 부정적 영향을 미쳤다고 볼 수 있다.

4. 남북한 농업 협력

남한과 북한은 지난 2005 년 8 월 19 일 농업협력위원회 제 1 차 회의를 개최했다.[25] 이 회의의 주 목적은 실질적으로 어려운 상태인 북한의 농업문제를 해결하기 위한 구체적 방안을 마련하기 위함이었다. 양측은 이 회의에서 향후 적극적이고 지속적인 농업협력을 위해 다음의 두 가지에 대해 논의했다. 첫째, 남한은 북한의 특정 지역에 북한협동농장을 선정, 관리한다. 여기서 남측은 2006 년부터 해당 농장에 육묘시설, 비료, 농약, 농기계, 배합 사료 및 영농기술 등을 지원하고, 북측은 남측의 자재 및 기술 제공에 대해 남측 기술자들과 전문가들의 해당 지역 방문을 보장하겠다고 발표했다.[26]

둘째, 남한과 북한은 북한의 농업 문제의 총체적 해결을 위하여 보다 근본적인 해결방법을 제시하고자 한다. 우수 종자 선정과 관리, 최신 생산 기술 등의 지원 등이 그 내용이다. 구체적으로 양측은 2006 년부터 현대적인 종자생산과 가공, 보관, 처리시설을 지원하고 우량 유전자원을 교환하며 육종 및 재배기술, 농약 개발과 사용 등에 적극 협력하기로 했다. 또한 농작물 생육예보 및 종합적 병해충 관리체계(IPM: Integrated Pest Management)를 형성하여 남측 농업전문가 방문 등을 기본으로 하는 농업과학기술 분야 협력을

---

[23] 남성욱 (2004), p. 319.
[24] 앞글, p. 325.
[25] 김영윤,, "농업분야 남북합의가 갖는 의미와 과제," 『통일연구원』 (2005), p. 1.
[26] 김영윤 (2005), 농업분야 남북합의가 갖는 의미와 과제, p. 2.

강화해 나가기로 했다.27 또, 축산, 과수, 채소, 특용작물 등의 분야에서도 협력사업을 발전시켜 나가기로 했다.
이 협의가 이루어지기 전 남북 농업 협력은 대체로 북한에 식량 및 비료를 지원하는 등 일회성 지원에 그쳐 있었다. 그러나 이러한 합의를 통해 지속적으로 남한과 북한의 협력이 이루어지면서 북한 농업 문제의 근본적 해결을 위한 노력을 기울이고 있다.28 남한과 북한의 농업 분야에서의 협력이 강화된다면, 북한의 농업 생산성 제약 요인을 보완하면서 식량 부족 문제를 해결하는데 큰 도움이 될 것이다.

농업은 기본적으로 토지, 노동력, 원료가 있어야 가능하며, 농기구를 사용할 때 보다 효과적인 농산물 생산을 기대할 수 있다. 그러나 현재의 낙후된 농업기술과 기구는 북한의 농업을 발전시키는 데 장애물로 작용한다. 앞에서 살펴본 환경 원인, 농업투입물 부족, 인센티브 제도의 미흡 등의 원인 때문에 북한은 근본적으로 생산성 향상을 기대하기는 힘든 상태다. 북한이 이러한 상태를 개선하기 위해서는 북한을 압박하고 있는 국가들의 도움이 필수적이며, 그러기 위해서는 남한과의 관계개선이 시급하다.

4.1 농업 생산물 개선

북한의 농업분야에 있어서 커다란 문제점 중 하나는 농업 기반 부족이다. 이에 대한 한국의 역할은 농산물 종자, 비료, 농업 기계 등을 지원하는 것이다. 우리민족서로돕기운동은 남한과 북한의 농업협력 초기부터 비닐, 농약, 농기구 등 각종 영농자재를 지원하였다. 이러한 사업은 북한 농업에서 점차 농기계의 가동율을 높이는 것에 초점이 맞추어져 있다. 농기계는 작업 속도를 높여 적기적작을 가능케 하고 수확 후 손실을 줄이는 등 농업 생산성을 향상시키기 위한 중요한 기반이 되기 때문이다. 우리민족서로돕기운동은 2001년 이앙기 50대 지원을 시작으로, 2007년 12월에는 평양시 강남군에 농기계수리센터를 건립하는 등 지속적인 사업을 펼치고 있다. 특히 농기계수리센터의 건립은 지원한 농기계의 안정적인 유지보수와 기술지원을 가능하게 했으며, 벼농사 및 채소 재배사업과 함께 총체적인 농업기반 조성사업을 가능하게 했다.29

---

27 대한민국 정책포털. "내년부터 북 협동농장에 영농 지원," http://news.naver.com. (검색일: 2009.4.10).
28 김영윤 (2005), p.2.
29 "우리민족서로돕기운동." http://www.ksm.or.kr (검색일: 2009.4.21).

북한의 수리관개 시설을 보면, 대부분이 1970 년대 이전에 만들어져 매우 노후화되었고, 1990 년대 홍수로 피해를 입은 시설들이 아직까지 복구되지 못한 상태이다. 현재 관개시설의 도움을 받고 있는 146 만 ha 의 땅 중에서 116 만 ha 가 에너지 소비가 많은 양수 시스템에 의존하고 있다.30 그러나, 이마저도 심각하게 노후화되어 개선이 시급한 상황이다.

북한의 농업생산기반시설의 정비를 위한 협력사업은 그 고유의 성격을 고려할 때, 수익성 우선 원칙에 따른 민간주도로 이루어질 수 없기에 정부 주도로 중장기적인 계획을 세워 추진되어야 한다31. 먼저 저수지와 양수장 등 관개시설 개선을 우선 협력대상으로 지정하고, 홍수나 재해를 입은 농지를 정상화시키며, 황폐화된 산림의 복구 문제에 대해서도 논의되어야 한다. 산림의 정상화 없는 관개시설 개선은 그 성과가 매우 미미할 것이기 때문이다.

북한 농업의 생산성 제약 요인 중 농업 기반 부족 문제만이 원조로 해결될 수 있을 것이다. 환경 원인과 인센티브 제도의 미흡 문제는 단기적인 지원으로 해결할 수 없다. 이를 개선하기 위해서는 남한의 전문가를 파견하여 근본적인 문제 진단과 해결방안 모색 등의 중장기적인 노력이 필요하다. 또한 단순히 남한 전문가 파견에 그치지 않고, 관련 문제에 대한 북한 전문가를 양성한다면 장기적으로 긍정적 효과를 기대할 수 있을 것이다. 현재 남한이 북한에 농업 생산물을 지원하는 것에 대해 향후 북한이 남한에 완전히 의존하게 될 것이라는 주장이 있지만, 최근 북한의 환경적 제약 요인을 고려할 때 북한 주민들은 현재 북한에서 생산되는 농산물로 생계를 해결할 수 없는 상황이다. 따라서 먼저 농산물 지원을 통해 북한 농업 문제를 해결하고 이와 동시에 남한 전문가의 파견을 통해 지속적이고 실질적인 남북 농업 협력이 이루어져야 할 것이다.

4.2 식량의 자급자족 및 수출 협력

북한 식량 문제를 해결하기 위해서는 농업 분야에서 농업 생산물에 대한 개선이 우선되어야 하고, 장기적으로는 수출에 대한 협력이 필요하다. 북한은 주체 사상이 강하지만 개성공단의 예에서도 볼 수 있듯이 북한 정부 차원에서도 어느 정도의 시장경제 도입의 필요성에 대한 인식을 하고 있다. 무역 중심 전략(trade oriented strategy)과 개혁 전략(reform strategy)을 통해 북한의 국내

---

30 최수영, "북한 농업의 개발전략과 남북한 농업협력," 『통일연구원』 (2002), p.62.
31 앞글, p.63.

곡물 산출량은 감소하겠지만, 수입에 의한 농산물의 증가가 감소분을 상쇄할 수 있으며 오히려 증가분이 더 클 것이다.32 그 뿐만 아니라 농업 생산 제도와 고용 관계에 대해서도 중요한 변화를 가져올 수 있으며, 점진적으로 북한 농업 분야를 활성화 시킬 수 있을 것이다.

남북한의 농산물 교역을 살펴보면, 북한의 잉여 농산물을 남한이 반입하는 형태가 대부분이다. 그러나 실제로 북한의 농산물 산출량이 절대적으로 부족한 시점에 이런 방식의 농산물 교역은 제한적일 수 밖에 없다.33 그러므로 남북한 간의 농산물 교역을 확대시키려면 기존의 방법에서 벗어나 인적자원과 관련된 기술을 서로 공유하고 교류하며, 자본이동을 포함한 생산분야의 농업혁명을 이룰 수 있어야 한다. 가령 남한에 항상 부족한 농산물이 있다면, 북한의 생산 능력을 고려하여 해마다 계약하는 형태가 그것이다.

합영농장은 종합적인 협력사업으로 볼 수 있다. 그것은 농자재와 농산물, 농업생산기술과 전문가, 자본 등이 교류되는 농업분야의 종합적인 협력사업으로서 단순한 협력 사업 이상의 큰 파급 효과를 얻을 수 있다.34 남한과 북한이 함께 합영농장을 운영한다면 그것은 남과 북의 화해와 협력, 신뢰 구축에 도움이 될 것이며, 남과 북의 교류 확대에도 큰 역할을 할 것이다. 그리고 합영농장을 통해 북한이 그동안 고수했던 국영농장 운영 방식에서 벗어나 새로운 방식을 도입하게 되면 북한의 농업이 한 단계 더 발전할 수 있는 계기가 될 것이다.

미시적인 차원에서 북한 농업 분야에 개혁을 이루고 문제를 해결할 수 있어야 한다. 그리고 거시적인 차원에서도 북한과 세계 금융 기관과의 무역이 이루어져야 한다. 이것은 남북한 협력을 통해 예측 가능한 일이다. 이렇게 자유롭게 교역하는 과정을 통해 북한 주민들은 자신에게 바람직한 방법을 선택하고 발전시킬 수 있을 것이다. 또, 이렇게 함으로써 북한은 장기적으로 많은 지원 없이도 개별 국가로서 발전가능할 것이다.

5. 결론

북한 식량 문제는 여전히 해결되지 않았고 농업 분야에서의 개선 방안도 필요하다. 북한은 1995년과 1996년 홍수 때문에 식량

---

[32] Noland, Robinson, and Wang (2001), p. 20.
[33] 최수영 (2002), p. 64.
[34] 김경량, "남북 농업교류협력, 어떻게 해야 될 것인가?" 『새 천년을 행한 남북 농업협력』 도서출판 백의 (1999), p. 127.

문제가 더욱 심각해졌고 정부 차원에서도 농업 정책 개선의 필요성을 인정하고 있다. 북한은 감자농사혁명을 추진하고 있으며 이모작 면적을 확대했다. 또한 가축 사육을 증대시키고 버섯생산을 위한 새로운 기술들을 발전시켰다. 감자는 타 농산물보다 적은 비료를 사용하여 쉽게 생산가능하고 이모작을 통해 생산량을 두 배로 늘릴 수 있다. 그리고 염소 등은 다양한 식물사료를 소화할 수 있어 북한 주민의 식량 확보에 걸림돌이 되지 않는다. 또한 사육이 쉽다는 장점이 있어 이같은 가축 사육을 적극적으로 추진하게 되었다. 현재 북한 정부는 버섯생산에서의 새로운 기술 개발을 이루었으며, 계속해서 농업 분야의 발전에 많은 관심을 보이고 있다. 그 동안의 이러한 개선 전략들은 농업 분야에 긍정적으로 작용했지만 이미 심화된 식량 부족 문제를 해결하기에는 부족했다.

 북한 식량부족 사태에는 여러 가지 이유가 있지만, 중요한 이유 중 하나는 농업 분야에서의 생산성 제약 요인이라고 할 수 있다. 북한은 식량 부족 사태의 주요 원인을 환경적 요인으로 돌리고 있다. 그러나 대부분의 전문가들은 환경적 원인을 감안하더라도 식량 부족 문제가 심각했을 것이라며, 북한의 식량 부족 사태에 대해 농업 기반의 부족을 주요 요인으로 꼽고 있다. 북한은 다른 국가의 원조에도 불구하고 비료, 쌀, 트랙터 등이 부족하며, 이것이 곧 북한의 낮은 농업 생산성에 영향을 미치고 있다. 또, 사회주의를 기반으로 하는 북한 정권의 분배 제도는 미흡한 인센티브 제도로 인해 농업 종사자들의 생산성 향상을 위한 의욕을 저하시키고 있다. 이러한 생산성 제약 요인들이 해결되지 못하고 있기 때문에 정부의 다양한 노력에도 불구하고 북한의 식량 문제는 완전히 해결되지 않았다고 볼 수 있다.

 북한은 외부로부터 식량을 원조받음으로써 농업 생산물 부족 문제를 해결하기 위해 노력하였지만, 여전히 북한 주민들은 기아에 허덕이고 있다. 이는 해외 원조는 일회적, 단기적으로 이루어지며 장기적인 성과를 기대할 수 없기 때문이다. 따라서 해외 원조만을 통한 식량 문제 해결 모색은 바람직하지 않다. 장기적 성과를 위해서는 먼저 농업 생산성 감소 요인을 극복해야하며 이를 위해 부족한 기반을 지원해야 한다. 부족한 비료, 쌀, 트랙터 등을 지원하고 농업생산기반시설을 정비하고 남한 전문가를 파견함으로써 농업 생산물의 개선 방안을 제시하여야 한다. 이러한 시도가 지속된다면 농산물 계약재배와 합영농장 건설을 통해 남한 전문가와 북한 전문가들이 상호 협력하여 북한 농업 생산성 향상을 위한 해답을 얻을 수 있을 것이다. 북한은 지금까지 주체 사상에 중심을 둔 폐쇄적인 국가로 그동안 식량 자급을 위해 노력해 왔지만,

자체적으로 해결할 수 없는 경우에는 해외로부터 식량 원조를 받아왔다. 북한은 지금까지 위기 때마다 해외 원조의 수혜자 입장에 있었지만 지속적인 식량 문제 해결 노력을 통해 제공자 입장을 취할 수 있다면, 식량의 자급뿐만 아니라 타국과의 수출 협력 또한 이루어질 수 있을 것이다. 이는 다시 장기적으로 북한 경제에 긍정적인 영향을 미칠 것이라 예상해 볼 수 있다.

앞에서 북한의 식량 문제를 해결하기 위해 남북한 농업 협력은 중요하다고 제시한 이유는 다음과 같다. 첫째, 남한과 북한은 역사적으로 긴밀한 관계에 있으며 따라서 다른 국가보다 서로에 대한 이해도가 높다. 반 세기 이상 북한 정부는 시민의 의식을 통제했다고 할 수 있지만, 사실상 두 국가는 여전히 공통의 역사를 가지고 있으며 따라서 현재 누구보다 정서적으로 긴밀한 관계를 맺고 있다. 이 점을 고려한다면 두 국가의 협력은 가능하고 이는 양측 모두에게 유리하다.

둘째, 농업 분야에 대한 협력은 북한에 긍정적 영향을 미친다. 북한에게 부족한 비료, 벼, 트랙터 등을 보충할 수 있고, 이를 통해 북한은 장기적으로는 감자, 버섯 등을 수출할 수도 있을 것이다. 현재 감자 등의 생산량은 북한 전체 인구에 비하여 턱없이 부족하지만 수출에 의한 손실은 협력 이후에 제공받게 되는 투입물에서 얻는 이득으로 상쇄될 수 있다. 따라서 북한은 외국 세력에 크게 의존하지 않고도 부족한 주요 투입물만 수입하면서 경제적으로 활성화될 수 있다.

셋째, 남북한 농업 협력은 남한에도 긍정적 영향을 미칠 것이며, 남한 역시 이득을 가져올 수 있다. 협력을 통해 북한이 단순히 원조만 받는 것이 아니기 때문에 장기적으로 남한에도 긍정적 영향을 미칠 것이다. 남북 상호 협력을 통해 북한은 원조 없이 자체적으로 식량 해결이 가능한 수준이 되어 남한은 북한에 대한 과도한 식량 원조에 대한 부담을 덜게 될 것이다.

지난 2005년 8월 19일 농업협력위원회 제1차 회의 개최 이후 남북한 협력이 계획처럼 진행되지 않고 있다. 최근 남북관계를 살펴보면, 북한은 개성공단을 통한 협력에 대해서도 예민하게 반응하고 있기 때문에 남북한 농업 협력이 쉽지 않을 것으로 예상된다. 북한 정부는 농업 부분에서의 자신의 문제를 자각하고 북한의 생산성 약화 요인을 보완하기 위한 농업 분야 협력에 적극적으로 임하여 북한의 식량 문제를 해결하여야 할 것이다.

남한은 북한의 식량 문제 해결을 위한 노력을 기울이고는 있지만, 실제 자금부족의 고충을 안고 있다. 이 부분에 대해서는 실질적 자금 확보를 위한 심도있는 연구가 필요하다. 여기서 주목할 것은 남한은 국제적 위신을 높이기 위한 자원을 마련해야 한다는 점이다. 또, 원조 같은 단기적인 해결책뿐만 아니라 장기적인 관점에서의 농업 협력이 중요하다고 생각한다.

참고문헌

남성욱. 『현대 북한의 식량난과 협동농장 개혁』 서울: 국립중앙도서관 출판시도서목록, 2004.
유환옥. 『새 천년을 향한 남북한 농업협력』 서울: 대산농촌문화재단, 1999.
이일영. 『북한 농업개혁의 현황과 전망』 서울: 통일부 통일교육원, 2004.
김영윤. "농업분야 남북합의가 갖는 의미와 과제," 『통일연구원』 2005.
최수영. "북한 농업의 개발전략과 남북한 농업협력," 『통일연구원』 2002.
대한민국 정책포털. "내년부터 협동농장에 영농 지원." http://news.naver.com. (검색일: 2009.4.10).
"우리민족서로돕기운동," http://www.ksm.or.kr/ (검색일: 2009.4.21).
Andrea Matles Savada. "North Korea Agriculture," http://countrystudies.us/north-korea/49.htm (검색일: 2009.5.1).
Economic and Social Development Department. "Special Report: e. e. FAO/WFP Crop and Food Security Assessment Mission to the Democratic People's Republic of Korea." http://www.fao.org (검색일: 2009.4.18).
Goodkind, Daniel and Loraine West. "The North Korean Famine and Its Demographic Impact." *Population and Development Review* 27-2 (June, 2001).
Haggard, Stephan and Marcus Noland. *Famine in North Korea: Markets, Aid, and Reform*. New York: Columbia University Press, 2007.
Hale, Christopher D. "Real Reform in North Korea? TheAftermath of the July 2002 Economic Measures." *Asian Survey* 45-6 (Nov.-Dec., 2005).
Kim, Woon Keun, Hyunok Lee, and Daniel A Sumner. "Assessing the Food Situation in North Korea." *Economic Development and Cultural Change* 46-3 (April, 1998).
Noland, Marcus, et.al. "Famine in North Korea; Causes and Cures." *Economic Development and Cultural Change* 49-4 (July, 2001).

한국의 소프트 파워: '한류'에 대한 연구

강지민 /Eunice Kang

MA, Korean for Professionals, University of Hawai'i at Mānoa, 2009
BA, Psychology, SUNY Albany, 2007

Korea's soft power research on *Hallyu* (Korean wave)

This paper examines Korea's soft power in the context of international relations theory which is a newly-coined term by Harvard University professor Joseph S. Nye, Jr. in his 1990 book *Bound to Lead: The Changing Nature of American Power*. Nye's concept of „soft power' was further developed in his 2004 book *Soft Power: The Means to Success in World Politics*. According to Nye, "soft power" is the "ability to obtain what you want through co-option and attraction (culture) rather than the hard power of coercion and payment." According to this definition of soft power, we can say that one of Korea's representative soft powers is *hallyu* ("Korean wave") which emerged with the broadcasting of Korean soap operas in China and Vietnam and soon extended through other parts of Asia.

I. 서론

과연 한 나라의 힘 또는 파워는 무엇이라고 할 수 있을까? 조지프 S. 나이(Joseph S. Nye) 미국 하버드 대학 교수 및 외교전문가에 의하면 '파워는 날씨와 같다'고 한다. 사람들은 날씨에 의존을 하며 그 날의 날씨에 따라 입을 옷을 고르지만 정작 날씨의 실체를 이해하고 있는 사람들은 드물기 때문이다. 또한 파워에 대해서 조지프 나이는 '사랑과도 같다'고도 말했는데, 누구나 사랑을 하고 사랑의 감정을 느낀다고 해도 진짜 사랑이 무엇인지는 명백하게 보여주거나 계량하기 어렵기 때문이다. 그런 의미에서 파워는 날씨와 사랑과 매우 흡사하다는 것이다.
'사전적 의미로 파워를 해석하면, 파워는 '남을 복종시키거나 지배할 수 있는 공인된 권리와 힘'이라고 한다.[1] 파워의 또 다른 사전적 의미는 '타인의 행동에 영향을 미쳐 어떤 일이 이뤄지게 만드는 능력'이다. 이러한 의미들을 종합해보면 "파워란, 타인의 행동에

---

[1] 다음 사전.
http://krdic.daum.net/dickr/contents.do?offset=A040332200&query1=A040332200#A040332200 (검색일: 2009.2.13)

영향을 미쳐 자신이 원하는 결과를 얻는 능력을 말한다".[2] 그렇다면 타인의 행동에 영향을 미칠 수 있는 파워에는 어떠한 것들이 있을까?

대부분 한나라의 파워를 얘기할 때는 하드 파워를 전제로 하고 그 나라가 파워가 있다, 없다고 판단한다. 한 국가에 있어 하드 파워라는 개념은 군사력과 경제력을 뜻하고 있으며 이것은 기존의 국제질서를 좌우하는 핵심적인 파워다. 즉, 하드 파워란 "차별이나 보상과 같이 강제적 방식으로 상대방에게 영향을 주는 것"[3] 이라고 설명할 수 있겠다.

그러나 현재 전세계는 이러한 하드 파워만으로 국제질서와 관계를 유지할 수 없다는 것을 알고 있다. 그리고 그러한 대안으로 소프트 파워를 들고 있다. 이러한 소프트 파워에 대한 관심이 생긴 것은 9/11 테러와 관계가 있다.

9/11 테러 이후, 미국의 부시 정부는 '대 테러 전쟁'을 선포하고 이라크는 주요 전쟁지가 되었다. 하지만 국제여론은 미국 부시 정부의 '대 테러 전쟁'에 대해 비호의적이었는데, 국제여론의 이러한 비호의적인 반응은 미국에게 큰 충격을 주었다. 그리고 그 결과 하드파워만으로는 국제 정치를 이끌어 나갈 수 없으며, 국제 정치에서 진정한 리더가 되는 길은 소프트 파워라는 것을 인식하게 된 것이다.

조지프 S. 나이(2004)에 따르면 "미국의 안보전략에서는 미국민이 당면한 가장 큰 위협은 초국가적 테러행위와 대량살상무기인데, 특히 이 양자의 결합, 즉 대량살상무기를 동원한 테러행위는 끔직한 위협이 된다고 설명한다. 또한 이러한 대량살상무기를 손에 넣을 수 있는 초국가적 군사조직의 도전에 대응하려면 다른 나라들의 협력이 필요하며, 이런 협력을 강화시키는 것이 바로 소프트 파워라고"[4] 설명하고 있다.

본고에서는 이와 같이 미국에서부터 비롯된 소프트 파워가 무엇이며 소프트 파워의 특징은 무엇인지를 먼저 검토한 후 한국에서의 소프트 파워가 무엇인지 알아보고자 한다. 현재까지 소프트 파워에 대한 많은 연구는 강대국들에 대한 연구들을 주로 하고 있으며, 한국의 소프트 파워에 대한 연구는 이 새로운 개념을 소개하고 언급하는 정도다. 따라서 소프트 파워가 점점 더 중요해지는 이 시기, 한국의 소프트 파워로 무엇을 말할 수 있는지 구체적으로 살펴보는 연구는 의미가 있을 것이다.

---

[2] 조지프 S. 나이, 홍수원(역), 『소프트 파워』 (세종연구, 2004), p. 24.
[3] 남기덕 외 공저, 『소프트 파워 리더십』 (군사연구총서, 2007), p. 9.
[4] 조지프 S. 나이, 홍수원(역), 『소프트 파워』 (세종연구, 2004), p. 231.

또한 본 연구에서는 특히 '한류'를 통해 추상적인 개념인 소프트 파워를 알아보려고 한다. 그리고 이를 통해 '한류'가 소프트 파워로서 국제관계에서 어떤 역할을 할 수 있는지 살펴보고자 한다.

2. 소프트 파워의 개념과 특징

2.1 소프트 파워의 개념

'소프트 파워'란 조지프 S. 나이(Joseph S. Nye) 미국 하버드 대학 행정대학원장 및 외교전문가가 1990년에 도입한 용어로서 한 나라의 군사적 또는 경제력 위협이 아닌 사회 문화적 매력과 호감에서 비롯되는 국가능력을 지칭하는 개념이다.[5] 일반인에겐 잘 알려지지 않아 생소한 용어지만, 국제 정치학 또는 사회에서도 많이 사용되는 용어이며[6] 여러 분야에 적용될 수 있어 그 의미를 가지게 되었다.

보편적으로 자유주의(liberalism)적 시각으로 국제관계를 바라보는 조지프 S. 나이는 국제정치에 있어서 변화가 잇따르고 있음을 언급한 바 있다. 여기에서 국제정치의 변화란 "기존의 국가중심적 국제정치 분석에서 벗어나 국제기구(IO)와 비정부기구(NGO)와 같은 다양한 행위자들의 중요성이 부각되며, 국내정치와 국제정치의 연계를 강조하고 국제정치 속에서 점차 군사문제들의 중요성이 줄어들고 경제문제들의 중요성이 강화된다"는 것이다.[7] 그리고 국제정치에 있어 이러한 변화뿐만 아니라 파워의 본질도 변화되고 있다고 주장하고 있다. 즉, "군사적 이슈의 중요성이 줄어들고 경제적, 초국가적 이슈의 중요성이 강조되는 국제정치의 변화 속에서 파워의 본질 역시 변화하고 있다"는 주장이다.[8]

따라서 이것은 국제정치에 있어 기존에 사용됐던 명령적 파워(command power)를 통해서는 원하는 것을 얻을 수 없다는

---

[5] 하드파워와 소프트파워의 구분은 형태의 특성과 자원의 유연성에 나타난 정도의 차이를 반영하는 것이다. '하드파워'란 군사적 또는 경제적 무기를 활용하거나 위협 수단을 통해 다른 나라들의 입장변화를 강제하는 것으로 주로 회유(당근), 위협(채찍)의 수단이다. '소프트파워'란 자국이 바라는 것을 다른 나라들이 원하게끔 만드는 것, 타국에 호감을 주는, 타인의 선호를 자아내는 매력적인 문화나 이데올로기, 가치, 제도로 사람들을 끌어들이거나 영향력을 행사할 수 있는 힘의 원천이다. Joseph S. Nye Jr., 홍수원 (역),The Paradox of America Power, 『제국의 패러독스』 (서울:세종연구원, 2002), p. 35~39 참조.

[6] 남기덕 외 공저, 『소프트 파워 리더십』 (군사연구총서, 2007), p. 8.

[7] 남기덕 외 공저, 『소프트 파워 리더십』 (군사연구총서, 2007), p. 290.

[8] 남기덕 외 공저, 『소프트 파워 리더십』 (군사연구총서, 2007), p. 290.

것을 나타낸다. 그렇기 때문에 명령적 파워 보다는 국제정치 시대에 흐름을 따라 "자신의 생각을 상대방이 스스로 따르도록 하게하는 힘"인 포섭적 파워(co-optive power) 9를 사용하여 "군사적 문제뿐만 아니라 각 계층상의 의제와 연관된 다양한 해결 방안을 모색하여 문제를 해결해 나가는 것"이 더욱 효과적이라는 것이다. 그리고 이것이 바로 소프트 파워의 목적이라고 설명한다.

  그리고 이러한 파워에 대해 조지프 S. 나이는 하드 파워와 소프트 파워로 구분한다. 하드 파워는 앞서 정의 한 바와 같이, "상대방 국가에 대해 군사력을 사용해 위협 또는 강제하거나 경제력을 이용해 위협 또는 보상함으로써 원하는 바를 달성하는 능력"이며 소프트 파워는 "국가들이 어느 특정 국가의 가치체계나 번영, 개방성의 수준을 동감함으로써 특정 국가가 원하는 바를 타 국가들이 자발적으로 순응하여 선택함으로써 강제력을 동원하지 않고 달성하는 능력"이다.10 그런 의미에서 조지프 S. 나이는 소프트 파워는 영향력이라고도 말하고 있다. 그리고 이러한 소프트 파워는 한 분야에 대한 영향력을 의미하는 것은 아니다. 이것은 사회 전반(정치, 경제, 외교, 문화, 인적자원 등)에 모두 영향을 미치는 것이라고 볼 수 있다.

  이러한 소프트 파워의 영향력에 대해서는 다음의 표와 그림을 통해 좀 더 분명하게 이해할 수 있을 것이다. 다음은 미국과 동아시아 국가들의 사회에 소프트 파워가 어떤 영향을 미치고 있는지를 비교 분석한 자료이다.

---

9 현재 'Co-optive Power'를 다양한 형태로 번역하고 있다. 학자에 따라 '차용성 파워', '유연적 파워', '포섭적 파워' 등으로 번역하고 있다. 'Co-optive Power'의 본질적 의미가 자신의 생각을 상대방이 스스로 따르도록 하게하는 힘, 상대방이 선호하는 바를 자신이 선호하는 바와 일치하게 만드는 힘으로 볼 때, '포섭적 파워'로 번역하는 것이 가장 타당하다고 볼 수 있다.
남기덕 외 공저, 『소프트 파워 리더십』 (군사연구총서, 2007), p. 291.
10 남기덕 외 공저, 『소프트 파워 리더십』 (군사연구총서, 2007), p. 292-293.

[표1] 동아시아 4개국 5대 분야 및 종합지표별 소프트파워 평가 지수(100점 만점)

2차	정치index	경제index	외교index	문화index	인적자원index	종합SPI
미국	70.5	74.2	62.4	64.4	87.4	71.7
중국	48.5	61.8	54.2	61.2	66.2	58.4
일본	67.8	73.2	61	63.6	76.6	68.4
한국	61.0	61.8	57.4	61.2	62	60.7

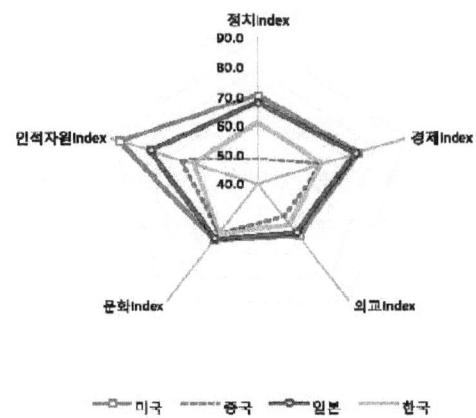

출처: EAI 여론브리핑 제 35 호(EAI; CCGA; 중앙일보 공동기획 국제교류재단(Korea Foundation)후원) "동아시아의 소프트 파워; Soft Power in East Asia), 2008. [11]

[표 1]의 자료를 보면 대부분의 국가에서 소프트 파워의 영향력이 높음을 이해할 수 있다. 그리고 소프트 파워가 인적자원과 경제 부분에 가장 큰 영향을 미치고 있음을 볼 수 있다. 또한, 현재까지는 미국이 가장 강한 소프트 파워를 행사하는 것으로 보인다. 그러나 미래를 생각해 보면 한국에서의 소프트 파워의 영향력이 계속 커질 것으로 짐작할 수 있다.

지금까지의 내용을 통해 살펴보면 소프트 파워는 강압적인 방법이 아닌 다른 방법으로 사람들의 마음을 설득하는 것이라고도 볼 수 있겠다. 그리고 사람들의 마음을 설득하여 자신이 원하는 바를 이루기 위해서는 군사력이나 경제력과 관계된 힘이 아닌 사람들이 스스로 마음을 열도록 하는 자연스러운 상황을 조성하는 것이 매우

---

[11] EAI; CCGA; 중앙일보 공동기획 국제교류재단(Korea Foundation)후원, "동아시아의 소프트 파워; Soft Power in East Asia" 『EAI 여론브리핑』 제 35 호 (2008), pp. 12.

중요할 것이다. 그리고 바로 이때 필요한 것이 바로 '문화적인' 힘이라고 볼 수 있으며, 이것은 소프트 파워를 이해하는데 중요한 요소라고 볼 수 있다.

따라서 소프트 파워는 군사력이나 경제력을 과시하지 않고 문화적 영향력만으로 충분히 다른 국가에게 영향을 미쳐 원하는 것을 얻어 낼 수 있는 '힘'으로도 이해할 수 있다. 그리고 이러한 소프트 파워는 현재, 사회 전반에 영향력을 발휘하고 있다고 볼 수 있다.

2.2 소프트 파워의 특징

지금까지 소프트 파워가 무엇인지를 살펴보았다면 다음으로는, 소프트 파워가 지니고 있는 특징들은 무엇인지 살펴보도록 하겠다. 소프트 파워의 특징은 국가 이미지 개선, 대외적인 경쟁력 강화 그리고 경제적 효과 상승, 이 세 가지로 나누어 살펴 볼 수 있다. 즉, 소프트 파워로 국가 이미지를 개선할 수 있으며, 대외적인 경쟁력까지 강화할 수 있다. 또한, 대외적 경쟁력 강화는 곧 경제적 효과를 높일 수 있다는 것이다.

위에서 말한 첫 번째 특징은 소프트 파워가 국가 이미지를 개선해준다는 것이다. 국가 이미지 개선을 다른 말로 하면 국가 브랜드 구축이라고 할 수 있다. "국가브랜드 구축이라는 새로운 개념은 마케팅 업계에서 처음 사용한 용어로서 국가 브랜드를 구축하기 위해서는 자국의 이미지를 해외에 홍보하는데 도움이 되는 모든 힘을 동원"해야 한다고 말한다. 이는 국가의 정체성을 형성하고 이미지를 전파(image projection)함으로써 다른 국가에게 새로운 이미지를 심어 주는 역할을 할 수 있다는 것이다.[12] 실제로 한국의 이미지 전파는 일본에서 나타난 바 있다.

"KOTRA(대한무역투자진흥공사)가 2004년 7월에 조사한 국가 이미지 조사에 따르면 일본지역 응답자 중 66.6%가 한국에 대해 호감을 갖고 있다고 답했으며, 관심도도 82.2%로 다른 지역에 비해 월등히 높게 나타났다."[13] 설문조사의 결과에서는 한국은 자국의 이미지를 해외에 홍보함으로써 한국에 대한 일본인들의 호감도 또는 관심도를 높이는데 큰 역할을 했다고 말한다. 그리고 이것은 국가브랜드 구축의 영향력을 보여주는 사례라고 할 수 있다.

---

[12] 얀 멜리센 엮음, 김기정 감수, 박종일.박선영 옮김, 『신공공외교: 국제관계와 소프트 파워』 (한국국제교류재단 공공외교 번역총서 시리즈 1. 인간사랑, 2005 copyright 2008. Korean translation copyright), p. 56.

[13] 유상철.안혜리.정현목.김준술.정강현, 『한류 DNA의 비밀 (소프트 파워, 소프트 코리아의 현장을 찾아서』 (생각의 나무, 2005), p. 163.

소프트 파워의 두 번째 특징은 소프트 파워가 대외적인 경쟁력을 강화 시킬 수 있다는 것이다. 서로 다른 문화와 문화 사이에는 긴장과 마찰이 계속 존재한다. 그러나 이러한 긴장과 마찰은 꼭 문제가 되는 것은 아니며 이러한 관계 속에서 한 나라의 경쟁력은 더욱 더 강화 될 수 있기 때문이다. 또한, 서로 다른 문화의 접촉으로 그 문화로부터 매력을 느낄 수 있고 그 국가에 대한 이해도도 높일 수 있기 때문이다. 이로 인해 그 나라의 언어, 음악, 패션, 사회 등에 대한 관심은 늘어날 수밖에 없으며, 이것은 각종 산업들이 그 나라로 진출하는 계기를 마련할 수 있다. 뿐만 아니라 그 나라의 산업들과도 대등한 경쟁을 가능케 할 수 있다. 다시 말해, 소프트 파워인 문화는 대외적인 경쟁력을 강화 시킬 수 있다. 그리고 이러한 대외적인 경쟁력이 강화되는 결과는 첫 번째 특징인 이미지 개선을 통해서도 물론 이루어질 수 있다.

소프트 파워의 세 번째 특징은 소프트 파워가 경제적 효과를 가져 온다는 것이다. 이는 소프트 파워의 근원인 문화콘텐츠 수출 자체가 늘어 경제적 효과를 가져 온다는 것뿐만 아니라 이미지 개선에 따른 경제적 효과도 의미하는 것이다.

[표 2] 자료: 한국게임산업개발원, 영화진흥위원회, 문화관광부 등

문화콘텐츠의 수출 추이

(단위 : 천달러, %)

	2001	2002	2003	2004	2005	성장률
영화	11,250	14,952	30,979	58,285	75,990	61.2
방송	18,920	28,813	41,135	71,461	90,000	47.7
게임	130,470	140,796	172,743	387,692	484,615	38.8
합계	160,640	184,561	244,857	517,438	650,605	41.8

출처: 경제적 관점에서 본 한류의 허와 실, 대한상공회의소, 2006.

먼저, 위의 [표 2] 문화콘텐츠의 수출 추이를 보면 2001년부터 2005년까지 문화콘텐츠의 수출(영화, 방송, 게임)이 증가 한 것을 볼 수 있다. 5년 동안 영화의 수출 성장률은 61.2%, 방송의 수출 성장률은 47.7%, 그리고 게임의 수출 성장률은 38.8%로 증가하였다.[14] 즉, 소프트 파워의 원천인 문화콘테츠에 대한 수출이 증가됨에 따라 문화콘텐츠뿐만 아니라, 문화콘텐츠와 관련 있는 다른 상품들의 수출도 증가할 수 있다. 이로 인해 문화콘텐츠와 관련

---

14 『경제적 관점에서 본 한류의 허와 실』(대한상공회의소, 2006), p. 9.

있는 여러 관련 소프트 산업들도 시장규모를 넓힘으로써 덩달아 이득을 보게 된다. 그리고 이러한 문화 콘텐츠의 수출과 성장 덕분에 한국의 이미지를 개선시키고 대외 경쟁력을 높여 또 다른 경제적 효과를 창출하게 된다. 따라서 문화콘텐츠의 수출과 성장은 소프트 파워로 인한 경제적 효과를 잘 설명할 수 있다.

그리고 더 중요한 것은 앞으로 이러한 소프트 파워와 관련된 산업이 점점 더 크게 성장할 가능성이 있다는 것이다. 다음은 소프트 파워와 관련된 산업들의 시장규모와 관련된 그래프이다.

|표 3| 파이낸셜뉴스

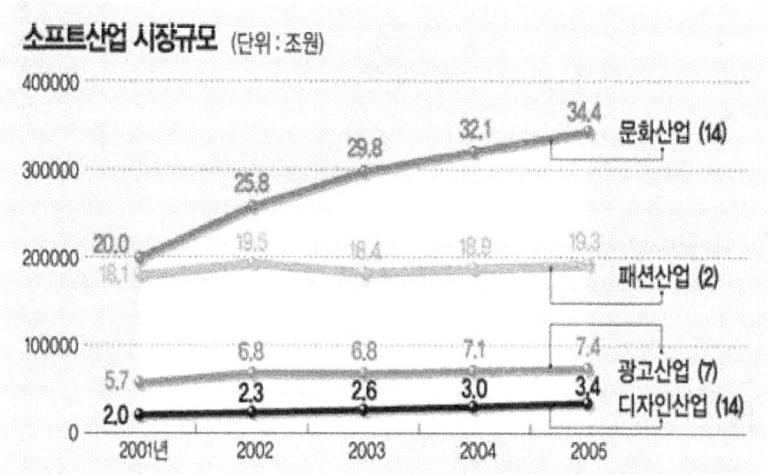

[표 3]을 보면 소프트 파워와 관계가 있는 문화, 패션, 광고, 디자인 산업들이 시간이 지남에 따라 성장하는 모습을 볼 수 있다. 특히, 문화사업은 2001 년에 20.0 조원에서 2005 년에는 34.4 조원으로 증가했다.[15] 이것은 앞으로 소프트산업의 시장규모가

---

[15] 정순민. "이젠 문화의 시대-소프트 파워가 힘/진화하는 소프트산업" 파이낸셜뉴스, (2007)
http://imagesearch.naver.com/search.naver?where=idetail&rev=5&query=%BC
%D2%C7%C1%C6%AE%C6%C4%BF%F6&from=image&ac=-
1&sort=0&res_fr=0&res_to=0&merge=0&spq=0&start=41&a=pho_l&f=tab&r=
11&u=http%3A%2F%2Fnews.naver.com%2Fmain%2Fread.nhn%3Fmode%3DLS
D%26mid%3Dsec%26sid1%3D101%26oid%3D011%26aid%3D0000213631&thu
mbnail=http%3A%2F%2Fimgnews.naver.com%2Fimage%2Fthumb120%2F011%
2F2007%2F12%2F31%2F213631.jpg&signature=497168867795&gdid=880001
08_00000000000000000000213631 (검색일: 2009.5.09)

꾸준히 증가할 수 있는 가능성이 있음을 보여주는 것이며, 그만큼 우리 사회에서 소프트 파워의 경제적 효과가 중요해짐을 보여주는 것이다.

3. 한류의 등장 배경과 특징

3.1 한류의 등장 배경

그렇다면 한국에서의 소프트 파워는 무엇이라고 할 수 있는 것일까? 앞서 언급 했듯이 소프트 파워는 "문화적 영향력을 통해 상대방을 설득하고 내가 원하는 것을 얻어낼 수 있는 것"이라고 볼 수 있다. 따라서 "영화와 텔레비전 매체를 통해 자유와 개인을 강조하는 미국식 가치가 전 세계에 확산되고 있는 것도 소프트 파워"라고 볼 수 있을 것이다.[16] 그런 의미에서 한국에서의 소프트 파워 중 대표적인 것으로는 '한류'(Korean Wave)라고 할 수 있다. '한국에서 발신된 문화의 유행'을 가리키는 '한류(韓流)'는 1990년대 후반부터 중국과 대만에서 한국 드라마 붐이 일면서 비롯되었다.[17]

하지만 "한류는 1999년 중국의 베이징《청년보》에서 한국의 대중문화와 연예인들에 빠져 있는 젊은이들의 유행을 경계하는 뜻으로 처음 사용한 말이었다. 그래서 한류는 그와 음이 같은 한류를 함유하고 있는 부정적인 의미를 담고 있었던 말이었다."[18] 그러나 이러한 부정적인 의미를 담고 있던 말이었음에도 불구하고 '한류'는 드라마서부터 대중가요와 영화, 그리고 패션 등으로 일본과 동남아시아를 넘어 중앙아시아, 중동, 동유럽, 남미 등으로까지 널리 알려졌다. 그리고 "2006년 4월 30일 미국 주간지 타임(TIME)이 선정한 '2006 세계에서 가장 영향력 있는 인물 100인'에 가수

---

[16] 김윤태, 『소프트 파워 시대; 정보시대의 정치와 문화』(새로운사람들, 2003), p. 29-30.

[17] 1997년 중국 CCTV 채널1에서 '사랑이 뭐길래'가 방영돼 높은 시청률을 기록하면서 중국 전역
에서 한국 드라마 붐이 일기 시작했는데, 대부분 이를 본격적인 한류의 출발로 보고 있다.
김성환,. 『오래된 한류, 한류의 미래 - 어디든 내리는 '비'와 한류의 문화사적 재현성*』 제 15 집동양사회사상 (2007), pp. 5-18.

[18] 유상철.안혜리.정현목.김준술.정강현, 『한류 DNA 의 비밀 (소프트 파워, 소프트 코리아의 현장을 찾아서』 (생각의 나무, 2005), p. 17.

비(정지훈)가 포함되면서, 한류는 이제 아시아를 넘어 세계로 확산될 것이라는 기대를 받고 있다.[19]

3.2 한류의 특징

한류의 특징은 4 가지로 나눠 볼 수 있다. 첫 번째 특징은 한류가 한국의 문화적 정체성을 알릴 수 있는 중요한 역할을 한다는 것이다. 두 번째 특징은 한류가 한국에 대한 편견들을 바꿔 놓을 수 있으면서 국가의 이미지를 개선해 줄 수 있는 역할을 한다는 것이다. 세 번째 특징은 한국의 영향력이 강화될 수 있다는 것이다. 마지막으로 네 번째 특징은 한류를 통해 다른 국가들과 드라마나 영화로 공감대를 형성할 수 있다는 것이다.

그러면 첫 번째 특징인 문화적 정체성을 설명해보겠다. 유상철 외 4 명(2005)에 의하면 한류는 그냥 단순한 한류가 아니며 "세계의 역사가 '부국강병'의 하드 파워에서 '문화의 소프트 파워로 옮겨가고 있는 현상에서 일어난 일"이다.[20] 즉, 한국은 더 이상 군사력과 경제력만을 기반으로 한 나라가 아니라 아시아뿐만 아니라 전 세계적으로 아시아의 문화적 아이덴티티를 널리 알릴 수 있는 중요한 존재라는 것이다. 그런 의미에서 한류의 특징 중 하나는 한국의 문화적 아이덴티티를 널리 알릴 수 있는 중대한 역할을 하고 있다는 것이다.

예전에 일본의 식민지였던 한국은 한류라는 문화적 아이덴티티를 갖게 됨으로써 다른 나라들로부터 더 많은 관심과 환호를 받으며 한국에 대한 이해도를 한층 더 높였다. 욘사마(배용준)가 출연한 드라마 <겨울연가 (일본명, 겨울 소나타)>는 일본에서 매우 큰 인기를 얻었는데, 욘사마의 매력에 빠진 일본인들은 한국에 대해 더 알고자 한국을 찾기 시작하였으며 한국어를 공부하기 시작하였다. 따라서 "욘사마가 주일 한국대사 100 명이 달라붙어도 못할 일을 해냈다는 지적은 허풍이 아니다. 이것이 바로 '소프트 파워'의 위력이다."[21]

다음으로는 한류가 한국에 대한 편견과 이미지를 개선한다는 것에 대해 설명하겠다. 한국인에 대한 일본인의 뿌리 깊은 편견을 바꾸어놓은 것은 인간의 순수한 애정을 그린 단 한편의 TV

---

[19] 김성환,. 『오래된 한류, 한류의 미래 - 어디든 내리는 '비'와 한류의 문화사적 재현성*』 제 15 집동양사회사상 (2007), pp. 87.
[20] 유상철.안혜리.정현목.김준술.정강현, 『한류 DNA 의 비밀 (소프트 파워, 소프트 코리아의 현장을 찾아서』 (생각의 나무, 2005), p. 17.
[21] 유상철.안혜리.정현목.김준술.정강현, 『한류 DNA 의 비밀 (소프트 파워, 소프트 코리아의 현장을 찾아서』 (생각의 나무, 2005), p. 7.

드라마였다. 이것은 몇 사단의 군사력과 몇 조 원의 상품으로도 이룩할 수 없는 일을 해낸 것"이라고 평가 받는다.[22] 또한 좀 더 개방적인 면을 추구하고 탈아시아를 표방해온 일본의 기성세대들은 아시아적 정서와 가치가 매우 묻어나는 드라마인 <겨울연가>를 통해 아시아적 정서와 가치가 무엇이었는지를 다시 돌이켜 보게 되었고, 이것이 이 드라마가 더욱더 관심을 끌 수 있는 계기가 되었다고 한다. 뿐만 아니라, 가수 '보아'는 "할리우드밖에 모르던 일본의 10대들에게 아시아의 동질성과 그 미래에 대한 신선한 이미지를 심어주었다"고 한다.[23]

이렇게 한국 배우들과 가수들이 전 세계적으로 알려지면서 한국이라는 나라도 재평가를 받기 시작하였다. 한 설문조사에서는 다른 나라 사람들에게 한국의 드라마나 영화를 보고 난 후 한국의 이미지가 어떻게 바뀌었는지를 조사하였다. 그 결과 53%의 아시아 유학생들은 '한국의 이미지가 좋아졌다'고 했다. 반면 63%의 10대들은 '한국의 이미지에 변화가 없다'라고 답하였는데 이것은 10대가 평소에도 유행에 민감하고 해외문화 접촉이 많기 때문이라고 볼 수 있을 것이다. 이 설문조사의 한 가지 흥미로운 결과는 연령층이 높아질수록 한국의 이미지가 좋아졌다는 평가가 높다는 것이다. 즉, 40대 이상에서 "한국의 이미지가 좋아졌다고 대답한 사람들은 67%로 가장 많았으며 이 결과가 보여주는 것은, 나이가 더 들수록 한류로부터 받는 문화적 충격이 더 크다는 의미를 가지고 있으며 한국에 갖고 있는 고정관념이나 편견들이 없어지는 것이라고 볼 수도 있을 것이다.[24]

그리고 국가별로 한국의 드라마나 영화를 보고 난 뒤 한국의 이미지에 대해 조사를 해 본 결과에서도 긍정적인 효과를 나타내었다. 일본, 중국, 베트남, 그리고 몽골과 같은 나라들을 비교해 본 결과 60%의 일본인들이 "한국의 이미지가 좋아졌다"고 말했으며 48%에 달하는 중국인들도 "좋아졌다"고 답하였다. 그리고 마지막으로 베트남 그리고 몽골 같은 아시아의 다른 나라들에서는 66%의 사람들이 '한국의 이미지'가 좋아졌다고 응답하였다. 이러한

---

[22] 유상철.안혜리.정현목.김준술.정강현, 『한류 DNA의 비밀 (소프트 파워, 소프트 코리아의 현장을 찾아서』 (생각의 나무, 2005), p. 18.
[23] 유상철.안혜리.정현목.김준술.정강현, 『한류 DNA의 비밀 (소프트 파워, 소프트 코리아의 현장을 찾아서』 (생각의 나무, 2005), p. 18.
[24] 유상철.안혜리.정현목.김준술.정강현, 『한류 DNA의 비밀 (소프트 파워, 소프트 코리아의 현장을 찾아서』 (생각의 나무, 2005), p. 60-61.

결과로 봤을 때 우리는 한류를 통해 한국의 이미지가 한층 좋아졌다는 것을 알 수 있다.25

세 번째 특징은, 한국의 영향력도 역시 강화되었다는 것이다. 한국 드라마나, 영화 또는 음악으로 한국어를 배우고 싶어 하는 사람들도 늘고 있다. "유학생 10명 중 3명은 "한국 드라마나 영화를 본 게 한국어를 배우는 데 큰 영향을 끼쳤다"고 답했으며 8%의 일본인들은 "결혼하기 위해 한국어를 배운다"고 답하였다.26 즉, 이렇게 한국어를 공부하고 한국에 관심을 갖고 있는 사람들이 늘어난다는 것은 결국 한국의 영향력이 확대되어 간다고 볼 수 있을 것이다.

그렇다면 어떻게 해서 한류 열풍이 다른 나라들로부터 한국에 대한 긍정적인 인식과 높은 호감도를 가져올 수 있었던 것일까? 그것은 바로 네 번째 특징인 공감대 형성이 가능했기 때문이다. 한국문화콘텐츠진흥원 LA 지사의 마케팅 디렉터 알렉시스 윌리치는 한류의 성공을 가져온 요인의 하나로 인구를 들었다. "한국은 인구가 적어 항상 밖을 내다 볼 수밖에 없다"며 "세계와 관계를 맺어야 하기 때문에 어디서나 통하는 소프트를 만들었고 그게 한류로 이어졌다"는 것이다.27 따라서 한국은 세계와 관계를 맺기 위해서 다른 나라들의 특징 또는 특성을 살려서 그 나라에서 살고 있는 사람들의 감성을 자극한다고 볼 수 있다. 예를 들어 "고아로 어렵게 자란 사람이 많은 베트남에선 비슷한 내용의 <유리구두>, 가부장제에 대한 향수가 있는 중국에서는 <사랑이 뭐길래>, 부드러운 남성의 순애보적인 멜로를 원한 일본에서는 <겨울연가> 등 각국이 원하는 콘텐츠를 들고 각각의 나라에 파고들 수 있었다"는 말이다.28 즉, 이들은 한국 드라마를 통해 자신들이 처해 있는 상황들을 드라마나 영화를 통해 공감하고 또 다른 한국 드라마나 영화를 접하면서 자신들이 가져보지 못한 삶도 꿈꿀 수 있는 계기가 주어진 것이다.

하지만 순식간에 뜨겁게 달아올랐던 한류 열풍인 만큼 언젠가는 식을 수도 있다. 그래서 한류도 오래 못 갈 것이라는 비판의

---

25 유상철.안혜리.정현목.김준술.정강현, 『한류 DNA 의 비밀 (소프트 파워, 소프트 코리아의 현장을 찾아서』(생각의 나무, 2005), p. 60-61.
26 유상철.안혜리.정현목.김준술.정강현, 『한류 DNA 의 비밀 (소프트 파워, 소프트 코리아의 현장을 찾아서』(생각의 나무, 2005), p. 60-61.
27 유상철.안혜리.정현목.김준술.정강현, 『한류 DNA 의 비밀 (소프트 파워, 소프트 코리아의 현장을 찾아서』(생각의 나무, 2005), p. 77.
28 유상철.안혜리.정현목.김준술.정강현, 『한류 DNA 의 비밀 (소프트 파워, 소프트 코리아의 현장을 찾아서』(생각의 나무, 2005), p. 77.

목소리도 나오고 있다. 그러나 이러한 비판에 대해 일본에서 한류 전문 잡지 <케이팝 스타>를 내는 회사의 상무 오노데라 쯔네오는 "지금까지 한류 붐은 일본열도가 깜짝 놀랄 정도로 뜨겁게 달아올랐지만, 이제는 안정적인 붐으로 지속되는 단계에 접어들었다"며 "일각의 우려처럼 갑자기 식어버리는 일은 없을 것"이라고 반박한다. 또한 오노데라 쯔네오 상무는 "배용준이 영화 <외출>촬영을 하고 있는 삼척 투어에 대한 열기를 보면 제 2 의 한류 붐이 부는 게 아닌가 하는 생각이 든다"며 "투어 접수가 시작되기도 전에 여행사로 전화를 해 투어에 꼭 참석시켜 달라고 울면서 부탁하는 팬들도 있었다"고 말했다. 또한 그는 "장기적으로 한류 붐이 지속되려면 한류 스타들이 일본 드라마나 영화에도 출연해야 한다"며 "최근 한류 스타들의 일본사무소가 늘어나는 것은 바람직한 현상"이라고 말했다.[29]

현 시점에서 한류 열풍의 거센 바람은 아직도 유지되고 있으며 앞으로도 유지될 가능성이 보인다. 하지만 한류를 지속 시키고 더 강화해 나가기 위해서는 많은 홍보와 꾸준한 노력이 필요할 것이다. 그러기 위해서는 한류의 특징들을 좀 더 살리기 위해 노력해야 할 것이다.

이것은 바로 한류가 한국의 문화적 아이덴티티를 알릴 수 있는 중요한 역할을 한다는 것을 잊지 않는 것이며 한류가 한국에 대한 편견들을 바꿔 놓으면서 국가의 이미지 개선에 도움을 준다는 것도 기억해야 할 것이다. 또한, 한류로 한국의 영향력이 강화될 수 있다는 점과 다른 국가들은 드라마나 영화를 통해 한국과의 공감대를 형성할 수 있다는 점도 중요하다. 한국의 대표적인 소프트 파워 중 하나로서 한류는 매우 높은 성과를 얻었고 한국이 발전할 수 있는 계기를 마련해 주었다. 따라서 앞서 설명한 한류의 특징들을 잘 활용한다면 한류를 지속화 시키는 것은 어렵지 않다고 본다.

4. 국제관계에서 한류의 역할

예전부터 한국과 주변 아시아 국가의 역사 속에서는 많은 갈등이 존재했다. 하지만 이제는 더 이상 군사력도 또 경제력만으로 다른 국가들에게 영향을 미치는 시대가 아닌 문화를 강조하여 다른 국가들에게 영향을 주는 시대이다. 그렇기 때문에 세계 대중과 의사소통할 수 있는 방법을 모색해야 하며, 바로 한국의 소프트 파워인 '한류'는 다른 나라 사람들과 의사소통을 할 수 있는 하나의 수단이 될 것이다.

---

[29] 유상철.안혜리.정현목.김준술.정강현, 『한류 DNA 의 비밀 (소프트 파워, 소프트 코리아의 현장을 찾아서』 (생각의 나무, 2005), p. 42.

한국은 그동안 민주화와 경제발전을 문화의 힘으로 전환하는 데 성공한 지구상의 거의 유일한 나라라고 할 수 있다. 유상철 외 4 명(2005)는 21 세기형 오토포에시즈 (autopoiesis), 즉 자기조직화의 힘을 실제로 보여준 것이 바로 서울올림픽과 월드컵의 붉은악마가 보여준 한국의 소프트 파워였다고 말한다. 그리고 이렇게 예술가의 팬들처럼 한 사람 한 사람의 감동으로 결집된 자연발생적인(종래의 국가나 관료 조직으로는 도저히 만들어낼 수 없는) 조직과 힘이 바로 소프트 파워라고 설명한다.[30] 그런 의미에서 한국의 소프트 파워인 한류는 국제관계에서 어떠한 역할을 할 수 있을까?

국제관계에서 한류의 역할을 여기에선 세 가지로 나누어 생각해 봤다. 첫 번째, 한류는 국제관계에서 국가 이미지를 개선 해주는 역할을 할 수 있으며 이것은 곧 국가브랜드를 구축하는 데에도 도움을 줄 수 있다. 두 번째로, 한류는 국제관계에서 국가브랜드 구축을 부각시켜 한국의 문화콘텐츠 경쟁력을 강화하는 역할을 할 수 있을 것이다. 끝으로 국제관계에서 한류는 경제적 효과를 불러일으킬 수 있으며, 새로운 시장을 개발하는 것에도 도움을 줄 수 있다.

먼저, 국제관계에서 한류가 할 수 있는 역할 중 하나인 '국가 이미지 개선'에 대해 논해본다. 서강대 경영학과 전성률 교수에 의하면 "한류 열풍에는 이미 한국의 국가 이미지가 빌트인(built - in)돼 있는 상태"라고 한다. 하지만 여기에 내재돼 있는 국가 이미지의 존재를 부각시키는 활동이 필요하다고 한다. 즉, "한류 주역들의 이미지와 국가 지향 이미지와의 공통점을 파악, 이에 걸맞는 문화상품과 문화콘텐츠를 개발해서 수출해야 한다"는 것이다. 전성률 교수는 한류를 통해 이런 목적을 이룰 수 있고, 이미 문은 열려 있다고 주장한다. "이제는 이 문을 통해 어떤 상품들을 내보낼 수 있는지를 연구해야 한다는 것이다." [31] 따라서 국가브랜드를 구축하는 것도 한국의 대표적인 소프트 파워 중 하나인 한류가 해야 하는 중요한 과제 중 하나이다. 국가브랜드 구축은 한류를 통해 국가 이미지가 개선됨에 따라 보다 쉽게 이룰 수가 있다. 그리고 이러한 국가 브랜드 구축은 국제 사회에서 한국의 경쟁력을 높이는데 큰 역할을 할 것이다.

---

[30] 유상철.안혜리.정현목.김준술.정강현, 『한류 DNA 의 비밀 (소프트 파워, 소프트 코리아의 현장을 찾아서』(생각의 나무, 2005), p. 18.
[31] 유상철.안혜리.정현목.김준술.정강현, 『한류 DNA 의 비밀 (소프트 파워, 소프트 코리아의 현장을 찾아서』(생각의 나무, 2005), p. 164-165.

이와 관련하여 국제관계에서 한류의 두 번째 역할은 국가브랜드 구축을 통해 한국의 문화콘텐츠 경쟁력을 강화할 수 있다는 것에 대해 논하겠다. 산업정책연구원의 하수경 선임연구원은 "전문가들은 '한류'로 대표되는 한국의 문화 콘텐츠 경쟁력에서 국가브랜드 제고의 돌파구를 찾아야 한다"고 지적한다. 즉, "뉴질랜드가 영화 〈반지의 제왕〉으로 국가브랜드 '대박'을 터뜨렸듯이, 한국도 한류를 이용해 '문화강국 코리아' '소프트 경쟁력이 강한 나라' 라는 이미지를 국가브랜드로 연계해야 한다는 것"이라는 뜻이다. 다시 말해서, "한류로 대표되는 콘텐츠 경쟁력을 국가브랜드 가치를 높이는 수단으로 삼아야 한다"는 것이다.[32] 국가브랜드 가치를 높이고 구축함에 따라 더욱 더 많은 문화콘텐츠가 수출될 가능성이 높아진다. 이것은 한국의 문화콘텐츠 경쟁력을 강화하여 한국이 '문화강국 코리아' '소프트 경쟁력이 강한 나라'로 부각 되는 데에 도움을 줄 것이다.

끝으로 국제관계에서 한류는 경제적 효과를 불러 일으키고 새로운 시장 개발에 도움을 줄 수 있다. 한류는 그 자체만으로도 경제적 효과를 가져온다. 즉, 해외에서 한국의 드라마나 영화가 상영되고 그 국가의 주민들이 보는 것으로도 어느 정도의 경제적 이득을 얻을 수 있다. 하지만 이렇게 단순히 드라마나 영화를 팔아서 얻는 경제적 이익만 있는 것은 아니다. 그 드라마와 관련된 수많은 산업들의 수출이 증가할 수 있어서 한국은 새로운 시장을 창출할 수 있다.

그리고 현재 이러한 경제적인 효과는 계속 지속되고 있으며, 시간이 갈수록 더 커지는 상황이다. "2004 년 한국영화의 해외 수출은 5,828 만 4,600 달러(약 600 억 원)를 기록했다. 10 년 전인 1995 년의 20 만 8, 679 달러(약 2 억 1,000 만 원)에 비해 무려 280 배 가까이 증가했다. 드라마 〈겨울연가〉 한 편의 경제적 효과는 한국과 일본 두 나라에서만 2 조 3,269 억 원으로 추산된다는 게 일본의 한 경제연구소의 발표다. 또 이수만의 SM 엔터테인먼트가 처음부터 일본 사람을 겨냥해 키운 가수 보아는 아예 '걸어다니는 기업'으로 불린다. 그리고 이제 너도나도 한국의 문화 '소프트 파워'를 상품화하기에 바쁘다."[33] 앞으로도 한국의 소프트 파워인 한류는 계속해서 지속적으로 증가 할 것이라고 볼 수 있다. 또한

---

[32] 유상철.안혜리.정현목.김준술.정강현, 『한류 DNA 의 비밀 (소프트 파워, 소프트 코리아의 현장을 찾아서』 (생각의 나무, 2005), p. 163.
[33] 유상철.안혜리.정현목.김준술.정강현, 『한류 DNA 의 비밀 (소프트 파워, 소프트 코리아의 현장을 찾아서』 (생각의 나무, 2005), p. 20.

이를 통해 한국은 많은 경제적 효과를 얻을 수 있고 새로운 시장을 창출할 수 있을 것이다.

지금까지 국제관계에서 한류의 역할들을 살펴보았다. 이를 다시 정리해보면, 국제관계에서 한류는 국가 이미지를 개선하고 국가 브랜드를 구축, 강화하는 역할을 할 수 있다. 또한 국가 이미지가 개선됨에 따라 국가 상호 관계를 유지하고 개선하는데 도움을 줄 수 있다고 생각한다. 이러한 것들이 모두 상승작용을 일으킨다면 국제관계에서 한류는 한국의 경쟁력을 강화 시켜주는 역할을 할 수 있을 것이다. 그리고 이러한 경쟁력을 바탕으로 한국의 많은 경제적 이득을 얻을 수 있으며 새로운 시장을 창출할 수 있게 될 것이다.

5. 결론

이제는 문화로 국가 간에 의사소통이 가능한 시대이다. 다시 말해서, 문화를 잘 활용하면 자국이 원하는 것을 자연스럽게 그리고 보다 쉽게 얻을 수 있게 된다는 것이다. 따라서 세계 대중과 의사소통을 할 수 있는 방법을 모색하는 것은 현재 매우 중요하다.

예전부터 미국 외교관들은 문화가 다른 나라를 설득하는 과정에서 얼마나 중대한 역할을 하는지 알고 있었다. 미국의 토머스 제퍼슨(Thomas Jefferson)은 제임스 매디슨(James Madison)에게 보낸 편지에 이러한 내용을 담았다. "자네가 보기에 내가 예술의 광적인 팬으로 보일지도 모르겠네. 그러나 예술에 대한 이러한 나의 열정이 부끄럽지 않은 것은 예술로 우리 미국인들의 수준이 높아질 뿐만 아니라 세계의 존경과 찬사도 함께 받을 수 있기 때문이라네."[34] 이 편지 내용에서 우리는 중요한 의미를 찾을 수 있다. 국가 간에 문화를 교류함으로써 상호간의 이해를 가능하게 한다는 것이다. 또한 문화를 널리 알림으로써 자국의 이미지가 개선 될 수 있으며 다른 나라 사람들로부터 높이 평가 받는데 기여한다는 것이다. 그러므로 국가의 힘으로서 신개념인 소프트 파워는 국제관계에서 중요한 역할을 할 것이며 의미 있는 결과를 가져 올 것이다.

본고에서 살펴본 것처럼 소프트 파워는 한 나라의 군사적 또는 경제적 위협이 아닌 사회 문화적 매력과 호감에서 비롯되는 국가능력을 지칭하는 개념이다. 즉, 한국에서의 소프트 파워는 '한류'(Korean Wave)가 대표적이라고 볼 수 있다.

---

[34] 얀 멜리센 엮음, 김기정 감수, 박종일·박선영 옮김, 『신공공외교: 국제관계와 소프트 파워』 (한국국제교류재단 공공외교 번역총서 시리즈 1. 인간사랑, 2005 copyright 2008. Korean translation copyright), p. 248.

국제관계에서 한류의 역할은 상당히 중요하고 많은 효과를 낼 수 있는 소프트 파워이다. 따라서 앞으로도 한류가 계속 발전해 나갈 수 있도록 많은 노력을 해야 할 것이며 더욱 더 많은 관심을 기울여야 할 것이다.

참고문헌

저서

김윤태.『소프트 파워 시대; 정보시대의 정치와 문화』. 새로운사람들, 2003.
남기덕 외 공저.『소프트 파워 리더십』군사연구총서, 2007.
유상철;안혜리;정현목;김준술;정강현.『한류 DNA 의 비밀 (소프트 파워, 소프트 코리아의 현장을 찾아서)』생각의 나무, 2005.
조지프 S. 나이. 홍수원(역).『소프트 파워』세종연구원, 2004.
Joseph S. Nye Jr.『The Paradox of America Power』홍수원(역).『제국의 패러독스』서울:세종연구원, 2002.

논문

김성환. "오래된 한류, 한류의 미래 – 어디든 내리는 '비'와 한류의 문화사적 재현성*."『동양사회사상』제 15 집, (2007)
경제적 관점에서 본 한류의 허와 실. 대한상공회의소, (2006)
얀 멜리센 엮음, 김기정 감수, 박종일.박선영 옮김.『신공공외교: 국제관계와 소프트 파워』. 한국국제교류재단 공공외교 번역총서 시리즈 1. 인간사랑, (2005 copyright; 2008 Korean translation copyright)
EAI; CCGA; 중앙일보 공동기획 국제교류재단(Korea Foundation)후원. "동아시아의 소프트 파워; Soft Power in East Asia". EAI 여론브리핑 제 35 호, (2008)

인터넷 자료

다음사전.http://krdic.daum.net/dickr/contents.do?offset=A040332200&query1=A040332200#A040332200 (검색일: 2009.2.13)
정순민. "이젠 문화의 시대-소프트 파워가 힘/진화하는 소프트산업" 파이낸셜뉴스, (2007)
http://imagesearch.naver.com/search.naver?where=idetail&rev=5&query=%BC%D2%C7%C1%C6%AE%C6%C4%BF%F6&from=image&ac=-1&sort=0&res_fr=0&res_to=0&merge=0&spq=0&start=41&a=pho_l&f=tab&r=11&u=http%3A%2F%2Fnews.naver.com%2Fmain%2Fread.nhn%3Fmode%3DLSD%26mid%3Dsec%26sid1%3D101%26oid%3D011%26aid%3D0000213631&thumbnail=http%3A%2F%2Fimgnews.naver.com%2Fimage%2Fthumb120%2F011%2F2007%2F12%2F31%2F213631.jpg&signature=497168867795&gdid=88000108_000000000000000213631 (검색일: 2009.5.09)

북한의 핵 협상 전략 패턴 분석: 미국 대통령의 취임 전·후 시기를 기준으로

김보나 /Bona Kim

MA, Korean for Professionals, University of Hawai'i at Mānoa, 2009
BA, Interarntional Studies, The College of New Jersey, 2004

An anlaysis on patterns of North Korean nuclear negotiating strategies: Focus on U.S. presidential inaugurations

Four months into the Obama administration, North Korea is yet again attempting to gain concession from the United States by standing on a brink with its nuclear program. On April 5, 2009, North Korea launched its Taepo-Dong 2 which impacted approximately 2,400 miles. The exact reasons for North Korea's provocative actions still remain unclear; however, what is clear is that the launch has stirred temporary, and yet forceful, instability in the region. The launch seemed unnecessarily provocative given that President Obama had openly stated his willingness to talk without any pre-conditions. It almost seemed a random act of provocation to some experts, but this is not the first time North Korea provocatively utilized its weapons of mass destruction program which made many people think of North Korea as an erratic and unexpected nation. However, is North Korea really as unexpected, erratic and unpredictable as most believe it to be? Is there any specific pattern North Korea tends to follow that can explain its provocations? As the new administration in the United States begins a new path of diplomacy, whether North Korea would sincerely negotiate with the administration has been an interest of many North Korea experts. Many reports have been predicting the possible North Korean negotiating tactics and suggesting appropriate steps for the Obama administration to take. This paper focuses on reviewing North Korea's provocative nuclear-related strategies of the past in order to discover any strategic pattern and utilize the pattern to predict possible North Korean negotiating strategies during the Obama administration. Creating a nuclear strategy pattern of North Korea would better explain the provocative actions North Korea takes.

I. 서론

바야흐로 미국의 새 정부, 오바마 행정부가 출범했다. 그리고 북핵문제는 미국의 외교정책과 직결되어 있기 때문에 오바마 행정부가 그동안 꾸준히 지속되어 왔던 북핵 문제를 어떻게 협상해 나갈 것인지에 많은 사람들이 관심을 가지고 있다. 오바마 대통령은 대선 공약으로 북한을 포함한 적대 국가들과 대화를 통한 협상을 추구할 것을 내세웠다. 그러나 오바마 행정부가 출범한지 3개월도 채 되지 않은 현재, 북한이 서둘러 '핵을 이용한 관심사기'를 또다시 펼치고 있는 모습을 보아 오바마 행정부 역시 클린턴 행정부나 부시 행정부와 마찬가지로 끊임없는 북핵 문제에 직면할 것이라고 예상된다. 과연 오바마 대통령은 이러한 국제 분위기 아래 김정일과 대화를 나눌 수 있을까? 북한 전문가들은 오바마 대통령의 대북전략을 여러 차례 예상해 보았으나, 아직까지 미국 측의 정확한 대북전략은 발표되지 않은 상황이기 때문에 누구도 미국의 대북전략에 대해 단언할 수 없다. 10년 넘게 큰 진전을 보이고 있지 않는 북핵문제, 과연 북핵문제에 해답은 존재하고 있는 것이며 그것은 대화로 해결될 수 있는 문제인가? 북한은 그동안 핵을 협상 도구로 이용하여 클린턴 행정부와 부시 행정부에서 필요한 지원을 받곤 했다. 그러나 북한은 양자회담 및 6자회담을 통해 물질적인 지원을 받으면서도 막상 협상의 근원인 비핵화 문제는 회피하는 모습을 보였다. 핵무기 실험 문제도 그렇다. 비핵화를 하는 듯이 보이다가도 어느 순간 동해 바다에 핵무기 및 미사일 실험을 하는 북한의 모습은 수십 년 북한을 연구해 온 학자들마저 어리둥절하게 만든다. 북한의 협상 스타일을 둘러싸고 많은 전문가들은 북한을 변덕스럽고 (erratic), 성급하며 (impetuous), 예측 불가능 (unpredictable) 하다고 보고 있다. 하지만 북한과 북핵 협상을 심원하게 연구하고 지켜본 학자라면 북핵 협상 스타일이 그다지 변덕스럽고 예측 불가능하다고 보지 않는다는 것을 쉽게 알 수 있다.

따라서 본 연구는 북한의 핵 협상 전략을 보다 구체적으로 살펴보면 북한 만의 핵 협상 전략 패턴이 있을 것이라고 가정하였다. 그리고 이러한 핵 협상 전략 패턴을 찾으면 북핵 문제를 이해하고 해결하는데 도움이 될 수 있을 것으로 보았다. 또한, 북한의 핵 문제 해결에 도움이 되기 위해서는 북핵 협상에 가장 큰 영향을 미치는 미국의 입장에서 북핵 문제를 살펴볼 필요가 있다고 보았다. 따라서 미국의 입장에서 북한의 핵 협상 전략 패턴을 찾는 것이 의미가 있다고 보고, 핵문제에 대한 기존의 연구들을 살펴보았다.

북한의 핵 문제에 대한 연구들은 많이 이루어져 왔는데, 그 연구들은 북한이 어떠한 외교적 협상을 해왔는지 정치적인 측면뿐만 아니라 엘리트 계층 측면, 북한의 문화적인 측면까지 이루어져왔다. 그 외에도 게임이론으로 분석한 북핵 협상, 6자회담으로 분석한 북핵 협상 등의 연구들도 있다. 그 중 대표적인 연구로는 Scott Snyder(1999)와 김계동(2002)을 들 수 있다.

Snyder(1999)는 북한의 협상 역사를 살펴본 후 협상 과정을 분석하였다. 더 나아가 북한의 협상 전략 종류를 나열하고 북한의 협상 패턴을 만드는 데까지 성공하였다. Snyder(1999)는 북한의 협상 전략은 굉장히 규칙적이며(highly regularized) 내부적으로 일관성이(internally consistent) 있으나, 그것은 단지 위기 중심 (crisis-oriented)이라고 주장한다. 그러나 Snyder(1999)는 북한의 협상 패턴을 단지 북한의 관점에 중점을 뒀을 뿐, 핵 협상에 있어 미국과 직접적인 관계를 맺는데 집중하지 않았다.

반면 김계동(2002)은 핵협상 보다는 북한의 외교 전략에 집중하며 북한의 외교 전략 종류를 나열하는데 그쳤다. 즉, 북한의 외교 정책이 냉전시기에서 탈냉전시기에 들어서면서 어떻게 변화 했는지 북한의 외교 정책의 기본 틀은 무엇이 있으며 동맹 국가들과 어떠한 관계를 유지했는지를 주로 설명하고 있다.

이 두 연구 외에 송종환(2003)의 경우 북한의 협상 전략을 좀 더 새로운 시각에서 접근하는데, 이 논문에서는 북한의 주체사상과 혁명적인 이념의 문화가 김일성 시대부터 2000년까지 협상전략에서 국내적으로 또한 국제적으로 어떠한 영향을 미치고 있는지 분석한다. 하지만 송종환(2003)은 대체적으로 남북회담 등 북한과 남한의 관계에 중심을 두고 북한 내의 문화적 요인을 중심으로 북한의 협상 전략을 본다는 점에서 북한의 협상에서 미국의 중요성을 간과하고 있다.

또한 미국의 Congressional Research Service에는 협상을 포함한 북한의 사건을 2002년부터 2004년까지 나열한 자료가 존재한다. 그러나 이러한 보고서 역시 북한과 미국과의 관계를 명백히 드러내지 못하며, 미국과의 관계가 북한의 핵 협상에 있어 어떠한 영향을 끼쳤는지를 알려줄 만큼 충분한 자료를 제공하고 있지 못하다.

그 외에 한국통일전략학회의(2007)에서는 북한핵실험 이후 한반도의 안보 지형을 살펴보며 한국의 올바른 대응자세를 제시하고 있으며, 북한 핵 실험이 동북아 안보정세에 미친 영향을 분석하고 있다. 여기에서도 북핵실험 이후의 북·미관계를 다루고는 있으나 북한의 핵 실험 이후 미국의 반응이나 대응만을 살펴봄으로써 북핵실험이 미국의 사건과 연결되어 있다는 부분은 간과했다.

따라서 지금까지의 연구들은 대부분 북한의 협상 전략 종류에 초점을 두어 나열하고 설명하는 방식을 취하고 있으며, 미국에서 일어나고 있는 사건을 중심으로 북한의 핵전략을 분석한 연구는 아직 부족하다고 볼 수 있다. 즉, 직접적으로 미국과 북한과의 관계를 연관시켜 북핵 협상의 패턴을 만드는 연구는 사실상 존재하지 않는다고 볼 수 있다. 북한과 미국의 관계의 중요성을 보아 미국에서의 사건이 북한의 핵 전략 변화의 변수가 분명히 될 수 있을 것이다. 따라서 시각을 바꾸어 미국의 관점에서 북핵 문제 및 북핵 협상 문제를 바라보는 것이 중요하다고 할 수 있다.
   그러므로 이 논문에서는 북미 관계 속에서 북핵 협상을 살펴봐야 한다고 보고 특히, 미국 대통령의 취임 전 . 후 시기를 기준으로 하여 북핵 협상 패턴을 만들어 보고자 한다. 미국 대통령의 취임 시기와 관련하여 북한의 핵 협상이 어떻게 이루어졌는지를 살펴보면 북핵 문제가 미국의 정치적 사건과 얼마만큼 직결되어 있는가를 이해할 수 있기 때문이다. 더 나아가 이러한 패턴을 통해 앞으로 북한이 핵을 사용하여 오바마 정권과 어떠한 협상을 펼칠 것인지 예측하려고 한다.
   물론, 미국만이 북한의 협상 전략에 있어 영향을 미친다고 전제를 두는 것은 아니다. 북한의 협상 전략 형성이나 변화에 있어 북한과 중국과의 관계, 북한과 한국과의 관계 등 북한과 주변 국가들과의 관계는 물론 중국과 러시아의 관계, 미국과 한국의 관계 등 국제정세도 큰 영향을 끼치고 있다. 그 외에도 북한 내의 식량난 문제, 외부의 인권 관련 압력에 대한 문제 등 북한의 핵 협상 전략에 영향을 끼치는 변수는 여러 가지가 있다. 그러나 본 연구는 미국과의 관계 측면에서 북핵 협상 전략을 집중적으로 살펴보고 패턴을 만듦으로써 미국에게 필요한 북핵 협상 전략 정보를 한 눈에 볼 수 있다고 생각하였다. 또한 패턴을 분석함으로써 미래 북한의 전략 계획도 쉽게 예측할 수 있다고 보았다.
   따라서 본 연구는 미국의 대통령 취임을 중심으로 하여 북한의 협상 전략을 살펴보고 북한의 협상 전략 패턴을 밝히고자 한다. 특히, 이 논문에서는 북핵 문제가 부각된 클린턴 행정부와 부시 행정부 시기를 집중적으로 연구하여 그들의 취임 시점과 이후 북한은 미국에 어떻게 대응했는지 패턴을 구성함으로써 앞으로 오바마 행정부의 북핵 협상 과정을 예측하려고 한다.

2. 북한의 외교 정책의 변화

   앞서 말했듯이 북한의 협상 유형은 여러 가지로 나타나고 있다. 특히 냉전기와 탈냉전기 그리고 탈-탈냉전기를 거치면서 북한의 협상 유형의 변화는 뚜렷하게 드러났다. 냉전 시기 북한의 협상 유형은 대체적으로 동맹전략을 사용하며 중국과 소련의 지원을 받는 양상을 나타냈다. 냉전이 종결되면서 북한은 일본이나 미국과의 관계를 개선하는 모습을 보이며 실리적 외교를 추구했다. 그리고 탈냉전기와 탈-탈냉전기에는 미국과 좀 더 쌍방적인 관계를 추구하며 자신에게 필요한 요소를 얻는 협상 유형을 보였다. 미국과 북한 간의 핵 협상 관계를 살펴보기 전에 먼저 북한의 협상 유형에 대해서 알아보겠다.

김계동(2002)에 의하면 북한의 입장은 평화와 우호의 입장을 견지하면서 국제적으로는 주체사상인 자주성을 유지하고, 세계 모든 국가들과 친선을 유지하겠다는 것이다. 다시 말해 북한은 국제 프로레타리아국가들과의 단결과 친선을 강화하면서, 우호적인 국가에 한해 서방국가들과 친선을 갖겠다는 의지를 보인 것이다. 이러한 북한의 입장은 냉전 초기에 뚜렷하게 나타나는 것을 볼 수 있다. 중국과 소련에 의존하고 있었다 해도 과언은 아니었을 냉전기에는 소련 영향 하에 있는 공산국가들과의 관계에 초점을 두고 있었다. 중국과 소련으로부터 지원을 받고 공산국가들과 무역 및 교류를 함으로써 남한과 경쟁하는 데에 중요성을 두었던 것이다.

한국 전쟁 후 북한은 소련의 주도 아래 조선민주주의인민공화국을 수립, 경제적 지원도 전적으로 소련의 도움을 받았다. 북한의 핵 원자로도 당시 소련으로부터 평화적 목적으로 제공받았던 것이고 핵에 관한 기술 역시 1950년대와 1960대에 걸쳐 소련으로부터 이전받았다. 북한은 동시에 한국전쟁에서 큰 도움을 준 중국과 긴밀한 관계를 맺고 있었다. 하지만 1960년대에 들어와 소련과 중국 간의 관계에 분열이 생기자 북한은 한동안 친중·친소 노선을 선택하며 두 국가 간의 줄타기 외교를 시도했다. 그리고 소련과 중국간의 관계의 분열이 심각해지자 북한은 자주노선을 선택하여 내부에서 스스로 정치적인 성장을 할 수 있는 주체사상을 형성하였다. 김일성이 당시 선택한 주체사상은 경제로부터 자립, 국방에서의 자위, 외교에서의 자주로 확대되었고 1970년대 들어서 이념으로 선포됨으로써 공고화되고 체계화되었다.

중국과 소련 사이에서 줄타기를 하던 북한의 외교 정책은 1970년대 데탕트시기에 들어서면서 좀 더 다변화된 모습으로 전환한다. 데탕트시기 소련과 중국이 서방국가에 우호적인 모습을 보이자 북한은 초반에는 그런 모습을 비판하고 등거리 외교를 하는 모습을 보였으나 점진적으로 서방국가 및 비공산주의 국가와 외교관계를 맺기 시작했다. 당시 외교관계를 맺은 국가를 보면 일본, 프랑스, 오스트리아, 핀란드뿐만 아니라 아프리카의 알제리와 모리타니 등과도 관계를 맺음으로써 교역량을 급증 시키는데 성공했다.

1991년 엘친이 러시아에서 정권을 잡으며 소련이 공식적으로 붕괴되면서 북한의 외교정책은 또 다른 전환기를 맞이하였다. 더 이상 줄타기 외교를 할 수 없는 상황이 되자 북한은 직접적으로 미국과 일본과의 관계 형성에 초점을 두었다. 1990년 북한은 핵이라는 새로운 수단을 사용하여 1994년 북미 제네바합의를 맺음으로써 미국과 직접적인 관계를 형성하는데 성공한다. 1990년대 들어와서 북한이 새롭게 사용하기 시작한 핵 카드는 벼랑끝 전략이라는 새로운 외교 유형과 함께 2000년대까지 경제적 지원 및 다른 요구사항을 충족할 수 있었다. 북한은 미국과의 관계만을 추구 한 것이 아니라 붕괴된 러시아와도 신조약을 맺음으로써 외교 관계를 정상화 하는 데 노력했다. 또한 중국과의 관계를 한 단계 높여 중국에서 보여진 개방 제도를 북한에도 도입해 보이려는 시도도 북한의 2002년 7월 1일 경제관리 개선조치에서 엿볼 수 있다.

다음은 대미관계에 대해 좀 더 심도있게 살펴보겠다. 그동안 미국은 북한에 있어 한국전쟁에서 북한의 승리를 봉쇄하고 대남 적화통일을 이루는 데 방해가 된 주도자로 인식되어 있다. 따라서 한국전쟁 이후 북한의 최대의 전략목표는 주한미군을 철수하도록 하는 것이었다. 북한은 데탕트 시기까지 미국과 직접적인 관계를 맺지 않았으며 제국주의의 주도자인 미국을 비판했다. 하지만 데탕트 시기 중국과 소련의 변화와 함께 간접적인 대미 교류를 시작할 수밖에 없었고 소련이 붕괴된 1990년대에는 직접적으로 쌍방 관계를 형성하게 되었다. 북한이 미국과 쌍방 관계를 맺을 수밖에 없었던 이유는 비단 소련의 붕괴 때문만이 아니라 데탕트 시기부터 이루어진 중국과 미국 간의 관계 개선 역시 큰 역할을 했다고 볼 수 있다.

1980년대 레이건 행정부 당시로 거슬러 올라가면 북한과 미국 간의 관계는 신냉전체제를 겪었다. 당시 강경주의를 펼치던 레이건 행정부에 대해 북한은 비난의 목소리를 숨기지 않았다. 레이건 대통령은 기존에 공약으로 내걸었던 주한미군 철수를 취소하고 남한의 안보에 대한 지속적인 지원을 표명하자 한반도 내의 긴장은 크게 증가했다. 1983년의 미얀마에서의 북한 테러, 1987년 KAL 폭파 사건 등을 통해 북한의 테러 행위가 잦아졌던 것이 그 예다. 이러한 테러 사건들은 1980대 소련의 붕괴 가능성과 미국의 강경정책 경향 아래 북한의 생존 수단으로 보일 수 있다. 북한이 대남 적화전략에 불리하게 기능하기 시작한 동북아 국제환경의 새로운 국면을 폭력적인 방식으로 바꾸어 놓으려는 의도에서 아웅산 테러를 자행했다는 것이다.

북한의 테러사건은 1990년대 그리고 2000년대에 들어와 급격히 감소했고 그 이유는 새로운 협상 카드인 핵 프로그램을 이용하기 시작했기 때문이라고 볼 수 있다. 북한의 핵 카드 이용은 1993년 핵확산금지조약(NPT)에서 탈퇴하겠다는 의지를 보이며 본격적으로 시작됐다. 북한이 NPT 탈퇴선언을 한 이유로는 미국의 핵위협,

주한미군 및 팀스피리트 훈련 등이 있었는데 핵관련 사건의 첫 걸음부터 미국과 직결되어 있다는 점에서 이번 연구의 중요성을 또다시 알 수 있다.

3. 북한의 핵 협상 전략의 변화

앞 장에서도 언급했듯이 미국과 북한의 관계 변화는 탈냉전 후부터 눈에 띄게 진전되기 시작했고 탈-탈냉전시기에 들어와 더욱 두드러졌다. 탈냉전시기 북한은 더 이상 소련과 중국에 전적으로 의존할 수 없게 되자 자립 갱생할 수 있는 방법으로 핵 프로그램이라는 수단을 선택했고 북한의 핵 프로그램은 미국과 주변국가들의 주목을 받기에 충분했다. 결국 북한의 핵 프로그램은 북한과 미국과의 관계를 더욱 쌍방적인 관계로 만드는데 성공했고 탈-탈냉전시기에 들어와 북한은 미국과 줄다리기식 협상을 통해 협상과 위협을 거듭해왔다.

본 장에서는 북한의 핵 협상 전략 변화를 각 미국 대통령의 취임과 재임시기에 따라 분류해 설명해보고자 한다. 북한의 핵 관련 문제는 클린턴 대통령의 취임과 함께 본격적으로 불거지기 시작했다. 그러므로 클린턴 대통령의 취임시기부터 각 대통령의 취임과 재임시기에 북한이 어떠한 핵 협상 전략을 이용했는지 우선 살펴보도록 하겠다.

이번 연구는 1953년도부터 2008년도까지 북한의 핵 문제 관련된 사건을 나열한 북핵 일지를 통해 이루어졌다. 이 일지는 2008년 겨울 북핵 문제를 좀 더 한 눈에 살펴볼 수 있도록 데일리NK에 의해 작성됐다. 본 연구는 북핵일지에서 북한의 핵문제가 두드러지기 시작했던 제 1차 북핵위기(클린턴 행정부)부터 살펴보았으며 미국의 대통령 취임 시기를 중심으로 북한의 핵 협상이 어떻게 이루어졌는지 살펴보았다. 우선 북한의 핵 문제와 관련된 중대한 사건들과 미국의 대통령 취임 날짜를 표기함으로써 미국 대통령 취임시기를 중심으로 핵 협상 전략이 어떻게 변화했는지 살펴보았다.

3.1 클린턴 행정부 (1993-1997)

북한은 냉전 당시 한국에 배치돼있는 미군의 핵무기에 대해 강하게 비판을 해왔다. 냉전 종식과 함께 미국이 한반도에서 핵무기를 폐기해야 한다는 의지를 표명한 후 북한과 한국은 1991년 '한반도 비핵화 선언'에 서명한다. 이는 1992년 1월 북한의 IAEA 가입 및 핵안전협정 서명으로 이어지고 미국의 클린턴 대통령이 취임하기 직전인 1992년 12월 북한은 IAEA 대북한 사찰을 5차례나 허용한다. 그 후 1993년 1월 또 한차례의 IAEA 사찰을 허용하며 점진적으로 우호적인 모습을 보여준다. 하지만 클린턴 대통령이 취임한 지 겨우 3개월 쯤 지날 무렵 북한은 1985년도에 가입했던 핵확산금지조약(NPT)에서 탈퇴 할 것을 선언하며 제 1차 북핵위기를 야기 시켰다. 제 1차 북핵위기의 배경은 북한이 미국과의 관계가 기대만큼 진전되지 않자, 1993년 3월 중앙인민위원회 제 9회 7차회의에서 "국가의 최고이익을 지키기 위한 조치로 어쩔 수 없이 NPT를 탈퇴한다."는 정부성명을 발표하고 그 영문성명을 IAEA 사무국과 유엔안보리에 송부했기 때문이다. 북한의 NTP 탈퇴 선언은 미국뿐만 아니라 IAEA 및 UN에 적신호로 다가왔고 1993년 3월부터 IAEA 특별이사회의 대북한 결의안, UN 안보리의 의장성명 채택, UN 안보리의 대북결의안 채택 등의 해결 방안들이 제안됐다. 가까스로 북한은 1993년 6월 12일 NPT탈퇴를 잠정 유보한다고 밝혀 제 1차 북핵 위기가 전환되는 듯 했다. 하지만 북한은 같은 해 5월 IAEA 사찰을 거부하며 또다시 호전적인 행동을 표출하기 시작했다.

그리고 북한은 핵문제와 관련해 미국에 쌍방적인 협상을 제의하며 미국과의 관계에 초점을 두는 모습을 나타내기 시작했다. 북한과 미국은 핵문제 관련 1993년 11월부터 실무 접촉을 통한 양자 협상을 시작했다. IAEA 사찰단은 다시 북한을 방문해 사찰을 실시하였고 보고서를 작성하여 UN 안보리에 제출했다. 1994년 5월 31일 유엔은 안보리 의장성명을 발표했으나 북한은 이를 강하게 거부하였고 이에 IAEA는 대북 제재 결의안을 채택한다. 이렇게 지속적으로 이어진 북한 핵 관련 문제는 1994년 6월 북한이 IAEA에서 공식적으로 탈퇴를 선언하며 "제재는 곧 선전포고로 간주"한다고 선언함으로써 더욱 심화됐다.

근래에 알려진 사실이지만 미국은 당시 전쟁의 가능성을 두고 북한을 선제공격 하려고 계획했다. 북-미간 혹은 북한-IAEA간 이익 갈등과 대립적 접근방식을 둘러싼 갈등이 완화되지 않은 채, IAEA의 과도한 사찰요구, 북한의 대화 거부 및 폐연료 배출, 미국의 군사행동 검토, 국제사회의 대북 제재 움직임 등을 경과하며 한반도는 위기국면으로 진입하였다. 미국은 북한의 핵무기 개발을 둘러싼 한반도 긴장이 고조되면서 '작전계획 5027'로 불리는 대북 군사행동을 검토하기 시작하였다. 실제 미 국방부는 5월 들어 주한 미군 증강을 통해 전쟁계획을 구체적으로 검토하였다. 백악관에서는 북한의 영변핵시설 공격 시나리오가 검토되고 있었다.

하지만 1994년 6월, 이러한 위기 속에 카터 전 미국 대통령이 북한을 방문하여 북미관계 진전에 큰 영향을 끼쳤다. 카터 전 미국 대통령의 제의로 북한은 남한과 정상회담을 개최하겠다고 수락했으며 당시 북미관계 및 남북관계가 급전환했다. 이후 김일성주석이 같은 해 7월 사망하며 잠시 북한 문제가 보류되는 모습을 보였으나 북미 실무 접촉을 통한 협상은 지속되었고 결국, 1994년 10월 북-미 제네바 합의문이 체결된다. 그 후 11월 북한은 핵활동 동결을 선언한데 이어 IAEA 북한 사찰을 허용하여 핵동결 사실을 확인시켰다. 1995년과 1996년 사이 제네바 합의에 따른 경수로 기획단 발족, 미국의 대북 대체에너지 중유 제공, 북-KEDO 경수로 공급 협정 체결 등이 이뤄지며 클린턴이 재임하는 동안 북한과 미국은 안정적인 우호관계를 유지했다.

3.2 클린턴 행정부 (1997-2000)

1997년 클린턴이 재선에 성공했을 당시 북한은 도발적이지도 우호적이지도 않은 모습을 보였다. 이 시기에 KEDO의 경수로 개발이 이루어지기 시작했고 북한의 식량난은 심화되기 시작했다. 경수로 도형 선정 및 제공을 둘러싼 북-미, 북-KEDO간의 협상이 타결되자 경수로 사업 준비를 위한 북한의 협력적 태도와 그에 상응하는 미국의 조치가 이어졌다. 그다지 눈에 띨만한 사건은 없다가 클린턴이 재임한 지 1년 반이 조금 넘은 1998년 8월 31일 북한은 대포동 1호를 시험 발사하며 미국뿐만 아니라 전 세계에 큰 충격을 안겨줬다. 비록 성공하지 못한 미사일 실험이었으나 이는 미국으로 하여금 시급한 조치가 필요함을 인식시켜주었다. 1999년 미국은 북한을 방문하여 금창리 지하시설을 사찰하였으나 핵과 무관한 시설로 판명이 났고 북한의 미사일 실험은 별다른 제재 없이 지나갔다.

3.3 부시 행정부 (2001-2004)

클린턴 행정부의 재임시기에는 북한과 미국 간의 작은 마찰과 위협은 존재하였으나 대포동 1호 시험 발사 외에는 눈에 띨 만한 큰 사건은 없었다. 부시 대통령이 취임하기 직전인 2000년 10월 북한은 미국과 제네바합의의 이행을 다짐하는 북-미 공동 코뮤니케를 채택하며 핵문제 해결에 대해 적극적인 모습을 보였다. 2001년 1월, 공화당의 부시 대통령이 취임했고 부시 대통령은 클린턴 대통령에 비해 북한과 여러 적대국가에 대해 강경정책을 펼칠 것을 암시했다. 부시 대통령이 취임한 후 북한이 장거리 미사일을 지속적으로 개발하고 있다고 미 국무부는 밝혔다. 2001년 7월에는 북한이 대포동 1호 미사일 엔진을 시험하며 발사하겠다는 협박까지 했다.

하지만 북한의 미국 관심사기 노력은 2001년 9월 11일, 미국에 일어난 테러사건으로 잠시 위축됐다. 그 후 2002년 1월 연두교서에서 부시 대통령이 북한을 '악의 축'으로 간주하고 같은 해 3월 '핵태세 검토보고서 (NPR)'에 북한을 핵무기 사용 대상 국가에 포함함으로써 미국의 대북 강경정책을 표출했다. 2001년에 나온 '새 국가안보전략 보고서'(The National Security Strategy of the USA)를 보더라도 부시행정부 대북정책의 기본 성격과 방향을 가늠할 수 있다. 북한을 대하는 부시 대통령의 모습은 결국 북-미 관계를 악화시켰고 북한은 2002년 3월 미국과의 모든 합의를 재검토 할 것이라고 주장했다. 같은 해 9월 럼스펠드 국방장관이 북한의 핵무기 보유를 주장하고 10월 북한을 방문한 제임스 켈리 특사가 북한이 핵무기 개발을 위한 우라늄 농축을 시인했다고 주장하며 제2차 북핵 위기가 시작된다. 이에 대해 미국이 대북 중유 지원 및 식량 지원을 전면 중단하자 북한은 '핵 동결 해제'를 선언하고 영변 폐연료봉 저장 시설 봉인을 제거하고 감시 카메라를 무력화시켰으며 IAEA 사찰관을 추방시킴으로써 북핵 위기가 불거졌다. 결국 북한은 2003년 1월 NPT 탈퇴를 선언하고 IAEA 안전조치 협정을 탈퇴했으며 같은 해 2월에서 3월 미사일 실험을 두 차례나 실시함으로써 북핵 위기는 최고점에 다다르게 된다.

 미국은 북한이 미사일 실험을 한지 한 달 후인 4월 중국 및 북한과 베이징에서 만나 3자 회담을 열었고 이는 6자회담 설립의 계기가 되었다. 북한, 중국, 일본, 한국, 러시아와 미국이 포함된 6자회담은 2003년 8월 베이징에서 개최됐고 북한의 핵문제와 관련된 해결 방안을 찾겠다는 의미를 가지고 있었다. 하지만 이후에도 6자회담은 큰 의미를 가지지 못하고 미국과 북한간의 갈등은 지속됐으며 부시는 2004년 4월 북한과의 직접적인 대화를 거부한다는 의사를 표명하기까지 했다. 북한은 3차 6자회담 후 '미국이 3차회담에서 내놓은 제안은 리비아식 선 핵포기 방식이어서 논의가치가 없다'고 주장하는 상황에 이른다.

3.4 부시 행정부 (2005-2008)

 악화되던 북미관계는 부시 대통령이 재선되기 직전 2004년 11월 6자회담에 관련해 긍정적인 입장을 표명하며 조금 우호적인 모습을 보이는 듯 했다. 하지만 2005년 부시 행정부 출범과 함께 북한은 6자회담의 참가를 무기한 중단한다고 밝혔을 뿐만 아니라 핵무기 보유를 공식적으로 선언하기까지 했다. 미국의 포터 고스 CIA 국장은 "북한의 핵미사일이 미국까지 도달할 수 있는 가능성이 있다"라고 증언했다. 부시 대통령과 김정일 국방위원장은 서로를 비난하며 북미 관계를 악화시켰다. 북한은 미국이 "신빙성이 결여된 자료들을 날조하여 '불량배국가', '범죄국가' 감투를 한사코

씌우려하는 것"은 북한에 대한 엄중한 모독이라고 반발했다. 미국의 대북 방코델타아시아(BDA) 제재 사건과 맞물려 결국 북한은 2006년 7월 대포동 2호 등 미사일을 발사하고 같은 해 10월 북한은 핵실험을 실시하면서 그 어느 때보다 강경한 협상 전략을 펼쳤다.

미사일을 포함한 북한의 핵 실험은 UN 안보리 헌장 7조에 의거해 제재결의안을 가결케 했고 미국을 포함한 중국, 한국 등 6자회담의 참가국은 북한이 6자회담에 복귀하도록 촉구했다. 결국 미국은 2005년 9월에 단행했던 마카오의 BDA 금융제재를 동결할 의지를 보였고 북한은 점차적으로 IAEA 사찰을 수용하고 핵프로그램 및 시설을 신고하며 6자회담을 재기했다. 이번 2·13 합의에서 6자회담 참여국들이 60일 이내에 비핵화 초기 이행 조치에 합의할 수 있었던 것은 미국이 130일 이내에 BDA 관련 대북 금융제재를 '완전하게' 해결하기로 약속했기 때문이다. 결국 여러 차례의 실무회담을 통해 2007년 4월 미국은 BDA의 북한자금 동결을 해제했고 북한은 BDA 북한 자금 이체완료와 함께 핵프로그램 동결을 이행하기 시작했다. 미국은 이에 대해 대북 쌀 원조를 제공하기 시작했고 북한은 본격적으로 영변 플루토늄 원자로 폐쇄 및 시설 가동 중단을 하며 북미관계에 큰 진전을 보였다. 북핵 시설 불능화 단계가 이루어지고 있던 2008년 2월에는 뉴욕 필하모니가 평양을 방문하여 오케스트라 공연을 펼침으로써 북미관계는 한 단계 우호적인 모습으로 진전됐고, 북한은 핵 신고 관련 서류 제출 및 영변 원자로 냉각탑 폭파로 북핵 불능화에 대해 진지한 자세를 보였다. 비록 2008년 말 미국의 대북 테러지원국 해제에 대한 소극적인 대응으로 인해 북한이 북핵 프로그램을 복구할 의지를 보였으나 결국 미국은 북한을 테러지원국 리스트에서 제외함으로써 북한을 비핵화 3단계에 진입케 하는 노력을 보였다.

3.5 오바마 행정부 (2009-2012)

오바마 대통령이 취임하기 전 북한은 영변 원자로 냉각탑을 폭파하는 등 이례적으로 적극적인 모습을 보였다. 오바마가 당선된 시기 북한은 한반도의 평화를 위해 오바마 행정부와 협상할 의지가 있다는 것을 밝혔으며 오바마 대통령 역시 북한과의 대화를 통한 협상 의지를 보임으로써 국제사회로 하여금 긍정적인 전망을 하게 만들었다. 하지만 북한은 오바마 대통령이 취임한지 3개월도 채 되지 않은 3월 인공위성을 발사한다며 위협 분위기를 조성했다. 북한의 함경북도 화대군 무수단리 미사일 발사장에 세워진 로켓에 가림막을 씌움으로써 인공위성인지 미사일인지에 대한 궁금증을 남겨 위기감을 조성했을 뿐만 아니라 정확한 발사 날짜도 밝히지 않아서 이러한 위기감을 더욱 심화시켰다. 대북 전문가들은 준비된 로켓과 관련인사들의 방문을 지켜보며 4월 4일 발사될 것이라고 예측했으나 북한의 로켓은 다음날인 4월 5일 오전 11시반 발사되며 국제 사회에 또 다른 충격을 안겨줬다.

4. 북한의 핵 협상 전략 패턴 분석

앞 장에서는 미국 대통령 취임 시기와 북한의 핵 협상 전략의 관계에 대해서 살펴보았다. 과연 이러한 사건에는 패턴이 있는가? 본 장에서는 앞서 살펴본 북한의 핵 협상과 미국 대통령 취임과의 관계에서 패턴을 찾아보고자 한다. 우선 북한의 북핵 관련 핵심 사건을 찾아보면 다음과 같다.

<표1> 북핵 관련 핵심 사건

1993년 1월	클린턴 대통령 취임
1993년 3월	NTP 탈퇴선언
1994년 6월	IAEA 탈퇴 선언
1994년 10월	북미 제네바 합의
1997년 1월	클린턴 대통령 재임
1998년 8월	대포동 1호 시험 발사
2000년 10월	공동 코뮤니케 채택
2001년 1월	부시 대통령 취임
2001년 7월	대포동 1호 엔진 테스트
2002년 9월	북: 우라늄 농축 시인
2003년 1월	NPT 탈퇴
2003년 2월	미사일 테스트
2004년 11월	6자회담 참가 입장 표명
2005년 1월	부시 대통령 재임
2005년 2월	6자회담 중단 핵무기 보유 선언
2006년 7월	대포동 2호 미사일
2006년 10월	핵실험
2008년 6월	영변 냉각탑 폭파
2009년 1월	오바마 대통령 취임
2009년 4월	로켓발사

위에서 미국 대통령의 취임시기와 북핵 관련 주요 사건들을 다음과 같이 시기별로 나누어 표를 작성해 보았다.

<표2> 대통령 취임 전·후의 북핵 관련 핵심 사건

	Before	After	1 1/2 yr -2 yr			
Clinton 1993	1992년 12월 IAEA 대북한 사찰 허용	1993년 3월 NPT 탈퇴 선언	1994년 6월 IAEA 공식 탈퇴 선언 약			
Clinton 1997	1996년 7월 북-KEDO 의정서		1998년 8월 대포동 1호 시험			
Bush 2001	2000년 10월 북미 공동 코뮤니케 채택	2001년 7월 대포동 미사일 엔진 테스트 - 협박	2002년 10월 제 2차 북핵위기	2003년 1월 NPT 탈퇴	2003년 2월 미사일 테스트
Bush 2005 약	2004년 11월 6자회담 관련 입장표명	2005년 2월 북한 6자회담 중단 핵무기 보유 선언	2006년 7월 대포동 2호 미사일 발사	2006년 10월 핵실험 강	
Obama 2009	2008년 6월 영변 폭파	2008년 3월 로켓 테스트 협박 및 발사				강

이 표를 통해 북한의 핵 협상 유형을 살펴보고 북미관계에 있어 미국의 대통령 취임 시기가 북핵 협상에 어떠한 영향을 미치는지 비교 분석 해보았다. 그 결과, 주요 북핵 관련 사건이라 볼 수 있는 쟁점들이 모두 미국 대통령 취임 직전이나 직후 아니면 1년 반에서 2년 사이에 일어났다는 사실을 알 수 있었다. 클린턴 취임 바로 직전인 1992년 12월, 북한은 IAEA 대북 사찰을 6차례나 허용했으나 취임 바로 직후인 3월 NPT 탈퇴선언을 했다. 그 후 1년 반인 1994년 6월, IAEA 공식 탈퇴를 선언한다. 부시 대통령의 초임과 재임에도 비슷한 패턴이 나타나고 오바마 대통령 시기 역시 마찬가지라는 것을 알 수 있다.

이 표를 통해 볼 수 있는 또 다른 사실은 북한의 협상 유형이 미국 대통령의 임기에 따라 강도의 변화가 일정한 패턴을 그리며 반복된다는 것이다. 대체적으로 대통령 취임 직전에는 온화정책을 펼치며 협상으로 해결할 의지를 보이나 대통령 취임 직후 호전적으로 전환하는 모습을 볼 수 있다. 클린턴 대통령의 초임 당시 북한은 취임 직전 IAEA 대북 사찰을 허용했고 취임 직후에는 NPT 탈퇴를 선언하며 점차 호전적으로 전환했다. 이러한 협상 유형은 1년 반에서 2년 사이 더 심화되는 것을 볼 수 있는데 부시 대통령의 첫 임기 시에는 미사일 엔진 테스트를 협박 요소로 이용한 것에 비해 1년 반이 좀 넘은 2002년 10월 우라늄 농축을 시인하며 제 2차 북핵위기를 일으켰고 결국 미사일 테스트를 하는 상황까지 이른다.

북한의 이러한 협상 유형은 표 상에서 수평적 방향으로 강화되는 것만은 아니다. 비슷한 협상 유형이 수직적으로도 나타나는 것을 알 수 있다. 북한의 핵 협상 유형을 자세히 살펴보면 클린턴 시기부터 현재 정부인 오바마 시기까지 수직적으로 강경해지는 것을 볼 수 있다. 미국 대통령 취임 전 북한은 클린턴 행정부 시기 IAEA 대북 사찰을 허용하는 정도로 우호적인 모습을 보인데 반면 부시 대통령 취임 직전에는 북미 공동 코뮤니케 채택 그리고 오바마 대통령 취임 전에는 영변 냉각탑을 폭파하는 등 시간이 지나면서 더욱 우호적인 행동을 보인다. 클린턴 대통령의 초임 직후 NPT 탈퇴 선언에 그쳤으나 부시 대통령의 초임 때 대포동 미사일 엔진을 테스트 하는 협박에서 오바마 대통령의 취임 직후 로켓발사까지 하는 모습을 보인다. 1년 반에서 2년이 되는 시기를 살펴보면 클린턴 초임 당시에는 IAEA 공식 탈퇴를 선언했고, 클린턴 대통령의 재임때는 대포동 1호를 실험했으며 부시 대통령 초임 당시 NPT 탈퇴와 미사일 테스트를 했다. 부시 대통령의 재임시기에서는 대포동 2호 미사일 발사뿐만 아니라 핵실험까지 하는 양상을 보였다.

5. 결론

본 연구를 통해 북한과 미국 대통령 취임 시기와 관련해 세 가지 쟁점을 찾을 수 있었다. 우선적으로 북한의 핵 프로그램 관련 협상이 미국 대통령의 취임 시기 전후에 비슷한 패턴으로 이루어진다는 사실을 알 수 있었다. 이것은 대통령 취임 직전과 직후 그리고 1년 반에서 2년 사이로 나누어 북한의 핵 관련 사건들이 일어난 것을 표를 통해 정리하면서 잘 살펴 볼 수 있었다.

두 번째로 북핵 관련 협상이 수평적으로 그리고 또한 수직적으로 호전적인 협상 전략으로 전환하고 있는 모습을 볼 수 있었다. 처음에는 NPT나 IAEA 탈퇴선언에 그쳤던 협상 전략이 시간이 지나면서 미사일 시험과 핵실험으로 이어지는 현상 역시 목격할 수 있었다.
　더 나아가 그다지 뚜렷하게 표출되지는 않지만 클린턴 대통령과 부시 대통령의 초임과 재임 때도 북한의 핵협상 패턴이 나타나 있는 것을 볼 수 있다. 북한이 미국과 협상하는 과정, 해결방안을 모색하는 부분에서 재임 때 초임보다 좀 더 긴 시간이 걸린다는 것을 알 수 있다. 클린턴 대통령의 초임 시 북한의 핵 문제 관련 1994년 10월의 제네바 합의까지 다다르는데 2년도 채 걸리지 않았다. 하지만 재임 시 북미 공동 코뮤니케를 얻어내는데 걸린 시간은 약 3년 10개월 정도였다. 부시 대통령 시기에도 비슷한 패턴을 엿볼 수 있는데 초임 때 북한이 6자회담 참가에 동의하기까지 약 2년 10개월이 걸린 데에 반면 재임 때 2008년 6월 영변 폭파까지 다다르는데는 약 3년 6개월이 걸린 것을 볼 수 있다. 다시 말해 미국 대통령 초임 때 북한이 호전적인 협상에서 우호적인 협상으로 전환하기 까지 걸리는 시간이 재임에서 걸리는 시간보다 약 1년정도 빨리 이루어진다는 것을 알 수 있다.
　북한은 핵 보유국으로 인정을 받지는 않았지만 한반도의 비핵화가 이루어지지 않는 한 사실상 핵 보유국인 것이다. 북한에 있어서 핵이란 최고의 협상 수단이며 탈냉전 이후로 유용하게 써오던 도구이다. 과연 북한이 이러한 수단을 식량 지원, 체제 보장, 금융 제재 해제 등을 보상으로 포기할 것인지에 대해 큰 의문점이 남아있다. 지금까지 북한의 핵 협상 전략을 살펴보면 북한은 대체적으로 핵 프로그램을 협상 도구로 사용하고 있다는 것을 알 수 있다. 제네바 합의도 북미 공동 코뮤니케도, 6자회담 참여도 영변의 폭파도 사실상 북한의 비핵화를 보장해 주는 것은 없었다. 북한은 미국과 국제 기구와의 약속의 심각성 또한 쉽게 무시하고 우호적인 협상과 호전적인 협상, 즉 줄다리기 협상을 반복해왔다.
　그렇다면 오바바 대통령이 취임한 지 3개월 채 되지 않은 이 시점, 앞으로 북한과 미국의 관계는 어떻게 전개될 것인지 전망해보는 것이 중요할 것이다. 이를 위해 본 연구에서 제시된 표를 통해 오바마 행정부 시기 북한과의 협상 관계를 예측해 보려 한다. 우선 2009년 4월 초에 일어났던 로켓 발사 시도는 오바마 대통령이 취임한지 3개월도 채 되지 않은 시점에서 일어났다는 사실에 중요성을 두고 있다. 이는 북한이 표에서도 볼 수 있듯이 과거의 패턴대로 움직이고 있다는 것을 보여주고 있다. 본 연구에서 살펴본 바와 같이 이번 로켓 발사 시도는 오바마 취임 전 북한의 행동보다 강도가 훨씬 강하고 부시 대통령 취임 직후보다 역시 강한 것을 보아 수직적 및 수평적 강도가 높아지고 있다는 것을 알 수 있다. 다시 말해 이 패턴에 의한다면 오바마 대통령의 취임 1년 반에서 2년 사이 이번 로켓 발사 시도보다 강도가 높은 그리고 지난 부시 정권 당시의 미사일 발사 및 핵실험보다 더 강도가 높은 도발적인 북한의 행동을 예상할 수 있다.

이번의 로켓 발사보다, 지난 정권 당시의 미사일 발사 및 핵실험보다 강도가 높은 북한의 행동이라면 굉장히 호전적인 행동이 될 것이라는 것을 추론할 수 있다. 그만큼 미국은 이에 맞는 해결 방안을 찾는 것이 시급하다는 것을 말해주고 있다.

그 동안의 미국의 북핵 프로그램에 대한 대응은 그다지 성공적이었다고 할 수 없다. 북핵 문제가 불거졌던 1990년대 초반부터 현재까지 큰 틀에서 바라보면 북핵 프로그램이 더 활성화됐고 심화된 것을 볼 수 있기 때문이다. 비록 북한이 때로는 협상 테이블에서 양보하는 듯한 모습을 보이고 우호적인 양상을 보일지 모르지만 사실상 비핵화를 위한 행동이라기보다는 협상을 위한 전략에 그치지 않았다는 것을 기억해야 한다. 그만큼 미국은 북한의 핵 보유에 대한 문제를 근본적으로 해결하기 위해서는 어떠한 방안이 최적인지를 찾아보는 것이 가장 올바른 자세일 것이다.

본 연구는 기존의 연구들과 달리 미국의 입장에서 북한의 핵 협상 전략 패턴을 찾았다는 점에서 큰 의미를 가질 수 있을 것이다. 또한 미국 대통령의 취임 전후를 기준으로 하여 북한의 핵 협상 전략이 일정한 패턴을 가지고 있다는 점을 밝혀내어, 앞으로 오바마 정부가 북한의 핵 협상 전략을 예측하는데 도움이 될 수 있을 것이다.

참고문헌

김갑철·고성준, 『주체사상과 북한사회주의』 (서울:문우사, 1988)
　　김계동, 『북한의 외교정책』 (서울: 백산서당, 2002)
김태운, 『북한의 한반도 주변 대4강 외교정책에 대한 이해』 (경기: 한국학술 정보, 2006)
백한순, 『북한의 대외관계』 (서울: 세종연구소 북한연구센터, 2007)
서보혁, 『탈냉전기 북미 관계사』 (서울: 선인, 2004)
신동아, "랭군참사 왜 일어났나." 1983년 11월
한국통일전략학회, 『북한핵실험과 한반도 안보지형』 (부산: 도서출판 이경, 2007)
Manyin, Mark E et al. "North Korea: A Chronology of Events, October 2002 - December 2004"Congressional Research Service, 2005
PBS,"North Korea: Nuclear Standoff"
　　http://www.pbs.org/newshour/indepth_coverage/asia/northkorea/keyplayers/kimjongil.html (검색일: 2009년 2월 3일)
Scott Snyder, 『North Korea on the Edge』 (Washington: United States

Institute of Peace Press, 1999)
Song Jong-hwan, "North Korean Negotiating Behavior: A Cultural Approach" East Asian Review, 2003
Thomas C. Shelling, 『Arms and Influence』 (New Haven, Conn: Yale University Press, 1966)

북한의 테러지원국 해제가 갖는 의미 연구

김연아 /Yeun A Kim

MA, Korean for Professionals, University of Hawai'i at Mānoa, 2009
MA, Korean Studies, Seoul National University, 2005
BA, International Relations, UC Davis, 1999

The impact of the removal of North Korea from the U.S. state-sponsored terrorism list

This paper aims to examine the U.S. State Sponsoring Terrorism List and the impact of North Korea's removal from the list. It will examine the specific conditions of being on the list and the economic sanctions that are concomitant to the list. This paper will examine the process that North Korea went through to be taken off the list and the significance that it had to North Korea and its relation with the U.S. Essentially, this paper will prove that the ineffective use of the State Sponsoring Terrorism List as a bargaining chip for the resolution to the North Korean nuclear problem led to the exacerbation of the problem and possible inducement for North Korea to continue sponsoring terrorism activities, especially using the export of its nuclear technology and production of weapons of mass destruction (WMD) as a tool.

1. 서론

본 연구는 미국의 테러지원국 명단에서 해제된 것이 북한에게 어떤 의미를 갖다 주는 지를 살펴보고자 한다. 2009년 4월 5일 북한은 로켓 광명성-1 호를 발사하면서 북핵 위기가 다시 활발해졌다. 이러한 상황 속에 북한은 제 2 의 핵실험을 실시하겠다는 예고와 6 자회담을 불참하겠다는 선언을 하면서 상황은 더 악화되었다. 북한이 로켓을 발사하자 유엔안전보장 이사회가 의장성명을 채택하였고 미국은 북한을 비난하며 테러지원국에서 해제된 북한을 재지정하겠다는 거론까지 했다. 사실, 북한은 1987년 대한항공기 폭파사건 이후 1988년 미국으로부터 테러지원국으로 지명되어있으면서 20년 동안 미국의 경제제재 대상국이었다. 미국의 대북경제제재로 인해 경제난을 경험하고 있는 북한은 경제지원 및 차관을 얻기 못하여 왔다. 세계 지원을 받기 위해 북한은 미국과의 관계 완화가 필요했고 그 첫 단계가 바로 테러지원국 명단에서 삭제되는 것이었다.
  2008년 10월 11일 미국정부는 북한을 테러지원국 명단에서 삭제함으로 북한은 테러지원국 지명에서 해제되었다. 사실

2000년에 미 클린턴 행정부 때부터 북한은 테러지원국 명단에서 삭제되는 것을 북핵 문제를 해결하는데 있어 협상 사항에 포함되어 있었다. 미국은 테러지원국 명단 해제를 협상카드로 사용하면서 북한의 핵 프로그램을 포기하기 위해 유도한 것이다. 최근에 미국은 북한에게 경제제재를 가하는 근본적인 원인은 북핵 폐기이다. 테러지원국명단 해제에 대한 협상 과정도 이러한 이유가 있어서 북미협상이 열린 것이다.

본 연구는 이러한 문제를 살펴보기 위해 다음과 같은 선행연구를 참고했다. 미국의 테러지원국에 대한 연구와 북미관계에 있어 북핵문제를 다루는 논문을 참고했다. 이러한 논문을 검토하며 미국의 테러지원국 명단에 둘러싼 상황을 살펴보고 테러지원국은 북핵 문제와 어떻게 연관성을 갖게 되었는지 검토하고자 한다.

본 연구의 기반이 되는 선행연구는 다음과 같다. 정준오(2004)는 북한의 테러지원국 해제에 대해 정치적 군사적 차원으로 검토 한 바가 있다. 이 논문은 "북한이 테러지원국이 되는 원인들을 미국의 테러지원국 지명 기준, 핵문제 및 대량살상무기, 북한의 반테러에 대한 소극적 자세, 군사력 등 기존의 미·북미관계의 주요한 의제들에서 총제적으로 찾으려한다고" 했다.[1]

Larry Niksch(2008)는 북한의 테러지원국 해제를 2000년 클린턴 행정부 때 논의한 문제이라고 지적하면서 북한이 테러지원국에서 해제가 돼서 미국에게 어떤 영향을 줄 것이지 검토하고 있다. 우선 미국은 북한이 아직도 테러리스트를 지원하고 있음에도 불구하고 미국은 북한의 테러지원국 해제 문제를 북핵문제와 연관시켜서 북한을 핵을 폐기하기 위해 협상카드로 사용했다고 분석하고 있다. 1987년 이후 북한은 테러 행위이나 테러를 지원하지 않았다고 하지만 Niksch는 북한은 아직도 테러조직을 간접적으로 지원하고 있다는 증거를 보여주면서 이에 대해 미국의 대외정책에 어떤 영향을 줄 것인 지 분석했다.[2]

윤영주(2003)는 북한의 테러리즘에 관해 연구를 하면서 테러리즘이란 개념하에 북한의 특정적인 테러리즘을 검토하고 북한의 테러는 어떤 것이고 2001년 이후 미국에 세계대테러전쟁(global war on terror)를 전개하면서 "북한 테러의 유형을 분석하며 평가하여 북한의 테러를 세계테러와 어떤 성격을 지니고 있는지 이해하고자 하였다. 이를 바탕으로 테러가 어떤

---

[1] 정준오, "북한의 테러지원국 해제논의," 『동아시아연구』, 제 8 호 (2004 년).

[2] Niksch, Larry, *North Korea: Terrorist List Removal?* Congressional Research Service(CRS) Report for Congress (RL30613). Washington D.C. Government Printing Office, Updated November 6, 2008.

방향으로 전개될 것인지 가늠하여 대테러라즘 체제의 개선방향을 모색하고자 하였다".3

본 논문은 선행연구와 달리 북한의 테러지원국 해제를 현재시각으로 살펴 보고자 한다. 즉, 북한이 테러지원국에서 벗어나게 된 것의 의미를 평가하고자 한다. 그리고 결국, 북한의 테러지원국 해제는 정치적인 의미는 있었지만 사실상 북한에게 아무런 이익이 없었다는 것을 보여주고자 한.

본 논문의 구성은 다음과 같다. 제 2 장은 미국에 관련된 상황을 검토하겠다. 구체적으로 미국은 불량국가를 어떻게 지정하고 이러한 국가들이 미국의 테러지원국 명단에 어떤 과정을 거쳐서 포함되는지를 살펴보도록 한다. 제 3 장은 북한은 왜 이러한 명단에 포함되었는지 살펴보고 이후 어떻게 그명단에서 해재되었는지를 시기와 사건 통해 살펴보겠다. 제 4 장은 북한의 테러지원국 해제가 주는 의미를 정치·경제적 의미로 나누어 분석하고자 한다.

2. 미국의 테러지원국 지정

우선, 한 국가가 테러지원국으로 지명되는 것의 의미에 대해 살펴보자. 테러리즘(Terrorism)이란 "특정 정치적 목표를 달성하기 위해 계획적인 폭력을 사용하여 사람들을 공포에 빠뜨리게 하는 것이다".4 윤영주는 테러리즘의 기본적인 작전수단을 6 가지로 분리했다. 그것은 폭파 테러리즘, 암살 테러리즘, 인질 납치 테러리즘, 시설물 점거 테러리즘, 무장공격의 테러리즘 그리고 교통수단의 납치테러리즘 이다. 5 또한 테러리즘도 국가의 개입여부에 따라서라도 분류가 되는데, 이것은 국내테러리즘, 국가테러리즘, 국가간 테러리즘, 초국가적 테러리즘의 4 가지로 분류될 수 있다.6

그리고 이렇게 테러를 하는 집단들을 지원하는 국가들이 바로 테러지원국이라고 한다. 미 국무부에 따르면 테러지원국은 초국가적 테러집단에 주요한 지원을 준다고 한다. 이러한 지원국을 통해 테러집단들은 자금, 무기, 물질 그리고 은신처를 제공받아 테러집단의 계획과 작전을 수행할 수가 있다. 따라서 국무부는 테러지원국을 위험한 요소로 생각한다. 이러한 테러지원국들을

---

3 윤영주, "북한의 테러리즘에 관한 연구," 경남대학교 행정대학원 석사학위 논문, 2003.
4 *Encyclopædia Britannica*. Retrieved April 22, 2009, from Encyclopædia Britannica Online: http://www.britannica.com/EBchecked/topic/588371/terrorism.
5 윤영주, p. 17.
6 오태곤, "뉴테러리즘 시대의 북한테러리즘에 관한 공법적 검토," 『법학연구』 제 21 호, p. 375,

미국에서는 불량국가라고 부르는데, 이러한 불량국가들이 특히, 위험한 이유는 대량살상무기(weapons of mass destruction, WMD)를 보유하고 있기 때문이다. 또는 이런 불량국가들은 WMD 을 테러집단들에게 제공할 가능성도 있어서 미국은 이들의 국가들을 조심스럽게 지켜보고 있다.

    테러리즘에 대응하기 위해 1979 년부터 美 국무부는 국제 테러에 대한 보고서를 매년 발표하기 시작했다. 세계 모든 테러에 대한 상세한 내용을 담고 있는 이동 보고서는 美 국내법에 따라 매년 4 월 30 일에 국무부 장관이 의회에 제출한다. 과거 국무부에서는 『세계 테러리즘의 양상』 이라는 제목으로 국제 테러 관련 보고서를 발간해왔으나, 2004 년부터 "테러 관련 국가 보고서"로 보고서 이름을 수정하여 발표하고 있다. 연례적으로 발간되는 이동 보고서는 전세계 테러와 관련된 상세한 정보를 담고 있는데, 테러를 지원한다고 의심되는 국가와 기존에 테러지원국으로 지명된 국가의 테러 관련 활동에 대해 기술한다. 이동 보고서는 국무장관에 직접 보고가 가능한 대테러 조정 관실이 담당하고 있다.

    국무부의 대테러 조정관실은 "미국의 테러지원국 지명은 정치적으로 확장하려는 국가를 고립시키기 위한 메커니즘"이라고 한다."[7] 이러한 주장의 의미는 명단을 수단으로 사용하여 국무부는 테러리즘의 확산을 방지하겠다는 것이산. 즉, 테러리리 단체를 지원하는 국가들로 인해 테러를 근절하는 것이 점차 어려워지게 만들 것이고 현재에서 도 어려워지고 있다고 한다. 테러지원국의 테러리스트 단체를 지원하는 방법은 다음과 같다. (1) 은신처 제공, (2) 테러리스트 단체가 무기 및 테러행위에 필요한 물자와 테러를 계획하고 추진할 수 있는 안전한 장소 제공, (3) 테러리스트 단체에 지침 제공 등이다.

    2007 년 "테러 관련 국가 보고서"는 미국에 의해 국제 테러를 지원하는 국가로 지명되는 것은 곧 이들 국가에 대한 제재 나타낸다고 명시하고 있다. 국제 테러를 지원하는 국가들이 받을 수 있는 제재는 다음과 같다.[8]

---

[7] State Department, "Overview of State-Sponsored Terrorism : Patterns of Global Terrorism 2001" http://www.state.gov/s/ct/rls/crt/2000/2441.htm

[8] Office of the Coordinator for Counterterrorism, *Country Reports on Terrorism 2007*, (Washington D.C.: United States Department of State Publication, April 2008), p. 171.

1. 전략물자 수출 및 판매 금지
2. 테러 지원국의 군사력이나 테러를 지원할 수 있는 역량을 강화시킬 수 있는 품목 및 서비스에 대해 30 일전 의회 통보를 요구하는 이중용도 품목 통제
3. 경제지원 금지
4. 금융 및 기타 제재 부과 9

2007 년 보고서는 쿠바, 이란, 수단, 시리아, 북한을 국제 테러리즘 지원국으로 지정하였다. 그 후, 이들 국가들에 대한 제재정책들은 테러지원국들이 테러를 지원하는 전반적인 활동의 수준을 낮추는 데 기여하였다. 리비아와 수단은 이러한 메커니즘을 통해 테러 관련 활동이 통제되어 성공 사례로 평가되고 있다.

2001 년 9/11 테러 사건 이후 테러에 대한 인식이 세계적으로 확산되었다. 뉴욕에 있는 세계무역센터가 테러리스트의 과격 행위를 통해 붕괴되었고 국방부의 Pentagon 도 공격을 받았다. 미국 토지가 테러리스트으로부터 공격을 받으면서 미 부시대통령은 테러에 선전포고를 하며 대테러전쟁을 시작했다. 2002 년 연두설에서 부시는 미국이 지정한 불량국가들을 '악의 축'으로 지명하면서 이 국가들과의 적대관계를 공식적으로 표명했다. '악의 축'이라고 지정한 것은 이러한 불량국가들과 대응하겠다는 것과 테러리스트들의 뿌리를 뽑겠다는 의지를 보여주는 것이다. 북한도 '악의 축'의 국가들 중 하나로 포함되어 있는데, 이것은 북한이 1988 년부터 테러지원국 명단에 포함되어 있기 때문이었다. 다음 장에서 북한이 왜 '악의 축'으로 지명 되었는지 살펴보고 어떻게 해제되었는지 그 과정을 설명하겠다.

3. 테러지원국 명단에 지정된 북한

북한은 1987 년 대한항공(KAL) 757 기를 폭파시켜 115 명을 숨지게 하는 테러를 자행하였으며, 미국은 이 사건을 계기로 북한을 테러지원국으로 지정하였다. 그러나 북한의 국제적 테러행위는 KAL 기 폭파사건이 처음이 아니었다. 북한은 1970 년 일본항공 소속 여객기를 공중 납치한 '적군파'(Red Army) 소속 테러범에게

---

9 여기서 어떤 금융과 기타 제재가 가하고 있는지 추가적인 설명을 할 필요가 있다. 구체적으로 금융과 기타 제재가 부과되는 것은 다음과 같다: (1) World Bank 과 국제금융기구의 차관을 금지하는 것; (2) 테러리스트의 가족을 미국 토지 내에 민소소송의 제기를 하기 위해 외교관 면책 특권을 허용하는 것을 방지; (3) 테러지원 명단에 올린 국가 내에 한 개인 및 회사 벌은 수입을 세금공제를 허용 금지; (4) 미국행 수출품을 면세 금지; (5) 재무부의 인증서 없이 미국인은 테러지원명단에 올린 정부와의 금융거래를 방지할수 있는 권위를 허용함; (6) 국방부 계약들은 테러지원국이 통제하고 있는 회사과 10 만달러 계약을 실행할 수 없는 것에 대해 부가로 설명하고 있다.

은신처를 제공해온 것으로 드러났으며, 이후에도 "북한은 끊임 없이 남한을 상대로 테러리즘을 자행해 왔다". 10 그러나 국무부『2007년 국가 보고서』는 북한이 1987년 이후 테러나 테러 활동 지원에 개입하지 않았다고 기술하고 있다.

그럼에도 불구하고 북한이 테러지원국에 계속 포함된 주된 이유는 북한의 핵과 미사일 개발 때문이다. 오태곤(2006)은 북한이 테러리즘을 북한의 테러리즘을 뉴테러리즘에 속한다고 주장하는데, 뉴테러리즘 중에서도 생화학테러리즘과 핵관련 테러리즘과 연관성이 있다고 지적한다. "9/11 테러사건 이후 핵무기로 인한 대규모 테러도 실제로 박생할 수 있을 것이라는 우려를 감안하여, 테러리스트들이 자신들의 사악한 목적을 달성하기 위해 목숨을 기꺼이 희생할 수 있다는 의도를 보여줌에 따라 반테러리즘 활동의 새로운 장이 열렸다고 언급하면서 핵테러의 발생 가능성 지적하였다". 11

북한은 1990년대 이후부터 직접적으로 국제적 테러활동을 하지 않았지만 미국이 우려하는 것은 북한이 보유하고 있는 핵이 테러집단에게 전달되는 것이다. 사실, 북한은 테러집단과 다른 테러지원국가들과 협력하고 있다는 증거가 지속적으로 나오고 있었다. 무엇보다 이러한 협력은 핵과 관련 있는 것이었다.

1992년 IAEA는 북한이 신고한 플루토늄의 양에 문제를 제기하고 영변과 미신고 시설에 대해 특별사찰을 요구하였다. 이에 북한은 IAEA의 특별사찰을 거부하고, 1993년 핵무기비확산조약(NPT)을 탈퇴하면서 '제1차 북핵위기'가 발발하였다. 당시 미국 클린턴 행정부는 북핵문제를 해결하기 위해 1994년 북한과 '제네바합의'를 체결하고, 1995년 한반도에너지개발기구(KEDO)를 설립하는 등 합의사항 이행을 추진하였다. 그러나 차기 부시 행정부는 9/11 테러 이후 2002년 1월 연두교서에서 북한을 '악의 축'으로 규정하였고, 북한은 원자로를 재가동하겠다고 선언하였다. 이후 미국은 2002년 북한의 고농축우라늄(HEU) 생산에 대한 의혹을 제기하고 제네바 합의 파기하겠다고 선언 하였다. 그리고부시 행정부는 대테러 전쟁을 시도하면서 북한을 테러지원국으로 지명하였다. 국무부가 미의회에 매년 제출하는『세계 테러리즘의 양상』에 따르면 북한은 1988년

---

10 오태곤, "뉴테러리즘 시대 북한테러리즘에 관한 공법적 검토," 『法學硏究』Vol. 21, p. 379.

11 이 인용은 사실 국제원자력기구(IAEA) 사무총장인 모하메드 엘 바라데이가 한 말이다. 오태곤, p. 386.

이후 테러행위를 취하지 않았다고 한다. 그러나 부시 행정부는 테러행위 보다 테러지원을 우려하였기 때문에 북한을 테러지원국으로 지명하였던 것이다. 즉, 북한이 핵 무기 및 기술을 테러 집단 및 테러지원국에 수출할 것을 우려했다.

정준오에 따르면, "북한은 9/11 테러 이후에도 미사일 개발 및 수출을 더욱 확대한 것으로 나타나고 있다" 한다.12 북한은 '악의축'이란 오명에서 벗어나기 위해 국제사회의 대테러 대응활동에 적극 참여하는 모습을 보여주었다. 이미 2001 년 11 월에 『테러자금 조달 억제를 위한 국제협약』 및 『인질억류방지에 관한 국제협약』 등 2 개 반테러 협약에 정식으로 서명하였으며,13 북한은 이후에도 반테러 활동에서 적극 참여하였다. 그러나 북한은 여전히 미국으로부터 테러지원국으로 지명돼 있으면서 미국뿐만 아니라 국제사회에서 고립되어 있었다.

테러지원국에서 벗어나기 위해 북한은 미 클린턴 행정부 때부터 테러지원국 지명에서 해제해 달라는 요구를 처음 하였다. 이러한 요구와 관련된 협상이 3 차례나 이루어진 후 2008 년 10 월 11 일 북한은 테러지원국지명에서 해제될 수 있었다. 그럼 3 차례가 어떻게 진행되었는지 살펴보겠다.

북한이 미국에게 테러지원국의 해제를 요구한 첫 시기는 2000 년 클린턴 행정부 때 이었다. 당시에 북한과 미국은 첫 북핵 위기를 해결하려는 시기이었으며 미국은 북한에게 북핵에 대해 협상을 적극적으로 벌리기 위해 북한 당국자들을 워싱턴에 초청하였다. 그러나 북한은 그렇게 하기 위해 전제사항을 몇 가지 요구했는데 그 중에 테러지원국에서 해제해 달라는 요구사항이 있었다. 미국은 북한을 테러지원국에서 해제 하려면 북한은 4 단계를 거쳐야 했는데, 그 4 단계는 다음과 같다:

(1) 테러행위를 참여하지 않고 있다는 보장서 작성
(2) 지난 6 개월 내에 테러행위에 대한 불참의 증거 제시
(3) 국제 대테러 협약 가입
(4) 과거의 테러행위를 인정[14]

이에 대해 당시 김대중 대통령은 북한을 테러지원국에서 해제하는 것에 대해 크게 문제를 삼지 않았다. 북한은 1950 년부터 반세기 동안 남한에 많은 테러를 했음에도 햇볕 정책을 추구하고 있는 김대중 대통령은 미국에게 북한을 해제할 때 한국에 대한

---

12 정준오, p. 46.
13 위와 같은 논문, p. 44.
14 연합뉴스, 2008 년 2 월 8 일.

북한테러행위는 고려대상이 아니라고 표명하였다.[15] 사실 북한의 테러행위는 과거에 남한과 일본에 대한 테러 행위였다. 과거에 민간인 납치와 어선납북, 청와대 기습사건, 대한항공(KAL)의 폭파 등은 남한에 대한 테러활동이었다. 그러나, 김대중 남한 대통령은 북한에게 햇볕 정책을 추구하고 있었기 때문에 북한을 테러지원국에서 해제 감안할 때 이러한 사항들은 제외하라고 언급한 것으로 분석이 된다. 반면, 일본은 북한이 테러지원국에서 해제되는 것을 반대하였고 미국에게 항의표시를 강력히 하였다. 일본은 북한이 일본 '적군파'들에게 은신처를 제공한 것과 납치된 일본인 11명 사건이 있어서 북한이 테러지원국 명단에 유지되어야 한다는 입장이었다. 일본의 강력한 항의는 미국 정부에 큰 영향을 끼쳤고 당시 미 국무부 장관인 올브라이트가 북한을 방문하면서 김정일에게 납치문제는 북미관계의 주요한 문제라고 표명하였다. 북미관계가 긍정적으로 진행되면서 클린턴 정부는 북한을 테러지원국에서 해제하려는 의사를 보여주었다. 이때 당시는 클린턴 행정부에서 부시 행정부로 전환되는 시기였다.

북미관계에 있어서 테러지원국이 논쟁이 되었던 두 번째 시기는 2002년부터 2004년 이었다. 부시 대통령은 대테러전쟁을 펼치면서 북한이 핵 프로그램을 폐지하지 않은 이상 북한과의 협상을 하지 않겠다는 의사를 강력히 표명하였다. 부시 행정부는 일본과 이러한 합의를 동의하는 것을 봤을 때 클린턴 행정부와 크게 달았지 않았다. 2004년 4월 미국 국무부는 일본인 납치문제를 강조하며 북한은 이 문제로 인해 테러지원국 지명에 포함되었다고 정당화했다. 미국은 북한이 국제 對테러 협약 참여와 국제테러조직에 대한 정보 제공, 일본 납치 문제 해결 그리고 반테러 전쟁에 적극 동참하기를 원한다고 말했다.[16] 그리고 일본인 납치문제도 북한의 테러지원국 해제에 영향을 끼치는 데에 있어 주요한 문제가 되었다.

그리고, 2002년부터 제 2의 북핵 위기가 이루어지면서 2003년에 미국은 6자 회담을 실시하였고 북한은 테러지원국 명단에서 삭제해달란 요구를 6자 회담에서 제기하였다. 그러나 강경한 입장을 취한 미국은 북한이 핵을 폐기 하기 전 북미관계의 문제를 다루지 않고 이에 대해 협상하지 않겠다고 북한에게 전했다. 주변 국가의 압력으로 미국은 북한에 대한 강경한 태도를 보이면 북한에게 핵을 폐기하는 계획인 9.19 공동성명을 제시했다. 그리고 북한이 핵 폐기의 의도를 보여주면 미국은 9.19 공동성명에 합의한

---
[15] *Korea Herald*, 2000년 6월 21일.
[16] 『조선일보』, 2001년 10월 24일.

요인을 실행할 뿐만 아니라 북한을 테러지원국 명단에서 해제하는 협상을 갖겠다고 표명했다. 이때도 일본인 납치문제도 함께 포함되어 있었는데, 미국은 부시 행정부 초기부터 납치문제를 북핵 폐기 문제와 같이 다루겠다고 동의했다. 이러한 과정에서 북핵문제는 6자 회담을 통해 해결될 수 있는 것처럼 보이고 있었지만 2006년 7월 북한은 미사일 발사와 10월 핵실험을 통해 상황이 더 악화되었고 북핵 문제는 해결하지 못하고 제자리로 다시 돌아왔다.

이때 미국은 북한에 대해 전략을 개선했다. 유엔 안보리에서 북한의 미사일 발사와 핵실험에 대해 결의안 1718을 채택하여 경제제재를 가하고 미국은 북한과 양자협상을 전개했다. 북한과의 양자협상을 갖게 되면서 6자 회담에서 2.13 합의가 이루어졌다.[17] 2006년 11월부터 클리스토퍼 힐 미 국무부 차관과 김계관 북한 외무성 부상이 베를린에서 협상을 실시하여 여러 차례 협상을 가졌다.[18] 결국 북한이 영변 핵 시설의 재가동을 중단시키고 핵 신고를 하면 미국은 북한을 테러지원국에 해제하기로 합의하였다. 북한은 2008년 6월 영변 핵시설 냉각탑을 폭파하면서 협상에서 합의 사항을 지켰다. 핵신고에 대해 문제가 되었지만 미국은 결국 2008년 10월 11일 북한을 테러지원국 지명에서 삭제하게 되었고 이로 인해 북한은 핵폐기를 실시하여야 했다. 그러나 미국은 북한을 테러 리스트에서 늦게 삭제함으로써 북한은 영변핵시설에 우라늄을 재가동하겠다는 의도를 표명했고 미국의 새로운 정부를 들어오는 것을 기다리고 있었다. 이로 인해 부시 행정부는 북한이 핵을 포기하게 하는 데 실패하게 되었고 이 과정에서도 원래 합의에서 포함되었던 일본인 납치문제도 소외되었다. 미국은 테러지원국을 협상카드로 이용하여 북한의 핵을 폐기하면서 일본인 납치문제를 협상하는 데서 제외한 것이다.

다음 장에서 테러지원국 해제가 북한에게 왜 그렇게 중요했는지를 살펴보겠다. 그리고 그 의미를 정치적인 의미와 경제적인 의미로 나누어 분석하겠다.

---

[17] 2.13 합의는 9.19 공동성명의 1단계를 수행하는 구체적인 계획이었다. 이 합의는 9.19 공동성명을 실행할 수 있는 실질적인 행동을 취하는 계획을 상세히 작성한 것이다. 6자회담에 대한 과정을 Kwak, Tae-Hwan, Seung-Ho Joo, *North Korea's Second Nuclear Crisis and Northeast Asian Security*를 참조.

[18] 2008년 4월 8일 싱가포르 힐-김계관 회의에서 북핵 신고를 잠정합의에서 이루어졌다. 2.13 합의에 따라 '행동 대 행동'을 약속하며 북한이 핵 시설을 불능화시키고 핵 신고서 제출하면 미국은 북한을 테러지원국에서 해제하겠다는 약속을 했다. 김창희, "2.13 합의 이후 북한의 핵협상과 정책변화," 『한국동북아논총』, 제49집(2008), p. 57 참조.

4. 북한의 테러지원국 해제의 의미

북한의 테러지원국 해제가 북미관계에 있어 어떤 의미를 갖고 있는지를 정치적인 시각과 경제적인 시각으로 나누어 살펴보겠다.

4.1 정치적인 의미

북한이 테러지원국에서 해제된다는 협상 카드는 미국과 북한 모두 서로에게 이득이 되는 것이었다. 첫째는 미국의 입장에서는 북핵 폐기를 이끌어낼 수 있는 카드였으며, 둘째는 북한의 입장에서는 북-미 관계 정상화와 북한 체제 생존을 유지하기 위한 카드였다. 미국은 북한의 핵 프로그램을 폐기하기 위해 테러지원국 해제 문제를 협상카드로 이용하면서 북한과 협상을 벌였다. 그리고 북한은 미국과 협상을 하면서 결국 미국과 관계를 정상화하며 북한은 많은 이득을 얻으면서 현 체제를 유지하려고 했다. 이러한 결과를 보기 위해 정치적인 의미를 살펴볼 때 북한과 미국의 시각을 검토하겠다.

미국은 북한의 핵을 폐기시키기 위해 협상 카드로 이용했지만 결과적으로 실패로 몰아져 버렸다. 왜냐하면 미국의 테러지원국은 테러를 세계적으로 방지하기 위해 만든 명단이었다. 미 국무부에서 출판하는 『국가 보고서』는 국제테러에 대해 보고하면서 이 보고서가 테러를 억제하기 위해 만든 것임을 이야기한다.

"테러지원국가들은 비국가적인 테러집단에게 주요한 지원을 준다. 테러집단은 지원국가로부터 자금, 무기, 테러를 위한 물질 및 지역을 확정하고 이것을 통해 계획과 작전을 수행하기 위해 테러지원국이 주요한 역할을 수행한다. 미국은 테러를 지원하는 국가들에게 테러지원국 명단을 통해 압력을 지속적으로 주겠다."[19]

앞에서 언급한 바와 같이 북한은 1987년 이후 테러행위 및 테러지원을 하지 않았다고 국가 보고서에서 지적하고 있다. 그러나 1988년부터 2008년 10월까지 20년 동안 매년 보고서를 출판하고 미의회에 제출할 때 북한은 포함돼있었다.

더 나아가 북한은 테러지원국에서 해제되면 북한의 핵 폐기가 이루어져야 한다고 보고했다. 그리고 무엇보다 일본의 적군파들의 은신처를 제공했다는 것과 일본납치문제의 명분으로 북한을 테러지원국에서 해제하는 것 보다 미국은 북핵을 폐기하기 위해 테러지원국에서 삭제하겠다는 논리를 펴는 것에 대해 국가보고서는 언급하고 있다. 그리고 실제로 그 명분하에 미국은 테러지원국 명단을 핵 폐기 협상카드로 이용하였다. 미국은 북한이

---

[19] *Country Report 2007*, p. 171.

테러지원국에서 삭제되면 어떤 이익을 얻을 수 있는지 알았고 북한이 왜 그것이 필요했는지 파악하기 때문이었다. 즉, 북한이 경제적인 이득을 얻기를 바라고 있음을 알고 있었기 때문이다. 이러한 경제적인 문제에 대한 부분은 다음 장에서 좀 더 다루도록 하겠다.

그렇게 해서 북미(힐-김계관) 양자협상이 전개되면서 미국은 북한이 2.13 합의에 따라 영변 핵 시설을 불능화하며 핵 시설을 신고하면 미국은 북한에게 지원을 줄뿐만 아니라 테러지원국에서 삭제하겠다고 합의했다. 그러나 합의 끝나고 합의한 사항을 이행하는 과정에 북미간에 의견 충돌로 인해 미국은 마감시한인 2008년 8월 11일에 북한을 테러지원국에서 해제하지 않으면서 북한은 영변시설을 재가동하여 핵프로그램을 다시 시작하는 움직임을 보여주었다. 이로 인해 미국은 의도한 데로 원한 결과가 나오지 않았고 미국의 테러지원국해제 협상카드를 잃게 되었다. 물론, 미국은 북한을 명단에 재지정할 가능성은 있지만 이러한 결정은 이미 불안전한 북미관계를 더욱 악화시킬 수 있는 것이다.

북한의 입장으로 보면 테러지원국에서 해제되었던 것은 정치적으로 성공한 것이라고 볼 수 있다. 미국과 협상을 벌이면서 북한은 핵 폐기를 하지 않고 2.13 합의에 따라 1단계(불능화)만으로 테러지원국에서 해제되었다. 그리고 체제를 유지할 수 있었다.

북한은 테러지원국에서 삭제해달라는 것을 강력히 요구한 이유는 무엇일까? 이것을 이해하려면 당시 부시 행정부의 대외정책이 가장 큰 원인이었다. 미 부시 대통령은 "9/11 테러사태 이후 국제질서는 미국이 테러와의 전쟁을 선포하고 세계전의 가장 중요한 의제로 반테러 정책을 명시하고 있었다…이러한 상황에서 미국의 대테러 전략에 가장 많은 영향을 받을 수 있는 국가들은 당연히 미국으로부터 테러지원국으로 지명받은 국가들이었다".[20] 물론 정치적인 의미로 봤을 때 미국의 테러지원국에서 삭제되는 것이 볼 때 단지 상징적으로 볼 수 있지만 그 상징이 그 상황에 큰 의미를 두고 있었던 것이다.

미국은 이라크를 '악의 축'으로 지명하면서 이라크를 침략하여 그 국가의 지도자인 Saddam Hussein을 전복시켜 이라크의 체제를 붕괴시켰다. 같은 테러지원국 또는 '악의 축'인 나라들이 체제 생존의 위협을 느꼈던 것이 많은 논문에 언급된 바가 있다. 정준오도 이와 같은 논리를 지적한 바가 있다. 그의 논문을 따르면, "9/11 테러사태 이후 공교롭게도 미국이 이라크를 문제를 삼을 때마다 북한은

---

[20] 정준오, p. 43-44.

자동적으로 이라크 다음의 처리 대상으로 부각되었다".[21] 북한은 미국으로부터 위협을 느끼며 핵 보유를 신중하게 했던 것이다. 부시 행정부의 강경한 자세 때문에 북한은 핵 프로그램을 지속해왔고 결국 2006 에 핵실험까지 시도하였다. 북한은 자신들의 핵 프로그램을 협상카드로 이용하면서 미국을 협상테이블로 오게 만들었다. 그 결과 6자 회담이 이루어졌고 6자회담의 효율성을 못 느낀 북한과 미국은 북미양자회담을 실시하였다. 북한은 테러지원국에서 해제해달라는 것을 6자 회담에서 지속적으로 요청하고, 2006년 핵실험 이후 미국과의 양자회담을 몇 차례 펼치면서 결국 자신들이 원하는 것을 얻을 수 있었다고 볼 수 있다.

4.2 경제적인 의미

북한의 테러지원국 해제를 경제적인 차원으로 봤을 때 큰 의미가 있을 것으로 예상 했지만 그다지 북한에게 큰 효과를 주지는 않았다. 그 동안 북한은 테러지원국 지명에 포함되어 있으면서 미국으로부터 경제제재를 받게 됐었고 북한이 테러지원국에서 해제되면서 경제제재에서 완화되었다. 다음 <표 1>은 북한에게 어떠한 경제제재가 적용되었는지 구체적인 사항을 보여주는 것이다.

---

[21] 위와 같은 논문, p. 48.

<표 1> 테러지원국 지명과 관련 경제제재 법

시행시기	적용한 법	제재 사항
1992.3.6	무기수출통제법 (Munitions Control Act)	* 군수통제춤목에 있는 물품의 수출 금지 및 2년간 미국정부와의 계약 금지 * 미사일, 전자, 우주항공, 군용기의 생산제조와 관련된 북한의 활동 금지
1988.1.20	수출관리법 (Export Administration Act)	* 북한에 대한 무역, 대외원조, 수출입 은행의 여신제공 금지 등 경제제재를 포괄적으로 확인 * 국제기관의 대북한 원조 제공시 반대
1988	국제금융기관법 (International Financial Institutions Act)	* 국제금융이 지원하는 차관을 규제
1962.8.1	대외원조법 (Foreign Assistance Act)	* 대북한 원조 금지
1950.12.17	적성국교역법 (Trading with the Enemy Act; TWEA)	* 미국 내 북한자산 동결 * 북한과의 무역 및 금융거래 사실상 전면 금지

출처: 김태운, "북·미 경제관계의 현황과 그 특징에 관한 고찰," 『정치·정보 연구』, 제 6 권 1 호 (2003); 양운철, 미국의 대북한 경제제재: 원인, 과정, 전망, (서울: 세종연구소, 2001).

　북한은 테러지원국 명단에서 포함되어서 이러한 경제제재를 받아왔다. 이러한 경제제재가 완화되는 것은 북한에게 주요쟁점이었다. 경제제재가 완화됨으로써 통상봉쇄가 완화지고 미국으로부터 차관을 받을 가능성이 높아지기 때문이다.
　북한의 테러지원국 해제로 인해 얻을 수 있는 또 다른 이득은 국제금융기구 (international financial institutions; IFIs)에 가입할 수 있어서 이러한 기구에서 차관을 받을 수 있게 되었다는 것이다.

수출관리법과 국제금융기관법에서 완화되면, 북한은 특히 IMF 와 World Bank 에 가입할 수 있었다. 북한은 테러지원국 명단에 포함되어 있을 때 법적으로 미국은 북한의 IMF 와 World Bank 의 가입을 의무적으로 반대를 했었다. 그러나, 북한은 테러지원국 명단에서 삭제됨으로써 미국 정부와 미국투자자들은 북한의 국제금융기구의 가입을 의무적으로 안 해도 되었다.22

표면적으로 볼 때 북한은 테러지원국에서 삭제되는 것이 경제적으로 유리해 보였다. 그러나, 아무런 이익이 없다는 것이 현재까지 밝혀진 사실이다. 정운종의 따르면, "미 국무부는 북한 테러지원국 해제를 발표하면서 대량살상무기(WMD) 확산, 인권유린, 핵실험 실시 등으로 인해 국제사회가 북한에 가해온 다른 제재들은 여전히 유효하다고 밝혔다"고 주장하면서 테러지원국에 해당되어 경제제재를 가한 것은 사실 다른 문제로 인한 경제제재가 중복되어 있었던 것이라고 볼 수 있다고 하였다. 북한이 유엔 등 국제차원에서 핵실험과 미사일 발사 때문에 경제제재를 받고 있는 것도 경제적인 효과가 없는 이유로 볼 수 있다.

5. 결론

지금까지 북한의 테러지원국 해제가 갖는 의미를 살펴보았다. 그 의미를 살펴보기 위해서 미국의 테러지원국은 무엇이고 북한은 왜 여기서 포함되어 있는지 검토했고 테러지원국으로 지정된 북한은 언제 그리고 어떻게 해제되었는지 살펴보았다.

북한의 테러지원국 해제의 효과가 미국에게는 없었다는 증거는 북한이 해제된 이후에 나타난다. 북한은 테러지원국에서 해제된 이후 "영변 핵 시설을 재가동했고 핵실험을 실시하겠다는 신호를 보냈는데" 부시 행정부는 그 동안 핵시설 및 핵프로그램데 대한 검증계획에 합의한다는 북한을 믿"었기 때문이다." 결국 이러한 상황은 부시 대통령에게 외교적 패배를 안겨주"었다.23 사실 북한은 2008 년 10 월 11 일에 테러지원국에서 해제되었지만 원래 미국과 합의한 날자는 8 월 11 일이었다. 합의한 날짜가 지나가면서 미국과 북한은 핵신고 및 핵시설 검증에 대해 논쟁이 벌어지면서 북미 의견충돌이 격화되었다.

미국이 북한을 테러지원국에서 삭제한 것은 가장 큰 실수라고 볼 수 있다. 북한은 이후 계속해서 핵 프로그램을 잠시 중단하다 다시

---

22 Karin Lee and Julia Choi, "North Korea: Economic Sanctions and U.S. Department of Treasury Actions 1955-December 2008,"

23 『연합뉴스』, 2008 년 12 월 13 일.

실시하였기 때문이다. 미국은 북한을 테러지원국에서 해제하면서 북한이 핵을 불능화하여 결국 폐기로 이어지겠다는 약속을 믿었지만 북한은 합의를 잠시 이행했지만 결국 다른 모습을 보였다. 이 것을 통해 미국은 북한과의 협상할 만한 카드를 잃었고 이후 북한은 핵을 협상카드로 이용하는 것보다 북한을 핵보유 국가로 인정하라는 식으로 입장을 바꿨다. 결국 부시 행정부 시기 북미관계는 악화된 상태로 전환되었다. 그렇다면 왜 미국은 이러한 테러지원국 삭제를 협상 카드로 사용한 것일까?

미국은 북한에게 당근 같은 인도적인 지원을 협상카드로 내세울 수 있었지만 북한은 체제를 유지하기 위한 정책을 요구했기 때문에 테러지원국 해제가 협상카드가 된 것이라고 볼 수 있다. 즉, 북한에게 중요한 것은 생존유지 이며 미국으로부터 생존을 유지할 수 있는 대책을 원했던 것이다. 테러지원국에서 삭제되면 북한은 IMF, World Bank 등 같은 국제금융기구에서 차관과 지원을 받을 수 있다. 그러나 미국은 이러한 국제금융기구들을 이끌어가는 입장으로써 북한에게 차관을 빌리는 것은 불가능 했을 것이다.

현재 이전보다 더 악화된 북미관계는 새 미국 행정부인 오바마 행정부가 풀어가야 할 과제이며 이것은 쉽지 않을 것으로 보이고 있다. 그리고 오바마 정부는 북한을 테러지원국에 재지정하려고 고려하고 있는 중이다. 부시 행정부는 테러와 관련없는 테러지원국 명단 갖고 북한에게 당근과 채찍을 주는 것 보다 북핵 프로그램과 관련 있는 협상카드를 찾아야 할 것이다.

참고 문헌

김창희, "2.13 합의 이후 북한의 핵협상과 정책변화," 『한국동북아논총』 제 49 집 (2008).
김태운, "북·미 경제관계의 현황과 그 특징에 관한 고찰," 『정치·정보연구』 제 6 권 1 호 (2003).
박성과, *북한의 테러리즘에 관한 연구*, 경남대학교 행정대학원 석사논문, 2003.
오태곤, "뉴테러리즘 시대 북한테러리즘에 관한 공법적 검토," 『법학연구』 제 21 권.
정운종, "테러지원국 해재의 실효성과 북핵 문제," 『북한』 (서울: 시사문제연구소, 2008).
정준오, "북한의 테러지원국 해제논의," 『동아시아연구』 (서울: 동아시아 연구소, 2004).
조영국, "대북 경제제재와 대북지원의 상관관계 연구: 전략물자 공급문제를 중심으로," 『동북아연구』 (서울: 경남대학교 극동문제연구소, 2005).

주홍찬, *9.11 테러이후 미국의 대외정책변화*, 경남대학교 행정대학원 석사논문, 2004.

홍순식, "미국의 대북경제제재 실효성: 리비아 사례와 비교," 『동아연구』(서울: 동아시아연구, 2007).

Babson, Bradley O. "Realistic Expectations of the Future Role of the International Financial Institutions on the Korean Peninsula," *Korea's Economy* Vol. 24 (2008).

Joo, Seung-Ho and Tae-Hwan Kwak, Ed., *North Korea's Second Nuclear Crisis and Northeast Asian Security*. Burlington, Vermont: Ashgate Publishing Company, 2007.

Lee, Karin and Julia Choi, *North Korea: Economic Sanctions and U.S. Department of Treasury Actions 1955-December 2008*. The National Committee on North Korea, February 2009.

Nicksh, Larry. *North Korea: Terrorism List Removal?* Con gressional Research Service(CRS) Report for Congress (RL30613). Washington D.C. Government Printing Office, November 2008.

Rennack, Dianne E. *North Korea: Economic Sanctions*. Congressional Research Service(CRS) Report for Congress (RL31696). Washington D.C. Govern ment Printing Office, June 2005.

U.S. Department of State. *Patterns of Global Terrorism 2001*, April 2002.

U.S. Department of State. *Country Reports on Terrorism 2007*, April 2008.

『연합뉴스』

『조선일보』

『Korea Herald』

제한된 민주성의 노사관계 세계화에 따른 쟁의행위권 견제: 한국과 중국을 중심으로

신태희 / Matthew Lauer

MA, Korean for Professionals, University of Hawai'i at Mānoa, 2008
BA, Interantional Studies, Washington University jin St. Louis, 2005

Limited industrial democracy in China and South Korea: Globalization's impact on disputation right

Economic globalization has rapidly and visibly impacted the economies of both China and South Korea within the past few decades. While the economic growth witnessed in both nations has brought many remarkable benefits, both nations' labor movements have expressed legitimate concerns that the demands of globalization ultimately work to curtail fundamental labor rights. This study examines those claims, first reviewing the historical development of the Chinese and South Korean labor movements in the era of economic globalization, then demonstrating how, in recent legislation proposed in both nations, limitations are placed on the exercise of fundamental labor rights. The article concludes that, in ways specific to the unique situations in South Korea and China, economic globalization is forcing labor rights in the direction of "limited industrial democracy," whereby economic globalization encourages national legislatures to develop standards that limit the ability of labor to effectively redress grievances with management.

1. 서론

세계화의 진행 속에서 문화, 정치, 경제 등 다양한 측면에서 모든 국가가 큰 영향을 받고 있다는 것은 학계에서 통설로 굳어졌고 일반사회에서 거의 주지의 사실이 되었다. 세계화가 가시적인 변화를 가져오는 분야에는 노사관계도 역시 해당된다. 본 연구는 세계화가 노사관계를 구체적으로 어떻게 변화시키는지 검토하는 데에 대한 관심에서 비롯되었다. 세계화의 수많은 요소 중 국가간의 경제 장벽이 철폐되고 경제적 교류를 활성화하는 소위 '신자유주의'만큼 노사관계에 영향을 미친 요소는 없을 것이다. 탯(Yan Kong Tat)의 정의를 빌리자면 신자유주의는 생산수단의 국제화, 금융-통신의 자유 화에 따른 자본의 증가, 국제적 레짐의 형성에 따른 활성화된 무역 및 투자 등의 요소로 구성된 것이다[1]. 말하자면 경제적 세계화에서 경제는 정부 혹은 국내 행위자뿐 아니라 외국 기업 및 투자자에 의해서도 주도된다. 따라서 신자유주의가 뿌리를 내린 국가들은 경쟁력을 확보하기 위하여 국내 경쟁을 육성하고 국내기업의 안정을 보장하고 외자를 유치해야 하며 또한 이를 위해서는 비용 또는 시장 경직성의 요소를 최대한 많이 줄여야 한다. 노동은 시장 경직성의 요소로 취급받기 때문에 정부 통제의 대상이 되어 일반적으로 신자유주의로 인하여 불안정한 상황에 처하게 된다[2].

지금까지 신자유주의의 확산에 따른 노사관계의 변화를 설명하는 지배적인 이론은 크게 두 가지다. 하나는 '수렴론(convergence theory)'이라고 할 수 있는데 국제노사관계 제도들이 세계화의 진행에 따라 단일하게 수렴된다는 것이다. 다른 하나는 '다양성이론(divergence theory)'으로 상이한 국가들의 고유한 내부적 요인들에 따라 노사관계가 다양해진다고 주장하는 이론이다. 즉, 수렴론은 모든 국가들이 세계화가 도입한 새로운 경제환경에 대한 대응이 수렴될 것을 예상하는 반면 다양성이론은 각국이 자신의 내부적 상황에 맞게 조치를 취하고 그에 따라 노사관계의 성격이 다른 외국들과 상이하게 진화될 것을 예상한다.

지금까지 수렴론과 다양성이론의 타당성을 조사하는 연구는 많이 이루어졌다. 이들 대부분 두 나라의 노사관계 제도를 비교하는 접근방법을 사용했다. 이러한 방식을 사용함으로써 흥미 있는 현상을 많이 밝혀냈음에도 몇 가지 근본적인 한계를 안고 있다. 첫째는 종속변수 설정에 문제가 있다고 볼 수 있다. 기존 연구는 노사관계와 같은 광범위한 상위 개념을 종속변수로 설정하는 경향이 있는데 이는 세계화로부터 각기 다른 영향을 받을 수 있는 노사관계 제도의 다양한 구성요소를 고려하지 않은 접근방법이라고 할 수 있다. 바꾸어 말해 문병주가 지적했듯[3] 노사관계 시스템을 구성하는 요소에는 정부와 기업의 관계를 결정하는 산업정책, 정부와 노동의 관계를 결정하는 노동정책,

---

[1] Tat, Y.K. "Labor and Neo-Liberal Globalization", Modern Asian Studies, Vol. 39, No. 1, 2005, p. 156

[2] Tat, Y.K. "Labor and Neo-Liberal Globalization", Modern Asian Studies, Vol. 39, No. 1, 2005, p. 157

[3] 문병주. "세계화시기 한국의 노사관계와 복지체제 변화: 생산레짐론적 시각에서의 재조명", 한국거버넌스학회보, 제14권 제2호, P 8 5

기업과 노동의 관계를 결정하는 단체교섭전략, 그리고 이 모든 당사자가 사회와 맺는 '사화협약의 정치' 등이 있는데 보다 실상을 잘 반영하는 연구를 위하여 이러한 요소 혹은 이러한 요소의 일부를 종속변수로 삼는 것이 훨씬 적합하다고 할 수 있다. 둘째는 국제적 노사관계의 역사적 발전과정에서 신자유주의가 가져 오는 변화들이 특정한 의의가 있는지에 대하여 언급하지 않았다는 점이다. 즉, 신자유주의가 현재까지 노사관계 발전을 진전시키는지 혹은 역행시키는지 연구할 필요가 있다.

    본 연구에서는 위의 두 가지 한계점을 고려해서 이 문제를 새로운 각도에서 접근하려고 한다. 우선 '신자유주의'라는 개념도 광범위하기 때문에 신자유주의의 일부분인 '외자를 유치하는 데 유리한 경영환경을 조성할 필요'라는 현상에 독립변수를 국한하겠다. 이하로 이를 '신자유주의'라고 부를 것이다. 이러한 맥락에서 최근 한국과 중국 정부에서 신자유주의의 본격화에 대응하기 위하여 노동 통제에 핵심적인 쟁의행위권을 변경하려는 법률을 입안 또는 통과했다. 중국에서는 노동자들이 사용자와 계약을 맺을 수 있도록 하는 '신노동계약법' 및 중국의 고유한 고충처리 제도를 크게 개선하는 '쟁의중재법'에서 볼 수 있듯 노동의 권리가 크게 신장되는 반면 한국에서는 노사관계 로드맵의 상정으로 쟁의행위권이 많은 통제를 받음으로써 노동자의 권리가 축소되는 양상을 볼 수 있다. 본문에서는 종속변수를 이들 법안, 즉 쟁의행위권과 관련된 법안에 국한해서 신자유주의가 미치는 영향, 그리고 그 안에서 수렴론과 다양성이론이 어떻게 적용되는지를 살펴 보고자 한다. 각국의 고충처리 제도가 중국에서는 노동자에 유리하도록, 한국에서는 사용자에 유리하도록 서로 달리 변화되는 다양성 이론적 양상'이 쉽게 관찰되기도 하지만, 양국 모두의 사례에서 관찰되는 합법적인 차원에서 노동의 쟁의행위권을 최대한 견제하려는 노동정책의 제정을 '제한된 민주성의 노사관계'라고 부른다면, 이는 양국의 신자유주의 아래 노사관계에 '수렴론적 측면'이 동시에 매우 뚜렷하다고 할 수 있을 것이다. 앞으로의 노사관계 민주성의 발전에 상당한 영향을 미칠 것으로 보인다.

    '노사관계 민주성'이란 쟁의행위 시, 노동과 사용자 양측이 자신의 이해를 상대방의 착취-복수-영향에 대한 염려 없이 표현할 수 있고 양측을 만족시킬 수 있는 절충 안에 쉽게 도달할 수 있는 세력의 균형이 잘 잡힌 제도적 상태라는 뜻이다. 따라서 민주화된 노사관계를 위하여 쟁의행위권이 잘 보장되어야 한다. 노사관계의 민주화 과정이 바로 노사관계의 역사라는 학자가 많으며 그 과정을 간략히 정의하자면, 산업화 자본주의의 등장과 함께 노동자들이 사용자로부터 노골적인 착취를 당하는 시기로부터 그 상태를 극복하고 사용자와의 관계에서 대등성을 확보하고 작업장의 열악한 조건과 전반적 노동계약의 조건이 크게 개선되는 단계까지 이르는 과정으로 볼 수 있다. 본고에서는 중국과 한국에서 법제도적으로 쟁의행위권이 다른 방향으로 발전하고 있지만 노사관계의 민주화가 양국에서 유사한 방향으로 가고 있음을 보여주려고 한다. 즉, 신자유주의하 노사관계의 민주성에 있어서 수렴론과 다양성이론이 동시에 관찰될 수도 있지만 수렴론이 일반적으로 그 방향을 묘사하는데 훨씬 유의미한 접근방법이라고 할 수 있다. 그렇다면 그 수렴론적 측면인 '제한된 민주성'이 무엇인지를 설명할 필요가 있다. 이론적으로 정부는 신자유주의에 유리한 경제환경을 조성하기 위하여 일방적으로 쟁의행위권을 통제하면 해결이 되지만 조직된 노동운동과 노동자의 권리를 보호하라는 국제사회(특히 국제노동기구)의 압박 때문에 다른 방법을 도모해야 한다. 이 방법은 현행 노동자의 쟁의행위권과 관련되는 법률을 유지하면서 그 법률들을 실질적으로 무력화하는 또 다른 교묘한 법률을 통과시키는 것이다. 표면적으로는 노동 측의 권리가 보호되고 법에 규정되어 있지만 실질적으로는 그 권리를 행사할 수 있는 기회를 축소시키는 등의 법적 장치로 노동자들의 쟁의행위권은 힘을 상당히 상실하게 된다. 이러한 대안의 궁극적 의도는 노동운동을 좌절시킴으로써 외국 투자자를 계속 매료시키는 것이다. 이러한 상황은 바로 '제한된 민주성'이다. 따라서 이 논문을 통하여 최근 쟁점화된 한국과 중국의 새로운 법률들은 어떻게 '제한된 민주성의 노사관계'를 구축하게 될지 설명할 것이다.

2. 선행연구

밤버(Greg Bamber)가 지적했듯 수렴론이 비교 노사관계학에서 처음으로 등장하게 된 것은 1960년 케르(C. Kerr)의 연구에서였다[4]. 케르의 주장은 산업화에 따른 기술혁신 및 산업화된 시장의 새롭고 특별한 작동원리에 의하여 노사관계 제도들이 궁극적으로 단일화될 거라는 소위 '산업화의 논리'(logic of industrialization)에 기초한 것이었다. 산업화의 논리는 조목조목 반박을 받게 되었는데 특히 케르의 논거가 지나치게 '규범적'(normative)이라고 비판한 챔멀린

---

[4] Bamber, G et al., "Globalization and Changing Patterns of Employment Relations: International and Comparative Frameworks", 노동정책연구, Volume 4, Issue 2, 2004, p. 48

(N.W. Chamberlain)[5], 각국 내부 상황의 특수성을 무시한다고 비판한 카츠(H.C. Katz)[6] 등은 이 연구의 많은 허점을 간파하였다. 80년대에 접어들면서 수렴론에 반대되는 개념인 다양성이론에 대한 연구가 이루어지기 시작하였다[7]. 대표적인 연구업적은 다음과 같다. 골드토프(J.H. Goldthorpe)는 거시경제적 문제에 봉착할 때 조합주의(corporatism)적 대응책을 세운 독일, 스웨덴, 오스트리아와 시장원리에 맡기는 정책을 선호하는 미국과 영국간 의 차이에서 볼 수 있듯 다양성이론이 훨씬 타당한 이론적 틀이라고 주장했다[8]. 프리먼(R.B. Freeman)은 국가간의 상이한 노조가입 추이, 특히 노조조직률 변동 추세를 지적한다[9]. 그러나 이러한 연구들은 노사관계 형태의 변동을 묘사하는 차원에서 벗어나지 못한다는 근본적인 한계를 안고 있다. 90년대에는 노사관계의 변화를 체계적으로 설명할 수 있는 이론적 틀을 창조하고자 하는 연구가 이루어지기 시작하였다[10]. 특히 주목되는 연구는 80년 초반 완성된 코칸(T. Kochan)의 연구다. 코칸에 따르면 노사관계의 발전방향이 세 당사자(사 용자,노조,정부)가 세 차원(거시경제,노사관계제도의 정치,작업장)에서 하는 '전략적 선택'에 의하여 좌우된다고 주장하였다[11]. 카츠와 다브셔(O. Darbshire)는 이 틀을 사용함으로써 일본식 고용제도, 인적자원관리, 저임금 고용제도, '합동팀'(joint team) 등 네 가지 노사관계 형태가 확산되고 있다는 결론을 내렸다[12].

---

[5] Chamberlin, N.W. "Book Review of Kerr et al.", American Economic Review, Volume 51, Issue 3, 1961, pp. 475-480.

[6] Katz, H.C. & Darbshire, O. Converging Divergence: Wolrdwide Changes in Employment Systems, Ithaca, New York, Cornell University Press, 2000

[7] Bamber, G et al., "Globalization and Changing Patterns of Employment Relations: International andComparative Frameworks", 노동정책연구, Volume 4, Issue 2, 2004, p. 51

[8] Goldthorpe, J.H. "The End of Convergence: Corporatists and Dualist Tedencies in Modern Western Societies." in J.H. Goldthorpe ed. Order and Conflict in Contemporary Capitalism: Studies in the Political Economy of Western European Nations. Oxford: Clarendon, 1984.

[9] Freeman, R.B. "On the Divergence in Unionism Among Developed Countries." Discussion Paper No.2817, National Bureau of Economic Research, 1989

[10] Bamber, G et al., "Globalization and Changing Patterns of Employment Relations: International andComparative Frameworks", 노동정책연구, Volume 4, Issue 2, 2004, p. 53.

[11] Kochan, T, et al. The Transformation of American Industrial Relations. New York: Basic Books, 1984

[12] Katz, H.C. & Darbshire, O. Converging Divergence: Wolrdwide Changes in Employment Systems, Ithaca, New York, Cornell University Press, 2000

이러한 맥락에서 프렌클(S.Frenkel)과 쿠루빌라(S. Kuruvilla)는 세계화와 노사관계의 관계를 체계적으로 설명하는 틀을 구체화시켰다[13]. 그들에 따르면 신자유주의적 경제환경 안에서 노사관계의 성격은 세 가지 고려사항에 의하여 결정된다. 첫째는 이른바 '산업평화의 논리'(logic of industrial peace)라고 할 수 있는데 이는 외국 투자자를 계속 매료시키기 위하여 산업분규를 가능한 한 많이 줄여야 한다는 것을 전제로 그에 따라 모든 당사자가 마땅하게 행동할 것을 예상한다. 둘째는 '시장경쟁의 논리'(logic of competition)라고 할 수 있는데 이는 완전 개방된 시장에서 경쟁력을 확보하기 위하여 노사관계 당사자들이 적합한 조치를 취할 것을 예상하는 것이다. 마지막으로는 '고용-임금 보장의 논리'(logic of employment-income protection)로 그 근간은 산업화/세계화에 따른 복지제도의 축소 및 고용계약 조건의 악화 때문에 노동 측이 이익을 추구하기 위하여 어떠한 식으로든지 쟁의행위를 할 것을 예상하는 것이다. 노사관계 당사자에 대한 세 가지 논리의 영향력의 정도를 결정하는 변수에는 정부의 경제적 성장 전략, 국내 세계화의 강도, 노동자들의 요구에 대한 정부의 공정성, 노조의 힘 및 노동시장의 상태 등이 있다. 결과적으로 정부-자본-노동은 이 세 가지 논리를 토대로 자신의 행위를 정당화하려고 하기 때문에 현재 노사관계와 관련된 모든 법률을 이해하기 위하여 이 논리들간의 상호작용을 파악할 필요가 있다는 것이 프렌클과 쿠루빌라의 주장이다[14]. 물론 이 외에도 신자유주의와 노사관계의 연계를 조사한 연구는 상당히 많다. 예컨대 OECD에서는 앞서 본 '전략적 선택' 접근방법과 '구조적 접근방법'을 조절하는 프로젝트를 실시하였다[15]. 전체적으로 보면 노사관계에 대한 세계화의 영향력을 설명하려는 연구가 많이 이루어졌다는 것을 쉽게 알 수 있다.

밤버는 이 이슈와 관련된 연구를 대략 세 가지로 분류한다. 첫째는 '단순한 세계화 접근방법'(simple globalization approach)이라고 할 수 있는데 그 핵심적 내용은 세계화의 영향력이 압도적으로 강하기 때문에 노사관계 제도들이 단일화될

---

[13] Frenkel, S. and Kuruvilla S. "Logics of Action, Globalization and Changing Employment Relations inChina, India, Malaysia and the Philippines." Industrial and Labor Relations Reviews. Volume 55, Issue 3,2002.4, pp. 388-392.

[14] ibid., p. 388-91

[15] Locke, R.M. et al., "Reconceptuatlizing Comparative Industrial Relations: Lessons from InternationalResearch", International Labour Review, Volume 134, Issue 2, 1995, p. 140-3.

수 밖에 없다는 것이다. 이는 수렴론과 동일하며 소위 '아래로의 경주'(race to the bottom)16 현상에 가장 잘 반영된다. 둘째는 '제도주의적 접근방법'(institutionalist approach)으로서 나라마다 세계화의 형태가 유사하더라도 국가간 내부 제도의 차이 때문에 결과적으로 그 효과가 다를 것을 예상하는 것이다. 이러한 연구들은 물론 다양성이론적 성격을 띈다. 마지막으로는 '통합된 접근방법'(integrated approach)으로 아직까지 완전히 발전되지 못한 이론으로서 연구의 양도 아직 많지는 않다. 기본적으로 이 관점은 세계화의 가속화에 대비할 때 국내 기관들이 자신들의 이해뿐만 아니라 다른 국내외적 이해도 고려하여 거기에 맞게 대책을 마련할 것을 예상하는 이론이라고 할 수 있다.

위에 설명했듯 이 논문에서는 두 가지 차원에서 기존 연구와 다른 해석을 시도 한다. 우선 중국과 한국의 쟁의행위권과 관련된 법률을 조사하는 것으로 다른 연구보다 미시적 시선을 갖고 있다. 둘째는 이러한 법률들이 양국 노사관계의 역사적 발전과정에서 지니는 의의를 찾아봄으로써 현재 신자유주의의 영향을 설명하는 단순한 틀에서 벗어나려고 한다.

2.1 한국

2.1.1 한국 노사관계의 민주화 과정

현재 한국 노사관계 담론에서는 한국의 노동운동이 과격하다는 것이 자주 언급 된다. 이에 대한 근거로는 빈번한 산업분규 등과 같은 요소를 들 수 있다. 하와이 대학의 구해근 교수가 지적했듯17 이러한 성격의 노사관계는 일부 여타 동아시아 국가, 특히 일본처럼 기업에 대한 충성을 다하는 대가로 각종 복지혜택과 빈번한 승진의 기회는 물론, 종신고용이 보장되는 노사관계 제도와는 근본적으로 차이가 있다. 즉 한국의 노사관계가 다른 국가와 비교하여 독보적으로 발전해왔음을 쉽게 알 수 있다. 그렇다면 한국 노동운동 및 한국 노사관계 제도가 현재의 모습, 즉 노사관계의 민주성을 갖추게 된 경로를 살펴 보자.

---

16 아래로의 경주'는 특히 제 3 세계에서 관찰할 수 있는 현상인데 생산비용을 최대한 많이 감소하기 위하여 외국기업들이 저렴한 노동력이 풍부한 지역으로 이동하고 제 1 세계에서는 새로운 기업을 계속 매 료시키고 이미 진출해 있는 기업을 유지하기 위하여 최대한 합법적 차원에서 기존 노사관계 규약 조건 을 재정하고 낮추려는 현상을 일컫는 말이다

17 구해근, "Work, Culture and Consciousness of the Korean Working Class" in Putting Class in its Place: Worker Identities in Asia. United States: The Regents of the University of California, 1996. p. 53

고도경제성장기에는 한국의 산업화가 가속화되는 한편 노동자의 근무조건은 악화되었다. 그 당시 정부의 정책은 산업화 달성 후 대량 수출을 통한 경제규모의 확대를 도모하는 것을 골자로 하였다. 박정희 정권은 이 계획을 방해할 가능성이 있는 모든 요인을 제거하는 대책을 동시에 모색하였기 때문에 노동은 불이익을 많이 당하게 되었다. 이 대책의 근간은 저임금정책으로 생산비용을 감소하고 고도성장의 신속한 달성에 유리한 시장조건을 마련할 목적으로 만들어졌다. 이는 다시 말하자면 산업 발전을 위하여 노동자들의 소득을 희생시킨 것이었다. 고용보장이라는 측면에서 본다면 노동은 매우 선진적인 권리를 누리고 있었지만[18] 전체적 그림을 본다면 노동은 극히 불리한 상황에 처해있었다.

이러한 와중에 노동과 자본-정부간의 불신이 쌓이기 시작하였다. 정부는 노조 활동에 대해서는 강력하게 단속했지만 과다한 노동시간을 줄이려는 노력도 하지 않고 작업장에서의 빈번한 사고도 감추려고 하였다. 일제시대의 군사 문화의 영향을 받은 사용자들에 의해 작업장에서의 성희롱이 자주 벌어졌고 기업 내에는 가부장적 위계질서가 형성되었다. 권리를 신장하고 근무조건을 개선해달라는 60년대 노동자들의 요구는 이와 같은 비인간적 상황의 불가피하고 자연스러운 결과라고 할 수 있겠다.[19]

60년대 대두된 노동자 시위는 조직되거나 노동자의 연대에 의하여 이루어졌다기보다는 오히려 생계유지 문제를 해결하기 위한 개인주의적 수준에 머무른 것이 특징이었다. 정부의 단속으로 노동이 조직적 운동을 하는 것이 특히 힘들었다. 이러다가 엄격한 통제의 분위기를 돌파하여 노동운동을 가능케 한 전환기가 된 사건은 1970년대 전태일 분신자살 사건이었다. 이 사건을 계기로 한국 사회의 각계각층, 특히 지식인과 학생 및 종교적 지도자들은 한국 노동자들이 직면한 문제를 깨닫게 되었고, 노동자들 스스로도 감정적이면서도 정치적 의미를 지니는 상징을 갖게 되었으므로 노동운동이 본격적으로 시작되었다. 이후로 노동자들은 정치적 수사로 자신들의 목표를 표현할 수 있는 교육을 받았는데 이는

---

[18] 그 당시 부당해고에 대한 정부통제가 매우 강했다. 법에서는 사용자가 '공평한 기준'만에 따라 해고를 결정할 수 있다고 명시되어 있었고 재정난을 해결하기 위하여 해고가 '최후의 방법'이라고도 규정하였다. Kim, D. and Kim, S. "Globalization, Financial Crises and Industrial Relations: The Case of South Korea", Industrial Relations, Volume 42, Issue 3, 2003.7, p. 139

[19] 구해근, "Work, Culture and Consciousness of the Korean Working Class" in Putting Class in its Place: Worker Identities in Asia. United States: The Regents of the University of California, 1996, p. 57.

노동운동에서의 민간단체와 종교 단체의 참여를 이끌어내는데 중요한 역할을 한 것이다. 이렇게 점차 강화되어 가고 있던 한국 노동운동은 독재정권과 겨루는 오랜 과정 끝에, 즉 1987년 민주화를 성취한 후 폭발적으로 일어났다.

1987년 민주화 선언 이후 한국 노동운동은 정부에서 실시한 노동 법률 개정과 정치환경 변화와 더불어 조직화되고 활성화되었다. 일부 통제는 유지되었지만 결사의 자유, 단체협약권, 파업권 등의 권리가 노동에 부여되었다. 노동 세력은 정부의 공식적 승인에 고무되어 한국 사회 구석구석에서 정치활동 또는 봉기를 하였다[20]. 노조 가입이 1985년과 1989년 사이 두배나 증가하고 1987년에 무려 4000건의 산업분규가 벌어졌다는 점이 보여 주듯 민주화와 함께 자율권을 받게 된 한국노동이 본질적으로 변화되었다. 그러나 민주화와 노동의 밀월은 90년대 접어들면서부터 깨지기 시작하였다. 90년대 초반부터 한국경제가 불황의 늪에 빠지게 되면서 한국 노사관계에서 노동의 위상이 낮아졌다. 정부는 악화된 경제 상황을 돌파하기 위하여 시장개입 조치를 다시 취하기 시작하면서 노조활동을 견제하려는 노력을 하였다[21]. 노동은 정부 정책에 따라 잠시 물러나고 동구권의 붕괴와 함께 다소 일반사회 불신의 대상이 되었다. 김영삼 정권이 들어서자마자 '경제적 세계화'가 키워드가 되었으며 '사회통합적 노사관계', 즉 노사관계의 모든 당사자들의 이해가 잘 조절되고 신자유주의의 경제적 제도를 구축하자는 새로운 경제적 조건 하에 국가의 경쟁력을 강화하겠다는 자세를 취하게 되었다. 이어서 1998년 외환위기에 따라 노동이 고용보장 면에서 많은 양보를 하게 되었다는데서 드러나듯 90년대 노동 측의 힘은 쇠퇴의 조짐을 보이기 시작했다.

외환위기는 한국정부에서 한국경제가 더 이상 세계경제와 분리될 수 없다는 것을 인식하게 된 계기가 되었다. 외환위기 당시까지 한국 거시경제는 고도성장과 경직된 노동시장이 특징이었는데 구조조정 및 개혁으로 노동 유연성을 육성하고 외자를 적극적으로 유치하는 등의 노력으로 그러한 상황은 뒤집어지게 되었다. 한국의 노사관계 패러다임은 세계화에 맞추기 위하여 노동을 다소 억제하면서 경제를 육성하는 쪽으로 기울어졌다. 이러한 가운데 2003년 참여정부에서 노사관계

---

[20] Kim, D. "Globalization and Labor Rights: The Case of Korea" in Globalization and Labour in the AsiaPacific Region, Londong: Frank Cass, 2000, p.143

[21] Lee, W. and Lee, B. "Industrial Relations and Labor Standards in Korea" in Korea's New EconomicStrategy in the Globalization Era, Chelthenham: Edward Elgar, 2003,. p.175.

선진화 방안(노사관계 로드맵)이 장기간 논의 끝에 제기되었다.

사실 노사관계 로드맵을 상정하게 된 이유는 단지 신자유주의 때문이라고 보기가 힘들다. 이외에는 과격한 노동운동에 대한 사회의 불만, 치솟는 임금 등의 원인도 있다. 하지만 아무리 이유가 복잡하고 다양하다고 하더라도 신자유주의 대비 경제 살리기라는 이유가 큰 요인이 되었다고 이해하지 않으면 안 된다.

종합해 보면 한국 노사관계는 장기간에 걸쳐서 민주성이 차근차근 발전되어 왔다고 할 수 있겠다. 착취의 시기라고 부를 수 있는 60년대를 출발점으로 해서 거의 30년 동안 점진적이고 미시적 개선을 통하여 노동운동이 조직화되게 된 후 1987년 민주화를 계기로 그 쟁의행위권의 범위가 대폭 확대되게 되고 한국노동운동은 강경한 모습을 갖게 되었다. 그러나 90년대부터, 특히 외환위기 후 새로운 경제 패러다임의 등장에 따라 강성노동운동과 노조가 다시 통제를 받게 되었는데 노사관계 로드맵은 이러한 추세의 대표적 산물이라고 볼 수 있다. 다음 장에서는 한국 노동 쟁의행위권에 있어서 이 노사관계 로드맵이 어떠한 변화를 수반할 수 있는지 구체적으로 다룰 것이다.

2.1.2 쟁의행위권에 있어서의 노사관계 로드맵의 중요성

노사관계 로드맵의 탄생은 1996년 한국이 경제협력개발기구(OECD)에 가입 하면서부터라고 할 수 있는데 그 당시 노사양측이 한국노동법을 국제수준으로 개선키로 합의하였다. 참여정부가 들어오면서 이 문제가 다시 수면 위로 떠올라 2003년 2월 노사관계 제도개선이 국정과제로 설정된 다음 5월에는 대책을 마련할 목적으로 '노사관계 법제도 선진화 연구 위원회' 구성되었다. 2003년 9월에는 노사관계 로드맵 중간보고가 정부에 제출되었는데 그 내용을 지금 살표볼 것이다. 쟁의행위권과 관련해서 노사관계 로드맵은 중요한 부분이 크게 세 가지가 있는데 이는 노사협의회의 강화, 단체교섭권의 약화와 파업 파괴를 위한 장치[22] 등 세 가지로 요약될 수 있다. 이들 조치는 노동자들의 기본권리(파업권,결사자유권)자에 전혀 해를 끼치지 않지만 그 쟁의행위권의 실효성을 크게 약화시키기 때문에 '제한된 민주성'에 부합하다고 할 수 있다. 예컨대 노사관계 선진화 방안이 통과되면 사용자가 파업 시 대체근로를 사용할 허가를 받을 것이다. 이는 파업 시 생산중단을 불가능하게 만듦으로써 노동 측의 파업권을

---

[22]파업 파괴를 위한 장치들은 직장폐쇄와 대체근로를 허용함으로써 파업의 실효성을 크게 저하시키는 것이다. 이진우. 노사관계 로드맵: 조직노동자에 대한 전면공세. p. 26

크게 무력화시키는 것으로 볼 수밖에 없다. 나머지 조치들도 유사한 효과를 가져 올 것이다. 따라서 이 법안이 통과될 경우 한국 노사관계가 제한될 것으로 예상된다.

'제한된 민주성'의 가능성에 대한 노조의 반발이 얼마나 심한지는 노사관계 선진화 방안의 입법화가 자주 좌절되었음에서 확인할 수 있다. 노사정위원회에서 논의가 이루어지기 시작하였지만 노동 측의 과열과 잦은 반발로 논의가 자주 중단되고 진전을 보이지 않았다. 정부에서는 2005년 12월초 노사관계 선진화 방안의 입법예고를 예정하였지만 결국에는 2006년 9월 시행이 또다시 3년 뒤로 미루어 지게 되었으며 이로써 로드맵은 총 13년 유예되었다. 지금까지 노사관계 로드맵이 성사되지 못한 것은 노동 측에서 노사관계 민주성의 퇴보로 이해하기 때문이라고 할 수 있으며 이를 보여 주기 위하여 정부의 입장을 볼 필요가 있다. 2004년 1월호 OECD Focus에 실린 글을 통하여 권기홍 전 노동부 장관은 노사관계 선진화라는 정부 정책목표의 중요성을 설명하였다. 그는 두산중공업, 조흥은행, 화물연대와 같은 대형 분규 및 잇따른 분신자살 등의 집단행위와 폭력사건으로 노동운동에 대한 국민의 비판여론이 고조되며 '노사관계의 갈등과 대립적 측면만이 지나치게 부각되어 외국인투자 유치 등 정부의 경제활력 회복노력에 어려움을 겪기도 하였다'고 주장하였다[23]. 한국은행 자료에 따르면 2004년부터 국내 외국인 직접투자가 매년 하락하는 추세이며 2008년 상반기에는 처음으로 유출액이 유입액을 초과하였다고 보고했다[24]. 물론 강성노동운동이 외자유치에 대한 유일한 걸림돌이 아니지만 이 당시 정부의 입장에서는[25] 시급히 대처해야 할 과제로밖에 볼 수 없었다. 정부가 희망하는 결과는 쟁의행위권 견제를 통하여 노사간 갈등을 해소하고 평온적 노사관계를 구축하고 한국경제를 꺼리는 외국인 투자자의 확신을 키우는 것이지만 통과되면 어떠한 변화가 일어날 것인가는 앞으로 두고 봐야 할 사항이다. 한국노동은 과격한 측

---

[23] 권기홍. "노사관계 선진화를 위한 정책적 노력 강화" OECD Focus 제1월호, 2004, p.32-33.30
[24] 한국은행에 따르면 외국인 직접투자 순투자액(유입액-유출액)을 연도별 백만달러 단위로 나타내면 2004 년 4289.9, 2005 년 3163.8, 2006 년 2262.8, 2007 년 1181.3, 2008 년 상반기 896.1 순이다. 연합뉴스. 2008 년 7 월 31 일
[25] 2008 년 초반 대한상공회의소에서 국내 외국인투자기업 845 개를 대상으로 실시한 조사에 따르면'외국인투자유치를 위하여 새정부가 해결해야 할 과제가 무엇이냐'는 질문에 대하여 '강성노조 해결'과 함께 '규제개혁', '투자인센티브 확대' 등도 꼽혔다. 파이낸셜뉴스. 2008 년 3 월 4 일

면이 있긴 하지만 지금 하락하는 노조조직률과 사회적 비판 때문에 과연 봉기할 힘이 있을지 의문이 든다.

이러한 맥락에서 노사관계 선진화 방안은 쟁의행위권을 견제함으로써 강성노동 운동을 거세하는 방침으로 볼 수 있다. 이는 '노사관계 선진화 방안이 노조의 쟁의행위에 대한 부정적인 인식에 근거하여 파업을 최소화하고 무력화하기 위해 사용자의 대항권을 대폭 강화하고, 노조의 자율권을 제약하는 내용으로 되어 있다'라는 유정엽 한국노총 정책부장의 주장에서 잘 나타난다[26].

최종 결과가 어떻게 되든 노사관계 로드맵은 노동의 쟁의행위권을 제한하는 의도가 명백하고 1987년 본격화되기 시작한 한국 노사관계 민주성의 발전을 역행 하는 것도 분명하다. 하지만 노사관계 로드맵은 전면적으로 노동자의 권리를 약탈하는 것도 아니다. 한국은 국제노동기구 회원국으로서 파업권과 결사자유권을 인정할 의무가 있으며 한국 노동자들이 이미 이 권리들을 누리고 있으므로 없앨 수단조차 없는 것이다. 결국 통과되어도 노동 측이 쟁의행위를 계속 할 수 있을 것이지만 쟁의행위권의 행사는 어려워질 것이다. 따라서 노사관계 로드맵은 합법적 방법을 통하여 쟁의행위권을 견제함으로써 제한된 민주성의 노사관계를 구축하려는 목적이 있다고 할 수 있다.

2.2 중국 :
2.2.1 중국 노사관계의 민주화 과정

해방 직후 중국 노동은 자본주의 경제체제로부터 사회주의 체제로의 전환을 원활하고 순조롭게 하기 위하여 노동이 희생을 많이 할 수밖에 없었던 처지였다. 공산당에서는 경제회복과 안정성 확보에 우선을 두었기 때문에 노동, 특히 노조는 산업분규를 신속히 해결하고 당의 이해에 복종하는 국면이었다[27]. 이로 인하여 노조는 노동자의 이해를 대변하고 문제를 해결하는 데 무능하다는 비판을 많이 받게 되었다. 중국에선 모든 노조들이 공산당 소속인 중국노총(中华全国总工会网站)의 산하 기관이므로 최근 들어서도 노조의 무력함은 크게 변하지 않은 상황이다.

중국의 기업의 국영화는 1956년 이루어지기 시작하였는데 노동자들의 이해와 정부의 장기적 이익을 결부시키는 것으로서 노동과 정부간의 갈등을 영원히 와해하는 데 공식적 목적성이

---

[26] 유정엽. "전임자, 복수노조 문제를 포함한 노사관계로드맵 등 제도개선 형안과 노동운동의 대응", 전 국금속노동조합연맹, p. 67

[27] Sheehan, Jackie. Chinese Workers: A New History, USA: Routledge (1998), pp.24-5

있는 것이었다. 이러한 노사관계 체계 안에서 작업장 간의 이동이 불가능하게 되었고 공장은 의료보험, 숙소, 교육을 비롯한 각종 혜택을 주는 원천이 됨으로써 정부와 노동자들이 단단히 밀착하게 되었다. 정부와 노동자간의 마찰이 불가능하다는 이러한 이론적 조건 하에서는 노조의 위력이 대폭 위축될 뿐만 아니라 노조 간부들이 당으로부터 승진의 기회와 다양한 혜택을 받게 되면서 일반 노동자들이 불이익도 당했다는 것은 역시 사실이다. 이러한 노조 내 당원들은 전국에 매우 복잡한 연결망을 구성했으며 무엇보다도 쟁의행위를 예방하는 역할을 맡게 되었기 때문에 노동자들의 불신은 엄청나게 쌓였다. 그러나 쟁의행위 예방장치가 이렇게 대규모로 마련되어 있었음에도 100% 산업분규의 구현을 방지할 수 없었고 동시에 백화제방이 실행되고 있었기에 1956-7년 사이 노동자 데모가 빈번히 벌어졌다[28].

노동자들은 자본주의보다 사회주의 하에서 더욱 약화되었고 공산당은 날로 넓어지는 노동과 자본간의 차이를 좁히기 위하여 1965년까지 다양한 대책을 시도하였다. 8차 당대회에서 백화제방 시기 생겨난 노동의 불만을 해소하기로 하였는데 이때부터 사상을 강조하기보다 노동자들의 당면 문제를 낱낱이 해결하려는 노력이 펼쳐지기 시작하였다. 1958년부터 단행된 대약진은 일부 이러한 목적성에 부합하였지만 결과적으로 실패하였기 때문에 노동자에 기여한 바가 거의 없었다. 전체적으로 보면 문화혁명이 발생하기 전까지 노동권리가 크게 개선되지 않았다고 할 수 있다.

1966년 중반 사회주의에 반대하는 외제잔재를 제거하고 반국가적 음모를 찾아 내기 위하여 자행된 문화혁명은 노동측에 매우 중요한 전환일 뿐 아니라 노동운동을 본질적으로 변화시키게 되었다. 첫 단계에서는 문화혁명이 공장에서의 '청렴'을 보장하는 목표를 갖고 있었는데 이는 당에서 보낸, 작업장 내부 상황을 감시하는 사찰단에 의하여 진행되었다. 청렴을 심는 작업은 노동자든 사용자든 많은 사람이 심리적 또는 신체적 잔혹행위를 당하게 만들었다. 최종적으로 이러한 감시는 당에 복종하는 사용자와 당의 노선에 대한 불만을 가지고 있었던 '반역자'간의 파벌적 갈등을 빚었다. '반역자'들은 놀랍게도 일시적으로 작업장에서 상당한 위상을 취득하게 되고 사용자들이 근무조건에 있어서 많은 양보를 하게 되었기 때문에 진지한 노동 운동처럼 조직화되기 시작하였다. 공산당은 이에 곤두세웠는데 노조의식과 노동운동, 즉 사회주의에서 전복사상으로 여겨지는 소위

---

[28] Sheehan, Jackie. Chinese Workers: A New History, USA: Routledge (1998), p. 71.

'경제주의'를 군사-무력적으로 견제 함으로써 안정을 다시 확보하였으며 작업장에서의 안정을 계속 유지하기 위하여 군사 감시단을 거의 공장마다 배치하였다. 노동은 문화혁명 시기에 결국에 공산당의 탄압에서 벗어나지 못하였다는 것이 사실이지만, 문화혁명은 사용자의 정당성 위기를 불러일으키고 노동운동의 기억을 형성하는 중요한 계기가 되었다. 뿐만 아니라 정부와 노동간 관계의 성격을 근본적으로 결정한 시기라고 해도 과언이 아니다.

이러한 배경은 1976년 덩샤오핑(鄧小平)이 집권할 수 있게 해준 노동자 데모의 동기라 볼 수도 있다. 마오쩌둥(毛澤東) 사상에 대한 좌절감, 삶의 질의 현저한 저하, 바닥에 떨어진 노동자들의 사기 등의 이유로 노동자들은 중국 좌파의 집권계승을 공개적으로 반대하고 덩샤오핑을 환영하게 되었다. 새 집권세력들은 개혁-개방을 표방함으로써 당의 정당성 위기를 초래하였는데 특히 '중국 노사관계의 민주성 결여'를 지적하는 지식인이 무수한 상황에서 이 위기를 극복할 수 있는 유일한 방법이 바로 노동에게 일정 권리를 부여하면서 노사관계에서 노동측의 이해가 편견없이 잘 반영되도록 하는 것이었다.

이론적으로는 '노사관계 민주성의 필요성'이 '경제 효율성과 경제성장'이라는 새로운 정치과제와 연결되었다. 그 동안 중국 경제 체제의 기반이었던 '철밥통'은 개방 당시에 경제 침체와 노동자의 비효율성의 원인으로 상정했기 때문에 즉각 정부의 결의에 따라 해체되었다. 뿐만 아니라 철밥통의 붕괴를 통한 외자증대가 기대되었다.

철밥통의 붕괴[29]로 인하여 전통적 밥줄이 끊긴 중국 노동자들은 생계를 유지하기 위하여 노조에 크게 의존하게 되었는데 정부에선 노조를 강화하는 조치를 취하였다. 더군다나 노동계약 제도의 도입은 고용관계를 맺고 그 조건을 결정하는데 노동과 자본에게 자율권을 부여하는 것으로서 불공평한 계약조건, 사용자에 의한 착취 등의 문제를 해결할 수 있는 공식적 고충처리 제도의 필요성을 부각시켰다.

호(Virginia Ho)가 설명했던 것처럼 도입 당시에 노동계약

---

[29] 철밥통 붕괴의 구체적 내용은 중국경제에서 시장요소가 허용됨에 따라 국영기업뿐만 아니라 외국기업 혹은 위자에 기대하는 많은 기업들이 정부의 개입없이 운영될 수 있도록 국가에 의한 고용 배치, 종신 고용 등이 폐지되었다. 이러한 사회주의 요소의 완화는 80년대 추반부터 점진적으로 계속 되어 왔 다.Frenkel, S. and Kuruvilla S. "Logics of Action, Globalization and Changing Employment Relations inChina, India, Malaysia and the Philippines." Industrial and Labor Relations Reviews. Volume 55, Issue 3,2002.4, p. 399

제도가 가지고 있었던 큰 문제들은 비숙련 노동자에게 불리했다는 것, 경제적 자립에 익숙하지 않았던 노동력의 존재, 노사관계에서의 사용자의 압도적 영향력/지배력 등 크게 세 가지였다. 이러한 한계를 없애기 위하여 노동쟁의중재 제도를 1987년 '국영기업 노동쟁의 처리임시규정'을 제정하면서 설립하게 되었는데 이는 몇 차례에 걸친 법률 개정에 의해 개선되었으며 지금까지 중국의 고유한 노사관계 제도의 기반이 되는 것이다.

쟁의중재 제도는 세 단계[45] 에 걸쳐 쟁의를 해결하는 제도라고 볼 수 있다. 물론 제도 수립 후의 상황은 고충처리 제도가 전무했던 전 상황에 비하여 노동자에 훨씬 유리하였지만 여전히 큰 문제를 내포하고 있다. 황경진이 지적했듯 시장화의 심화로 노사간 이해의 대립도 심화되고 쟁의건수가 증가하면서 '구제도 방식은 노동자의 합법적인 권익이 적절하게 보호를 받지 못하고 있다는 문제점이 제기되었다며 이는 '분쟁해결에 장기간 소용되고, 중재인원의 전문성이 부족하고, 수리 범위가 지나치게 좁고, 분쟁신청 시효가 짧고, 노동자 측의 과중한 비용부담'등으로 요약될 수 있다.

한국과 유사하게 90년대 초반-중반에 외국기업들이 중국의 풍부하고 저렴한 노동력을 활용하기 위하여 중국에 본사를 두기 시작했고, 그것이 중국 경제 활성화에 크게 기여함에 따라 중국 경제는 신자유주의와 분리할 수 없는 상황에 놓이게 되었다. 그러나 노동자들은 외국 기업의 유입으로 많은 불이익을 당하게 되었기 때문에 노동계약 제도 및 쟁의중재 제도를 개선할 필요가 생겼다. 특히 국제사회로부터 내부 인권 상황에 대해 비판을 많이 받고 있음을 고려할 때 한편으로 중국은 노동자 권리를 보장해야만 하지만, 동시에 진출해 있는 외국기업들이 다른 개발도상국으로 이동하지 않도록 대책을 신중히 고려하여 짜야 했다. 신노동계약법과 쟁의중재법이 문제에 대한 해결책이었는데 다음 장에서 다루어질 것이다. 종합해보면 중국의 쟁의행위권의 발전 과정, 즉 중국 노사관계 제도의 민주화과정은 50년대 기업 국영화부터 시작되고 문화혁명을 거치면서 조직화된 후 개혁개방과 함께 본격화되었다고 할 수 있다. 개혁개방은 철밥통의 붕괴를 가져 오고 외국 기업의 진출을 가능케 한만큼 경제적 세계화의 진행에 따라 중국 노동자들은 자신들의 이해를 보호하기 위하여 강화된 법적 조치가 필요하게 되었는데 이는 올해 발효된 신노동계약법과 쟁의중재법으로 귀착되었다. 다음 장에 중국 노사관계 민주 성에서의 이 법안들의 중요성을 검토해 보겠다.

2.2.2 신노동계약법과 쟁의중재법: 핵심내용 및 제한된 민주성에서의 의의

1994년 노동법 개정은 쟁의중재를 요청할 수 있는 이슈의 범위를 대폭 확대시켰음을 위에서 언급한 바 있다. 이와 더불어 중국노총은 중국 노동자들이 이 제도와 관련되는 법률에 정통하도록 전국적 교육 프로그램을 실시하였으며 기업의 착취도 끊임 없이 계속 되고 있었기에 쟁의중재 건수는 2000년부터 매년 눈에 띄게 증가하였다. 중국 통계에 따르면 노동분쟁 건수는 2000년 약 13만 건에서 2007년 68만 건으로 급증하는 추이를 보이고 있다고 한다[30]. 이 지표를 통하여 중국 노동자들이 이 제도들을 충분히 활용하고 있고 점차 중국 노사관계 민주성의 정도가 확대되고 있다는 것을 알 수 있다.

이러한 가시적 성과에도 불구하고 현재 제도는 모든 노동자들이 불만을 표출하고 쟁의를 해결하는 데 역부족이라고 앞서 지적하였다. 그리고 중국정부에서는 급속도로 많아지는 외국기업들의 중국 노동자 착취로 쟁의행위권 제도를 개선하라는 압박을 많이 받고 있다. 특히 호가 지적한 것처럼 외국기업들은 불과 중국 도시인구를 10%를 채용하지만 무려 노동쟁의건수의 대상의 60%를 차지하고 있다[31]. 따라서 신노동계약법과 쟁의중재법은 신자유주의의 확산에 대응하는 데 기존 제도의 부족한 점을 보충하는 대책으로 이해할 수 있다.

신노동계약법은 2008년 1월 발효되었는데 기존 노동계약 체계를 광범위하게 개혁하는 조치라고 볼 수 있으며 기존 제도의 많은 약점[32]을 보완하는 것으로서 쟁의 행위권의 실효성, 즉 쟁의중재를 할 때 노동자들의 입지를 강화하는 결과를 가져 올 목표로 세워진 방침이다. 개선된 사항 중에 가장 중요한 것은 아마도 문서화된 계약을 필수로 규정하는 것이다. 이는 쟁의중재를 할 때 효력이 없고 입증과정에서 도무지 기여하지 않았던 구두

---

[30] 파이낸셜뉴스. "中 진출한 경영난 中企 삽니다". 2008년 3월 27일

[31] Ho, V. Labor Dispute Resolution in China, USA: The Regents of the University of California (2003), p.118.

[32] 기존 노동계약 제도는 계약작성 절차를 구체적으로 설정하지 않고 해고를 할 때 사용자가 밟아야 할 절차만 명시하였다. 따라서 이 제도 하에 맺어진 계약들은 일반적으로 구조, 조건 등의 측면에서 일관성이 결핍하였으며 쟁의를 할 때 증거로 사용되지 못했다는 등의 문제가 생겼다. Cooney, S, et. al., "China's New Labour Contract Law: Responding to the Growing Complexity of Labour Relations in the PRC", University of New South Wales Law Journal, Volume 30, Issue 3, 2007, p. 787.

계약(verbal contract)이 많이 맺어지는 추세를 막는 조치라고 볼 수 있다. 이외에도 많은 부분이 개선되었다. 한 가지 짚어봐야 할 것은 종신 고용 (무기한 고용계약) 제도[33]의 확립인데 이로써 사용자들이 계약을 결정할 때 노동자의 권리를 더 이상 소홀히 고려할 수 없는 처지에 봉착하게 되었다. 신노동계약법의 시행에 따라 노동분쟁이 크게 증가될 것이 예상되는데 이를 '효율적으로 처리하기 위하여 제도개선이 시급하다는 목소리가 커지게 되었으며[54] 이러한 배경하에 쟁의중재 법이 공포되었다. 쟁의중재법의 통과로 노동자들의 쟁의행위권이 신장될 부분은 노동분쟁 적용 범위의 확대, 노동분쟁중재신청 시효 연장, 중재기간 단축, 입증책임 사용자 부담 및 중재비용의 무료화 등 크게 다섯 가지로 이해할 수 있다[34]. 이로 인하여 중재제도를 활용할 노동자가 많아질 것이 예상될 뿐만 아니라 대상 기업의 인건비가 크게 증대될 것도 불가피한 결과인 것 같다. 그만큼 쟁의중재법을 '쟁의촉진법'이라고 부르는 목소리가 적지 않다.

　이 법안들의 심각성은 중국 내 외국 기업들의 반응에서 아마도 가장 잘 반영된다. 올해 재중 한국기업들을 대상으로 한 대한상공회의소의 조사에서는 변화되는 중국 기업환경에서

---

[33] 종신고용은 두 가지 상황 하에 적용된다. 첫째는 10 년 이상 근무한 노동자들과 필수적으로 무기한 계약을 맺어야 되고 둘째는 벌써 두 번 기한계약을 맺은 노동자들이 세번째로 맺은 계약은 무기한 계약이어야 한다. ibid., p. 66
[34] 노동분쟁 적용 범위의 확대는 '고용'의 의미가 애매모호해서 심판과정이 좌절된 전례 때문에 '노동관계 확인으로 발생한 분쟁'이라는 조항이 추가되어 중재를 요청할 수 있는 분쟁의 경우가 대폭 확대된 내용이다. 노동분쟁중재신청 시효 연장은 현행법에 따라 '노동분쟁이 발생한 날로부터 60 일 내에 중재를 신청해야 한다'는 조건을 완화하는 것인데 노동분쟁의 원인이 복잡한 경우 시효기간의 경과로 권리구제의 기회를 상실하게 된 노동자가 늘어남에 따라 중재신청 시효기간을 1 년으로 연장하는 것이 다. 중재기간 단축은 '구제도하에서 노동분쟁 처리에 많은 시간이 소요되고 노동자의 합법적인 권리를 보호하는 데도 지나치게 비용이 많이 든다는 지적이 줄곧 제기되어 왔음에 따라 [쟁의중재법]이 중재 기한을 단축하여 '중재신청을 받은 날로부터 45 일 이내에 재결해야 한다"는 내용이다. 입증책임 사용자 부담은 중국 민법에 따라 '노동분쟁이 발생할 후 당사자는 자기가 제기한 주장에 대하여 증거 제공의 책임이 있다'고 규정되었 있는데 문제는 '노동자가 입증할 수 있는 자료가 대부분 가해자인 사용자 측에 치우쳐 있기 때문에 피해자인 노동자는 사용자의 가행행위나 인과관계 또는 고의·과실 등은 주장 하면서도 제대로 입증할 수 없는 경우가 많기 때문에 쟁의중재법에서는 '사용자가 지배하고 있는 증거를 노동자가 제공할 수 없는 경우, 중재정은 사용자에게 일정 기한 내에 증거를 제공할 것을 요구할 수 있고, 사용자가 지정된 기한 내에 제공하지 않는 경우 불리한 결과에 대해 책임을 진다' 규정되어 있 다는 내용이다. 마지막으로는 중재비용의 무료화는 경제적으로 열악한 지위에 있는 노동자들을 위하여 중재비용의 부담을 없애는 것이다. 황경진. "중국 '노동분쟁노정중재법'의 입법 배경 및 주요 내용", 국 제노동동향, 제 5 호,

앞으로의 경영전략 및 중국 내 자신의 기업의 전망에 대하여 물었다. 이 결과를 통하여 노동자의 쟁의행위권이 얼마나 확대되었는지 알 수 있다. 우선 전반적 중국 기업환경 전망에 대하여 29.1%의 기업들이 '크게 악화될 것이다'라고 응답했고, 56.7% '악화될 것이다'라고 답했으며 '변화가 없을 것이다', '호전될 것이다', '크게 호전될 것이다'라고 답한 나머지 기업들을 합치면 14.2%에 불과하였다. 이는 2007년 3월 같은 질문에 대하여 '크게 악화되겠다'던 기업은 9.5%, '악화되겠다'던 기업들이 23.6%, 나머지 기업들은 56.9%를 차지한 것을 감안하면 이 법률들이 미칠 영향을 쉽게 파악할 수 있다. 경제를 악화시킬 요인에는 '높은 인건비'가 가장 많이 꼽혔는데 이는 제도개선을 통하여 당연히 올 결과라고 본다.

중국 노동자들은 제도개선을 통하여 많은 혜택을 누리게 될 것임이 분명하지만 중국경제는 큰 타격을 입을 가능성도 매우 높다. 대중(對中) 외자는 1983년과 2004 년 사이에 무려 36배나 증가한만큼 중국경제의 긴요한 요소가 되었다 [35]. 중국정부는 부득이 노동자 권리를 강화할 수밖에 없는 상황에서 어떻게 외국투자를 최대한 많이 살릴 수 있을까? 이 질문에 대한 답은 역설적으로 올해 시행한 법률들에서 찾을 수 있다. 왜냐하면 신노동계약법과 쟁의중재법은 노동자들에게 권리구제의 기회를 제공 하지만 권리구제 및 불만표출의 가장 중요하고 효율적인 방법인 파업권과 결사의 자유, 즉 외국기업들을 가장 긴장시킬 수 있는 권리를 부여하지 않았다. 그만큼 그동안 아무런 강한 권리도 행사할 수 없었던 중국노동자들에게 무척 좋은 것처럼 보일 수도 있지만 실질적으로는 파업권-결사자유권의 부여를 늦추거나 뒷전으로 미루는 측면도 있다[36]. 이러한 면에서는 쟁의중재법과 신노동계약법은 '제한된 민주성'의 노사관계를 구축하는 효과를 가져올 것이다. 말하자면 중국이 노동기본권을 부여할 의무가 있지만 지속적으로 쟁의중재제도를 발전시킴으로써, 즉 이 제도를 통하여 노동자에게 유리한 판정을 최대한 많이 줌으로써

---

[35] Chow, G. China's Economic Transformation, Australia: Blackwell Publishing (2007), p. 330.

[36] 중국은 국제노동기구(ILO)회원국으로서 국제법상으로 이 두 가지 기본권(제 87 협약, 제 98 협약)을인정할 필요가 있지만 오히려 교묘한 논리를 통하여 '현재 법의 테두리 안에서' 인정된다고 반론한다. 이는 노동기본권이 부여될 경우 노동운동의 활성화 또는 노동 '계층의식'의 형성에 대한 중국정부의 큰걱정을 반영한다. Kent, A. "China, International Organizations and Regimes: The ILO as a Case Study in Organizational Learning", Pacific Affairs, Volume 70, Issue 4, Winter 1997-1998, pp. 522-4.

노동기본권을 인정하지 않는 것을 정당화할 수 있다. 이 기본권 없이 중국 노동은 지속적 성장 가능성이 매우 희박해 보인다. 따라서 이들 법안들은 중국 노사관계의 제한된 민주성을 환기시키고 있는 것으로 해석된다.

특히 올해의 개선에도 불구하고 노동자들은 노조에 대한 공산당의 조직적 침투력, 중재대표자의 전문성 부족 등의 문제들이 여전하기 때문에 권리구제가 완전히 보장된다고 보기가 어렵다. 단기적으로는 노동자들의 입지를 크게 강화하고 중국 노사 관계의 민주성을 향상하는 것임이 사실이지만 궁극적으로는 현행 제도가 확립되면 노동기본권을 부여받는 데 큰 지장으로 적용될지도 모른다. 따라서 중국의 쟁의중재 제도 개선들은 제한된 민주성으로의 중국 노사관계의 첫걸음이라고 볼 수도 있다.

3. 결론: 비교분석

한국과 중국의 노사관계는 신자유주의로 법-제도적으로 많은 변화를 겪고 있다는 것을 앞서 살펴 본 바 있다. 한국정부는 노사관계 로드맵을 통하여 쟁의행위권을 견제하려는 반면 중국정부는 고유한 고충처리 제도를 신노동계약법과 쟁의중 재법을 통하여 확립하면서 노동기본권의 인정을 미루려는 노력을 하고 있다. 이러한 현상들이 어떻게 '수렴론 대 다양성이론' 담론과 연관이 되는지 지금 살펴 보겠다.

양국에서 일어나는 현상을 비교해 보면 많은 측면에서 다양성이론이 적용되고 있다는 것은 얼추 보더라도 확인할 수 있는 것이다. 제도적으로는 중국이 파업을 대신 하는 자신의 고유한 '3심'의 고충처리 제도와 그 제도를 작동시키는 규정을 구축하는 반면 한국은 '사회통합적 노사관계'를 지향하면서 노동기본권을 계속 인정하는 것이다. 이들 제도의 결과 면에서도 차이점이 나고 있다. 중국에서는 노동분쟁 건수가 지속적으로 증가하고 판정이 점차 노동자에 유리하게 기울어질 것으로 추정되지만 한국에서는 노사관계 로드맵이 통과될 경우 정부의 희망대로 되면 노동분쟁 건수가 다소 감소할 것으로 예상된다.

외국 기업-투자자들의 반응이 수렴될지 혹은 다양해질지는 앞으로 지켜 볼 사항이다. 양국의 입안들은 노사관계에서 필요한 조정을 하면서도 최대한 외자유치에 친한 경제환경을 조성하는 목적이 있지만 과연 외자를 다시 끌어드릴 위력이 있는지 여부 가 아직 불투명하다. 올해 중국에서는 상당수의 중소기업들이 청산을 발표하거나 야반도주를 하게 되었고 한국 경우에는 굳어진 강성노조의 이미지를 극복할 수 있을지 여부도 법안 통과 후에만 알아볼 수 있을 것이다.

    한편으로는 수렴론도 적용되고 있다고 할 수 있다. 이미 설명한 바가 있지만 양국에서 새로운 대안들로 인하여 쟁의행위권의 적용범위에 기초한 노사관계의 민주성이 제한되는데 중국에서는 고충처리 제도와 권리구제 방법에 대한 중국 노동자의 요망을 만족시키면서도 궁극적으로 노동기본권의 인정을 방지하는 쟁의중재 제도의 강화, 한국에서는 노골적으로 파업의 실효성 저하 등의 효과를 가져올 수 있을 노사관계 로드맵이 바로 그 조치들이다.

    경제적 신자유주의는 다양한 부작용을 불러일으킬 수도 있음에도 일관되게 국가들로 하여금 외국투자자의 필요성을 절감하게 만드는 효과를 가져오기도 한다. 중국과 한국 같은 경우에 이러한 압박으로 지속되는 경제성장에 필요한 요소, 노동자의 권리를 보호하는 노력 등의 이해관계를 조정할 수 있는 방안을 모색해야 할 상황에 처하게 되었는데 이 과정의 산물은 바로 노사관계의 민주성을 각기 다른 식으로 제한하는 노사관계 로드맵, 신노동계약법과 쟁의중재법이다. 앞으로 몇 가지 질문들은 연구과제로 남아 있다. 첫째는 본 연구에서 중국과 한국 경우에 한해서 쟁의행위권에 대한 신자유주의의 영향력을 검토해 봤는데 여타 국가에서도 유사한 현상이 일어나고 있는가는 알아볼 필요가 있다. 둘째는 현 시점에서 '제한된 민주성'의 노사관계 제도는 과연 외국인 투자자의 투자심리를 살리는 수 있는 지도 역시 장담할 수 없는 부분이다. 정부측에서 아무리 그러한 의도가 있다고 해서 결과는 의도한 바와 일치하지 않을 수도 있다. 셋째는 '제한된 민주성'의 노사관계 제도가 궁극적으로 노동 측의 반발을 무마할 수 있는지도 흥미있는 연구주제가 될 수 있다.

참고문헌

권기홍. "노사관계 선진화를 위한 정책적 노력 강화", OECD Focus, 제1월호, 2004, pp. 32-38.

문병주. "세계화시기 한국의 노사관계와 복지체제 변화: 생산레짐적 시각에서의 재조 명", 한국거버넌스학회보, 제14권 제2호, 2007.8, pp. 87-114.

유정엽, "전임자, 복수노조 문제를 포함한 노사관계로드맵 등 제도개선 현안과 노동운 동의 대응", 전국금속노동조합동맹, pp.66-69.

이진우. "노사관계로드맵: 조직노동자에 대한 전면공세", 정세와노동 제10호 2006.2, pp. 24-34.

파이낸셜뉴스. '中진출 기업 30%청산 고민'.2008.2.20.
파이년셜뉴스. '외국기업 한국 임금 너무 비싸'. 2008.3.4.
황경진. "중국 '노동분쟁노정중재법'의 입법 배경 및 주요 내용", 국제노동동향, 제5 호, pp. 91-99.
Bamber, G et al., "Globalization and Changing Patterns of Employment Relations: International and Comparative Frameworks", 노동정책연구, Volume 4, Issue 2, 2004, p.45-68.
Chow, G. China's Economic Transformation, Australia: Blackwell Publishing (2007).
Cooney, S. "Making Chinese Labor Law Work: The Prospects for Regulatory Innovation in the People's Republic of China.", Legal Studies Research Paper No. 282, University of Melbourne, 2007.
Cooney, S. et. al. "China's New Labour Contract Law: Responding to the Growing Complexity of Labour Relations in the PRC", University of New South Wales Labour Journal, Volume 30, Issue 3, 2007, pp. 786-801.
Frenkel, S. and Kuruvilla, S. "Logics of Action, Globalization and Changing Employment Relations in China, India, Malaysia and the Philippines.", Industrial and Labour Relations Reviews, Volume 55, Issue 3, April 2002, p. 387-412.
Han, B. and Kim, B. "A Study on Human Resource Management Strategy of Foreign Shipping and Port Logistics Companies Under the China's New Labor Contract Law: Focus on Contents and Countermeasures", Journal of Korea Port Economic Association, Volume 24, Issue 2, 2008. pp. 43-69.
Ho, V. Labor Dispute Resolution in China. USA: The Regents of the Universit of California, 2003.
Howard, P. "Rice Bowls and Job Security: The Urban Contract Labor System", Australian Journal of Chinese Affairs, Volume 25, January, p. 93-104.
Josephs, H. Labor Law in China. New York: Juris Publishers (2003)
Kent, A. "China, International Organizations and Regimes: The ILO as a Case Study in Organizational Learning." Pacific Affairs, Volume 70, Issue 4, Winter 1997-1998, pp. 517-532.
Kim, D. and Kim, S. "Globalization, Financial Crises and Industrial

Relations: The Case of South Korea", Industrial Relations, Volume 42, Issue 3, July 2003, pp. 341-367.
Kim, D. et. al, "Globalization and Labor Rights: The Case of Korea" in Globalization andLabour in the Asia Pacific Region, Portland: Frank Cass (2000), pp. 133-153.
Koo, H. "Work, Culture and Consciousness of the Korean Working Class" in Putting Class in its Place, Worker Identities in Asia. USA: The Regents of the University of California. (1996), pp. 53-76.
Kwon, O. "Korea's Economic Policy Framework in the Globalization Era" in Korea's NewEconomic Strategy in the Globalization Era. Cheltenham: Edward Elgar (2003), pp. 29-49.
Lee, C. "Law and Labour-Management Relations in South Korea: Advancing Industrial Democratisation" in Law and Labour Market Regulation in East Asia. London: Routledge. pp. 215-245.
Lee, W. and Lee, B. "Industrial Relations and Labor Standards in Korea" in Korea's NewEconomic Strategy in the Globalization Era. Cheltenham: Edward Elgar (2003), pp. 173-191.
Locke, R.M. "Reconceptualizing Comparative Industrial Relations: Lessons fromInternational Research", International Labour Review, Volume 134, Issue 2, 1995, pp. 139-161.
Lu, H. "New Developments in China's Labor Dispute Resolution System: Better Protection for Worker's Rights?", Comparative Labour Law & Policy Journal, Volume 29, Issue 3, Spring 2008, pp. 247-268.
Sheehan, Jackie. Chinese Workers: A New History. USA: Routledge (1998).Tat, Y. "Labor and Neo-Liberal Globalization in South Korea and Taiwan", Modern AsianStudies, Volume 39, Issue 1, 2005,pp. 155-188.
To, L. Trade Unions in China. Kent Ridge, Singapore: Singapore University Press (1986). Walder, A. "The Chinese Cultural Revolution in the Factories: Party-State Structure andPatterns of Conflict" in Putting Class in its Place; Worker Identities in Asia. USA: TheRegents of the University of California (1996), pp. 167-198.

Xinping, G. "Social Welfare Reform in China: The Impact of Globalization" in Contemporary China: The Dynamics of Change at the Start of the New Millennium. London: RoutledgeCurzon (2003), pp. 113-126.

Yunqiu, Zhang. "Law and Labour in Post-Mao China", Journal of Contemporary China, Volume 14, Issue 44, 2005, pp. 525-542.

-------, Law of the People's Republic of China on Mediation and Arbitration of Labor Disputes.

북한의 대체에너지 지원에 관한 연구

남궁선 /Sophia Namkung

MA, Korean for Professionals, University of Hawai'i at Mānoa, 2009
MBA, University of Hawai'i at Mānoa, 2004
BA, Art History, Wellesley College, 1995

Alternatuve energy aid to North Korea

North Korea's energy crisis stems from several domestic and foreign factors. Since the collapse of the Soviet Union and the gradual economic reform of the Chinese economy, North Korea's energy aid which included replacement parts for power generation plants has either been halted altogether in the case of the Soviet Union or has been decreased in the case of China. Internally, North Korea has tried to be self-reliant as espoused by their Juche policy, but the North Korean state was not set up to be independent. At its birth, North Korea was a client state of the Soviet Union and greatly relied on the Soviets for material aid during the Korean War up to the collapse of Communism on December 8, 1991 when the Soviet Union was formally dissolved. The solution to the energy crisis is to turn to small, alternative energy projects such as wind turbines that can generate electricity for even the most remote regions of the country. The electric power can be used to restore North Korea's agricultural productivity and to keep the health of its people. Today's civilization is built on electricity. Electricity is needed to pump clean water, to refrigerate perishable foods and medicines, and to power the factories and offices that run modern day society. Unfortunately, the restoration of North Korea's energy supply cannot occur in the current political environment.

I. 서론

에너지문제 전문가와 서방 외교관들이 2009년 3월 16일에 개최한 북한관련 회의에서 북한의 전력난이 식량난이나 김정일의 건강문제와 비슷한 비중으로 북한의 체제를 위협하고 있다고 경고했다.[1] 북한은 1992년 부터, 초 자연에너지 개발이용 센터를 설립하면서 대체에너지 개발에 나섰다. 이는 에너지 인프라 개보수나 발굴 없이는 생존이 불가능하다고 인식한 것으로 해석된다. 그리고 2005년 부터 외국과 에너지 협력을 위해 중국과 해상 석유공동개발 협정을 체결하고 동년 아일랜드계 석유탐사업체 아니낵스와 북한의 국영 천연자원업체 코브릴과 북한 내 석유탐사에

---

[1] 연합뉴스. "북한 전력난이 체제위협 요인," http://app.yonhapnews.co.kr/YNA/Basic/Article/Print/YIBW_showArticlePrintView.aspx?contents_id=AKR20090316051600009 (검색일: 2009.5.15)

관한 협정을 체결했다.² 2005년에 이루어진 협정은 북한의 원래 태도와 많이 벗어났다고 본다.

　세계에서 가장 폐쇄적인 국가, 조선민주주의인민공화국 (이하 북한)은 15여년 간 에너지난을 경험해왔으며, 그 결과로 북한 주민들은 식량난과 경제불황을 겪었다. 구 소비에트 사회주의 공화국연방 (이하 소련)이 붕괴되면서 세계의 공산권이 무너졌으며 소위 공산국가 중국도 경제 개혁, 개방으로 자본주의의 영향을 받게 되었다. 그래서 북한의 후원국인 소련과 중국은 각각 1991년과 1994년에 에너지 지원 및 산업 부양을 축소하거나 중단했다. 그렇다고 해서 북한이 자유세계를 주도하는 미국에 도움을 요청하기란 힘든 형편이다. 아직 두 나라 사이에 존재하는 한국전쟁 이후의 적대적인 관계가 해소되지 않았고, 북한은 지금까지의 식량난을 자주정책 주체사상 아래에서 해결하려고 했다. 그러나 그 결과는 반복되는 식량난으로 빚어진 절대빈곤의 상태였다. 이러한 북한의 인도주의적 위기를 방지하기 위해서는 확실한 에너지 공급과 인프라 개발이 시급하다.

　지금까지 북한은 6자회담과 남북교류를 통해서 중유(HFO: Heavy Fuel Oil)지원을 받아 왔으나 이같은 연료 지원만으로는 북한 경제나 에너지 안보를 보장할 수 없다. 북한에 대한 에너지 지원이 한반도의 비핵화 진행과정인 6자회담과 밀접하게 연결돼 북한의 에너지 공급문제가 쉽게 해결되지 않을지 모른다. 중유지원과 동시에 대체에너지의 공급을 확대시키면 수요와 공급의 차이를 감소시킬 수 있으며 주변국가의 북핵 프로그램에 대한 우려도 감소할 수 있을 것이다. 그러나 6자회담과 남북정상회담에서는 대체에너지에 대한 논의가 거의 이루어지지 않고 있으며 전통적인 에너지 지원방식에만 의존하는 근시안적인 정책을 운용하고 있을 뿐이다.

　본 연구는 북한에 대체에너지의 공급과 이를 위한 인프라를 지원함으로써 북한 사회가 지금의 심각한 에너지난을 타개할 수 있다는 전망을 제시하고자 한다. 북한은 태양열, 풍력, 조력, 지열 등 다양한 대체에너지 개발에도 노력을 보이지만 에너지난을 극복하기 힘든 실정이다. 미국의 민간 안보전문연구기관 싱크탱크 '노틸러스 연구소'(Nautilus Institute) 는 지난 1992년부터 북한 지역에서 풍력에너지 사업을 추진해왔다.³ 2000년 1월 8일 연합뉴스의

---

2 이한희, "바이오가스와 남북한 新에너지협력: 국제기구와의 협력을 중심으로," 『Issue Paper』 (2007.8.27), p. 15
3 The National Committee on North Korea, "Renewable Energy in the DPRK," http://www.nautilus.org/fora/security/09007NCNK.pdf (검색일: 2009.2.18)

보도에 따르면, 평남 온천군 서해안 지역에 7 기의 소형 풍력발전기를 건설하였고, 평양시 강서 구역에 200 개소, 황해남도에 190 여개소의 풍력발전소를 건설한 것으로 추정되고 있다. 또한 황해남도에 100 여개의 조력발전소를 건설하였으며, 평북 철산군 등에 조력발전소를 추가 건설 중인 것으로 추정된다.

본 논문은 평안남도 운하리 일대의 사례 연구를 통해 중유지원 대신 대체에너지 지원에 대한 가능성을 검토하고자 한다. 대체에너지 장치는 석유시설과 달리 외국 전문가들이 와서 설치해야 하므로 외부인과 접촉을 통해 북한사회를 완만하게 변화시킬 것이라는 기대를 할 수 있다. 농촌에 위치한 에너지망을 회복하는 것은 북한 주민들의 생존을 복위시키는 것이다. 또한 대체에너지를 후원함으로 환경보호에도 도움이 된다. 북한의 신에너지 경험을 다른 나라에서도 경험할 수 있도록 계획한다면 북한도 정당한 방법으로 수출할 수 있는 길을 열게 된다. 이렇게 된다면 북한의 위법행위를 막는 효과도 있다.

이에 대한 가능성은 2007 년 삼성경제연구소에서 발표한 이한희의 『바이오가스와 남북한 新에너지 협력: 국제기구와의 협력을 중심으로』에서 볼 수 있다. 이 연구는 북한 주민들이 심각한 에너지난으로 기본적인 생계조차 유지하기 어렵다는 점을 언급하면서 생활전력 확보를 위한 한 가지 수단으로 바이오가스를 이용한 대체에너지 개발과 구성을 제시하고 있다.[4] 이 선행연구는 대체에너지에 대한 혜택을 통해 북한이 폐쇄국가라는 명칭을 벗어날 수 있도록 도와줄 것으로 기대된다.

기존 연구들은 북한 에너지 공급에 대해 남북한 협조라는 틀에서 다뤘으나 북한의 재생 가능 에너지 지원에 대해서는 다루고 있지 않다. 지금까지 노틸러스 연구소가 소규모 풍력 발전기 프로젝트에 대해 보고하고 있지만 미국의 대체에너지 지원만 언급할 뿐, 실행은 하지 않고 있다.

하와이 대학교 한국어 인터넷 수집에서 자료를 검토했으며 주로 사용한 한국 웹 사이트는 에너지경제연구원, 극동문제연구소, 통일부, 등이다. 영문 자료는 북한에 대한 문제를 다루고 있는 연구소의 자료를 참조했다. 북한 실태조사를 하기 어려웠고, 이는 이 연구가 갖는 한계점이다.

2. 북한의 에너지에 대한 현황

이 장에서는 실제 북한 에너지에 대한 현황을 살펴보고자 한다. 변화한 국제질서와 배타적인 태도로 북한이 고립된 상황이기 때문에

---

[4] 이한희, (2007), p. Executive Summary

흔히 내부적 사정을 알 수 없으나 중국 관계자, 국제기구, 비정부 단체, 탈북자들의 진술을 통해 북한의 에너지 상황을 파악할 수 있다. 북한의 인구, 대다수의 산업시설과 농업은 서해와 동해 연안 평지에 집중돼 있다. 2,300 만명 북한 주민 중 60%가 도시에 살고 있고, 40%는 농촌에서 생활한다.[5] 논총 지역은 전력 사용지역과 멀리 떨어져 있기 때문에 에너지 공급을 받기 힘들다.

2.1 에너지 공급과 소유에 대한 상황

위성사진을 통해 우리는 북한 에너지에 대한 장기적 사정을 한 눈에 인식할 수 있다. 그림 1을 보면 주변국인 한국, 일본, 중국과 비교해 북한은 수도권 평양만 위성에서 밝게 보이며 나머지 지역은 검은 공백으로 나타나고 있다. 그리고 시간이 갈수록 전력문제가 심화되고 있다는 것을 알 수 있다. 북한의 수도인 평양에 대한 에너지 부족 문제는 상대적으로 농촌에 비하면 덜 심각한 것으로 보인다. 요컨대 북한은 에너지 부족으로 수요와 공급이 불균형 상태에 빠져 있다는 결론을 내릴 수 있다.

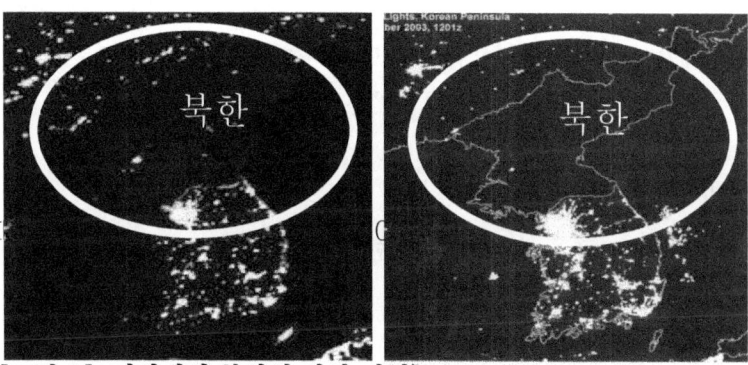

[그림 1]: 지상에서 북한의 야간 전력[6]

위성사진 외에도 북한이 에너지난을 겪고 있다는 사실은 중국과 구소련 및 러시아의 에너지 지원 및 무역 통계를 통해 알 수 있다. 1987 년부터 1993 년까지 소련, 러시아에서 수입 하는 원유가 감소됐다. 예를 들면 1990 년에서 1993 년까지 러시아의 원유

---

[5] Von Hippel, David and Peter Hayes (2007), "Fueling DPRK Energy Futures and Energy Security: 2005 Energy Balance, Engagement Options, and Future Paths," *The Nautilus Institute Report*. P. 3

[6] GlobalSecurity.org 웹사이트에 미국국방부의 국방기상위성 프로그램(Defense Meteorological Satellite Program)을 통해 기상에서 북한의 야간 전력을 볼 수 있다. http://www.globalsecurity.org/military/world/dprk/dprk-dark.htm

수입이 1/10 로 하락했고 지금은 거의 수입하지 않고 있다. 중국으로의 석탄 수출은 1988 년에서 1993 년까지 지속적으로 감소했는데 이 사실은 수출하지 않은 석탄이 북한 내에서 흡수되는 것을 의미하는 것은 아니다. 오히려 생산량이 떨어졌다는 것을 뜻한다. 그러나 2005 년에는 중국의 직접 투자로 중국으로 수출하는 석탄과 원료 수출량이 증가하였다.[7] 최근에 에너지 부족 문제를 극복하기위해 농업분야에서는 농촌 지역의 땅을 넓게 재조정 하고 중력 관개용 수로를 설치함으로써 관개용 펌프의 에너지 사용률을 감소하기 위한 새로운 건설을 한 것이다. 그리고 서쪽에 근해 지역에서는 풍력으로 가공하는 수로펌프를 사용한다는 보도가 있었다. 또한 에너지 집약적인 농업기구를 사용하지 않고 사람의 손이나 가축을 이용한 농업을 실행하고 있기 때문에 북한의 농업생산량이 급락 한 것이다.[8]

에너지 수요와 공급의 균형이 능률적으로 발전되지 않으면 두 가지의 문제가 일어날 수 있다. 첫째 석유나 석탄 자원이 부족하면 전력이 충분한 양 만큼 발전이 되지 않아 발전장치를 예비용으로 돌린다. 북한의 에너지난에게 기여하는 것은 북한도 남한처럼 석유자원이 없다 보니 석유와 석탄을 수입하게 된다. 북한은 석탄을 채굴하고 있지만 자연재해로 많은 탄광이 물에 잠겨 폐광이 됐다. 잠긴 물을 빼내려면 펌프를 사용해야 하는데 그 작업을 하기 위해서는 전력이 필요하다. 충분한 전력이 있으면 잠긴 물을 퍼서 다시 석탄을 채굴할 수 있다.

수력발전 공급은 2006 년과 1995 년을 비교하면 하락세가 뚜렷하게 나타난다. 수력발전량이 감소한 이유는 1996 년에 홍수피해 때문으로 분석된다.[9]

---

[7] Von Hippel(2007), p. 7

[8] Von Hipple, David and Peter Hayes, "Supporting Online Material for Energy Security for North Korea," http://www.sciencemag.org/cgi/data/316/5829/1288/DC1/1 (검색일: 2009.5.15)

[9] "North Korea," Global Energy Network.
http://www.geni.org/globalenergy/library/national_energy_grid/north-korea/northKoreaCountryAnalysisBrief.shtml (검색일: 2009.5.16)

[표 1]: 1990~2006 년 북한 에너지 균형 (비중)

	1990	1995	2000	2001	2002	2003	2004	2005	2006
석탄	69.2	68.6	71.7	71.2	70	69.3	59.9	61	86.9
석유	10.5	6.4	7.1	7.7	8	7.6	7.4	4	3.3
수력	15.6	20.5	16.2	16.3	17	18.2	18.9	5	5
기타	4.7	4.6	5	4.8	5	4.9	4.7	30	4.8
비중, %	100	100	100	100	100	100	100	100	100

출처:Trigubenko, M., G. Levchenko, S. Burova, (2006) "The Current Situation in and Energy Complex Structure of North Korea"; Von Hippel, David, (2007) "Fueling DPRK Energy Futures and Energy Security"

둘째, 북한 에너지 인프라가 황폐돼 가전 제품을 보호하기 위해 주민들은 계기용 변압기를 사용하고 있다. 표 1 에서 북한의 에너지 균형은 석탄에 집중해 있어서 화력발전으로 전력을 생산하는 것이 낙후된 시설을 더 빠르게 파손하는 것이다. 북한은 석탄을 세척하는 기술이 없기 때문에 석탄을 태우는 자체가 화력발전기에 물리적 손해를 입히는 것이다. 석탄을 세척함으로써 발전기에 효율성이 상승하고 전력의 비중이 높아진다. 소비용 측에서는 전기 변화성이 심한 편이어서 평등 180VAC 에 소비되지만 기존의 전압양은 220VAC 이다.[10] 전력을 조절하지 못 하면 생산자의 기구, 송전선 뿐만 아니라 소비자의 전자기구들도 파괴되기 쉽다.

북한의 에너지 부족현상은 기업소·공장의 70%가 전력부족으로 가동이 중단된 것에서도 살펴볼 수 있다. 발전소의 가동률 저하로 발전량이 절대적으로 부족하여 산업시설 가동률이 30~40%다. 3 일은 정지하고 4 일만 가동한다. 이 때문에 북한에서는 '3 정 4 가'라는 용어가 유행했다. 북한의 에너지난이 심각해서 우선 순위로 해결되어야 할 과제라고 본다.[11]

북한은 1995 년부터 지금까지 미국에서 5 억 4,970 만 달러에 달하는 중유지원을 받았으나 현재 사용되는 중유가 기존의 낡은

---

[10] Williams, James H., David von Hippel, and Peter Hayes(2000), "Fuel and Famine: Rural Energy Crisis in the Democratic People's Republic of Korea," Institute on Global Conflict and Cooperation Policy Paper #46, p. 25

[11] 김태영(1996), "북한의 에너지 개발과 활용실태." 『北韓』 제 8 호, pp. 162~163

전력 그리드에 더욱 압력을 가하고 있어서 전력 공급을 신뢰할 수 없게 만든다. 지원을 받음에도 불과하고 북한의 에너지 발전소는 중유지원을 흡수할 능력이 없어서 남은 중유는 땅에 묻어버린다는 보도가 있다.[12] 중유는 점성유체이어서 37.8C 온도에서만 파이프를 통과 할 수 있다. 이 과정에 가압증기기구가 필수여서 대규모의 사용에만 실용적이다.[13]

2.2 북한의 경제개발을 위한 주요 요소

정상의 에너지 공급 특히 전력은 현재 문명을 유지하는 데에서 필수 요소라고 본다. 전력 없이는 현대생활을 하기 어려우며 개인에서 사회까지 자유롭게 활동하지 못 하게 되어 상업, 농업, 등 분야에서 생산력에 타격을 받게 되고 따라서 나라가 흔들리게 된다. 이러한 상황 때문에 북한은 1994 년부터 식량난과 경제난을 겪고 있다.

북한은 무역 상대국가들에 원료를 수출하고 있지만 무기를 제외하고는 완제품을 생산한 것은 드물다.[14] 에너지난으로 인해 북한의 생산력을 악화시키고 있기 때문에 에너지 공급과 수요를 정상화하는 것이 시급하다. 북한의 주요 교역상대는 중국, 러시아, 이란, 일본이었으며 1990 년 통계를 보면 북한은 무역적자를 기록했다. 그러나 2009 년에는 납치자 문제로 인해 일본과의 무역관계가 중단됐으며 이란과의 교역은 무기 수출을 통한 석유 수입이기에 세계 감시가 있어 자유롭게 교역하기 곤란해졌다. 북한과 같은 반미체제 이념을 가지고 있는 이란도 핵개발 및 미사일 실험에 대해 감시를 받고 있다. 북한은 자주성을 주장하고 있지만 사실상 중국의 의존도는 매우 높다. 김일성이 북한을 건국할 때 자주성을 확보하기 위해 주체사상을 제정한 것에 불과하며 북한 체제가 외부의 지원에 의존하는 쪽으로 형성돼 지금까지 이와 비슷한 양상이 계속되었다. 처음에는 소련에 의지했고 지금은 중국과 국제기구에 의지하고 있다.

그러나 인구가 많은 국가도 국제사회에 의존하면서 경제개발 즉 경제성장을 지속한다. 북한도 자주성의 이데올로기를 개혁하면서 경제개발을 실행하는 것이 바람직하다고 본다. 국가의 생존은 국민에 달려있기 때문이다. 국민을 살리기 위해 정부는 국민이 정상적인 의식주 생활을 하도록 최소한의 장치를 마련해야 한다.

---

[12] Von Hippel(2007), p. 9

[13] Colligan, Tom. "Is 50,000 Tons a Lot of Oil?" http://www.slate.com/id/2159933/ (검색일: 2009.5.15)

[14] Von Hippel(2007), p. 6

경제개발의 주요 요소는 에너지이다. 앞서 언급하였듯이 에너지 수요와 경제성장은 밀접한 관계로 장기적인 추이를 볼 수 있다. 즉 소득이 상승하면서 에너지에 대한 소비도 증가하는 추세가 있다고 경제학자들이 주장하고 있다. 즉 개발도상국은 개발국과 비교해 상대적으로 높은 에너지 상관 비율을 반영하고 있다.[15][16]

산업과 농어업뿐 아니라 의료분야에서도 에너지 공급이 중대하다. 예를 들면 북한에서는 결핵환자들이 많아서 예방을 위해 백신을 맞는다. 그러나 백신은 냉동해야 하는 의약품이어서 전력 없이는 백신을 보관하기 어렵다. 그 외에도 전력 없이 병원을 운용하기는 불가능하다. 국민의 건강을 지키기 위해서는 전력 상황이 정상화되면서 경제개발에 대한 개혁·개방을 해야한다. 특히 북한이 자립적 민족경제를 지속적으로 강력하게 주장하고 있으면 에너지 복위를 함으로써 국민의 복지도 소생하는 것이 김정일의 체제유지에 필수적이다.

3. 북한을 위한 에너지 지원 형세

이 장에서는 미국이 북한에 대한 에너지 지원의 구성과 요인을 정리하고자 한다.

3.1 경제적 고립상태를 인한 불로운 에너지난

미국이 북한을 테러지원국에서 해제함으로써 북한은 국제기구나 국제협상에 참석할 수 있게 됐다. 지금 북한의 문제를 해결할 기회를 갖게 된 것이다. 그러나 세계체제로 진입하는 것이 쉬운 과정이 아니라고 보는 이유는 60여년 동안 북한은 자주정책을 수행함으로써 북한의 제도가 세계기구 수준과는 맞지 않기 때문이다. 세계은행에 가입하는 것도 5년이 소요될 것으로 전망된다.[17] 하지만 테러지원국리스트에서 해제되어서 북한은 지속적으로 많은 장벽에 직면할 것이다. 예컨대 바세나르 전략물자 수출통제협정(Wassenaar Agreement)은[18] 이름대로 이중용도품목 및 기술의 수출을 통제하는

---

[15] Kalicki, Jan H. and David L. Goldwyn et. al.(2005), *Energy & Security: Toward a New Foreign Policy Strategy*, Woodrow Wilson Center Press, p. 27

[16] 에너지 강렬 비율(energy intensity)는 Δ에너지 / Δ 실제 국내 총생산 의 방정식으로 인해 계산한다.

[17] Hayes, Peter, "The Sixth Party Talks: Meeting North Korea's Energy Needs," http://www.thebulletin.org/node/187 (검색일: 2009.4.21)

[18] 1996년 바세나르체제를 체결함으로써 테러국가로 지목된 국가들에 재래식 무기와 전략물자와 기술을 반출금지했다. 이 기구의 구성 특징은 민주주의 국가로서만 참속이 가능한다. 그래서 중국은 테러국가가 않이 지만 이주용도품목과 기술에 대한 통제가 중국 경우에 해당이 된다.

제도이다. 무기 및 국가적 전용이 가능한 생산품은 규제대상으로 될 수 있으나 참여 국가가 신중하게 협상을 지키지 않으면 법적 구속력은 없는 것이다.[19] 이러한 합의로 인해 북한은 소련이 붕괴하면서 발전소 및 에너지 전환 그리드의 부품들을 구하기 어려워졌다.

3.2 미국과 한반도의 비핵화로 인한 에너지 지원

북한은 핵개발로 인해 1차 북핵위기가 발생했고 미국의 대응은 1994년 제네바 합의였다. 제네바 합의를 통해 미국, 한국, 일본이 한반도에너지개발기구(KEDO: Korean Peninsula Energy Development Organization)를 설립한 후 북한에 대해 적극적인 에너지 지원을 시작했다. 미국은 중유와 KEDO의 행정비용을 분담하는 역할을 맡았다. 1995년에서 2002년까지 총 1억 370만 달러를 집행했다. 이에 따르면 해마다 중유 500,000MT이 북한에 공급된 것이다.[20]

미국이 북한의 에너지 지원에 대해 중유를 선호하는 이유는 원유 중에서 질이 가장 낮아 비용이 덜 들고 난방과 전력 외에 다른 용도로, 특히 군사적 목적으로 사용할 수 없다. 앞 장에서 중유의 부정적 특색을 묘사했듯 중유에 탄소와 황화물이 구성되어 성분에 따라 침전물이 생겨 문제가 발생할 수 있다. 가정적으로 사용되는 중유는 에너지 효용성이 높다고 알려 있지만[21] 실제 사용하는 방식을 보면 에너지 효용성이 매우 낮은 편이다. 이유는 북한의 전력발전소 구조 때문이다. 낮은 황화물인 석탄을 이용하는 것으로 건설돼 높은 황화물인 중유를 사용하기가 적합하지 않다. 소련-방식의 발전소여서 발전소에 문제가 생기면 교환 부품들을 얻는 것도 용이하지 않다. 미국 국무성에 따르면 이와 같은 발전소는 25% 정도의 효율성 있다고 한다.[22]

안타깝게도 2002년 10월에 KEDO의 이사회가 중유 지원을 중단하기로 결정을 내렸다. 그리고 KEDO는 2006년 1월에 경수로 건축 프로그램이 종결시킴으로써 마지막 외국근로자가 함경남도 신포시에 대북 지원사업인 금호지구를 떠났다. 하지만 북한은 핵발전소에 대한 야심은 아직도 남아 있어 6자회담을 체결할 때

---

19 이한희(2007), p. 12

20 Manyin, Mark E. and Mary Beth Nikitin(2009), "Assistance to North Korea," CRS Report for Congress, pp. 2, 6.

21 중유는 149,690 Btu/gal 를 보유하고 있고 주택에서 사용하는 난방기름은 139,000 Btu/gal 이다.

22 Colligan, (검색일: 2009.5.15)

북한측에서 경수로에 대한 언급을 했다. 6자회담의 과정은 2003년 8월에 시작했고 비핵화에 대한 실천계획을 2007년 2월에 타결해서 본격적인 중유지원이 시작한 것이다. 첫 단계에서 북한이 핵시설을 중지하면 상대국들이 50,000MT 을 지원하겠다는 입장이었다. 2차 단계에서는 100만 MT 에 대한 중유를 북한에게 공급하고 있으며 6자회담의 5개 회원국가들이 각각 200,000MT 에 대한 중유를 부담하겠다고 밝혔다.[23]

4. 대체에너지 지원에 대한 대안

이 장에서는 대체에너지 지원의 이유와 어떤 지원의 형식이 미국과 북한간에 적합할지 살펴본다. 농촌 에너지 구조 복위 작업은 북한 내에의 에너지 사정을 안정시킴으로써 북한의 동결된 경제가 활발해질 것으로 본다. 더 나아가 장기적 경제개발 내지 성장으로 농촌의 에너지 구조 정상화가 북한의 농업을 복위시키는 작업뿐 만 아니며 공업, 교통, 일생활 등 분야에서도 많은 도움이 될 것이다.[24]

4.1 농촌 지역 중심으로 에너지 지원

탈북자의 인터뷰 조사결과를 보면 평양, 남포, 개성 등의 대도시는 에너지 측면에서 시/군들과는 차이가 있다고 한다. 평양에서는 네트워크 에너지 공급 인프라가 구축이 돼있고 남포와 개성은 연탄으로 연료를 소비하고 있다. 그러나 그외에 낮은 열량의 석탄이 소비되는 것이다. 그래서 표 2 의 도시는 평양, 남포시, 개성을 가리키고 농촌의 의미는 그외 나머지다. 가구 수를 따르면 농촌의 에너지 복위가 상대적으로 북한의 안정화와 경제개발에 대해 기여할 것이다.[25]

[표 2]: 2003년 북한의 가정부문 가구 수 추정

	총가구수	도시	농촌
가구 수	5,349,000	1,060,000	4,289,000
비중, %	100	20	80

출처: 이환희 (2007)

---

[23] Manyin(2009), p. 4
[24] Williams(2000), pp. 26-27
[25] 이한희(2007) p. 12

4.2 친환경/녹색 에너지 산업 구축

앞서 지적했다시피 북한은 대체에너지 정책을 펼쳤지만 성과는 보지 못 했다. 실제 풍력발전기 보급은 외국의 국제 NGO 들의 지원으로 시작되었는데, 1986 년 덴마크가 지원한 90kW 급 2 기가 있고 1998 년 노틸러스 연구소가 지원해서 운하리에 총 11kW 규모로서 병원, 탁아소, 20 가구의 에너지를 지원하고 있다. 2004 년 북한에서 풍력에너지로 생산하는 양은 3MW 인데, 2020 년까지 500MW 를 확대할 목표를 세웠다. 평양 국제신기술정보센터 (PIINTEC)는 북한의 재생가능에너지 연구 중심센터이다. 2005 년, 2006 년 세계풍력박람회에 북한이 대표단을 파견하고 있다. 이와 같은 사업과 회의 활동은 풍력발전에 대한 북한의 관심을 보여주는 대목이다.[26]

노틸러스 연구소 북한 에너지 프로젝트에 참여하고 있는 강정민 박사는 "양주~평양 간 송전망 및 관련시설 투자비로 초기 비용만 3 조 4 천억 원이 든다"고 지적했다. 200 만kW 규모의 화력발전소 건설에 약 1 조 원, 평양까지 송전망 건설에 6,000 억 원, 200 만kW 송전 전력을 수용하기 위한 북한의 송·배전망 절반을 개선하는 데 1 조 8 천억 원이 든다는 것이다. 막대한 비용도 문제지만 송전정책은 북한의 에너지 체제를 중앙집중식 대형발전소 위주의 에너지 체제가 갖고 있는 문제를 고스란히 이전한다는 데 있다.[27]

미국이 북한의 신산업에 기여하는 것은 세계적인 위법국가에서 벗어나도록 한다는 데 있다. 그럼 북한은 정당하게 외환보유량을 확대할 수 있고 무기나 불법약물 특히 마약 밀매의 행위를 중단할 수 있다.

5. 결론

북한의 사용에 따른 마모나 자연 재해로 낙후된 에너지 인프라를 복위시키기위해서는 한 두 가지의 대규모 프로젝트만으로는 해결이 되지 않는다. 그래서 소규모 프로젝트를 동시에 시행하면 에너지 부족을 막을 수 있다. 농촌에서 시작하는 것은 가구 수가 농촌에 있어 농촌 에너지 복위가 전국 에너지 복위에 대한 필수 단계라고

---

[26] 이유진(2007), "북한에 지속가능한 에너지 체제를[펌]" 녹색연합
http://blog.naver.com/sintokwak?Redirect=Log&logNo=10014844503 (검색일: 2009 년 5 월 16 일)

[27] 이유진(2007), (검색일: 2009 년 5 월 16 일)

보는 것이다. 에너지 상황이 정상으로 돌아오면 북한의 경제도 회복할 가능성이 크다.

농촌 에너지 문제를 풀기 위해서는 국제협력이 필요할 것이다. 특히 미국이 대체에너지의 기능과 기술을 이전하면 북한의 인력과 결합이 되어 1970년의 한국경제 성장 못지 않게 진행할 것이라고 본다. 또한 충분한 에너지 공급으로 북한의 농업도 회복이 되면 사회적인 약자들 아동, 노인, 병자들을 보호하기 더욱 쉬워진다. 하지만 한꺼번에 에너지 회복사업들을 시작하는 것도 문제가 될 것이다. 왜냐하면 북한의 에너지 인프라가 추가 전력을 흡수 할 수 없기 때문이다. 그래서 최초 사업은 소량의 소규모로 시작해서 북한의 에너지 네트워크를 설립하는 것이 효과적일 것이다.[28]

이 논문의 함의는 북한은 대체에너지에 대해 인식하고 있지만 대규모의 사업을 선호하고 있어서 진정한 에너지 회복은 어려울 것 같다고 본다. 그래서 외부에서 소규모 사업에 대해 협조가 필수 요소가 된다. 따라서 북한을 고립된 상황에서 보거나 국제사회의 한 구성원으로써 되는 것은 동아시아 및 세계안보에 기여할 것이다. 그러나 북핵문제와 관련된 문제들이 해결되지 않으면 북한의 에너지 부족은 중장기적으로도 지속될 것이라는 전망을 피할 수 없다.

참고문헌

김태영(1996), "북한의 에너지 개발과 활용실태." 『北韓』 제 8 호,
이한희(2007). "바이오가스와 남북한 신에너지협력: 국제기구와의 협력을 중심으로." 『삼성견제연구 Issue Paper』
Kalicki, Jan H. and David L. Goldwyn et. al.(2005), *Energy & Security: Toward a New Foreign Policy Strategy*, Woodrow Wilson Center Press
Manyin, Mark E. and Mary Beth Nikitin(2009), "Assistance to North Korea," CRS Report for Congress
Trigubenko, M., G. Levchenko, and S. Burova(2006), "The Current Situation in and Energy Complex Structure of North Korea," Korea Foundation
Von Hippel, David and Peter Hayes(2007), "Energy Security for North Korea," *Science*, Vol. 316
Von Hippel, David and Peter Hayes(2007), "Fueling DPRK Energy Futures and Energy Security: 2005 Energy Balance, Engagement Options, and Future Paths," *The Nautilus Institute Report*.
Williams, James H., David von Hippel, and Peter Hayes(2000). "Fuel and Famine: Rural Energy Crisis in the Democratic People's Republic of Korea." *IGCC Policy Paper #46*

인터넷

---

[28] Von Hippel, David and Peter Hayes(2007), "Energy Security for North Korea," *Science*, Vol. 316, p. 289

연합뉴스. "북한 전력난이 체제위협 요인,"
http://app.yonhapnews.co.kr/YNA/Basic/Article/Print/YIBW_showArticlePrint
View.aspx?contents_id=AKR20090316051600009 (검색일: 2009.5.15)
이유진(2007), "북한에 지속가능한 에너지 체제를[펌]" 녹색연합
http://blog.naver.com/sintokwak?Redirect=Log&logNo=10014844503
(검색일: 2009년 5월 16일)
Global Energy Network. "North Korea,"
http://www.geni.org/globalenergy/library/national_energy_grid/northkorea/nort
hKoreaCountryAnalysisBrief.shtml (검색일: 2009.5.16)
The National Committee on North Korea, "Renewable Energy in the DPRK,"
http://www.nautilus.org/fora/security/09007NCNK.pdf (검색일: 2009.2.18)
Colligan, Tom. "Is 50,000 Tons a Lot of Oil?" http://www.slate.com/id/2159933/
(검색일: 2009.5.15)
Hayes, Peter, "The Sixth Party Talks: Meeting North Korea's Energy Needs,"
http://www.thebulletin.org/node/187 (검색일: 2009.4.21)
Von Hipple, David and Peter Hayes, "Supporting Online Material for Energy
Secrity for North Korea,"
http://www.sciencemag.org/cgi/data/316/5829/1288/DC1/1 (검색일:2009.5.15)

국제협약의 관점에서 바라본 북한과 중국의 탈북자 정책: 강제송환 정책을 중심으로

백재희/Caroline Paik

MA, Korean for Professionals, University of Hawai'i at Mānoa, 2009
BS, International Studies, UC Irvine, 2006
BA, Studio Art, UC Irvine, 2006

North Korea-China policy on North Korean defectors in accordance with the international agreement: With a focus on repatriation by force

This paper examines the violations of human rights according to the international agreements of the North Korea-China policy towards North Korean refugees who cross the border for food and a better life. It focuses on how China views the North Korean refugees and informs how China forcefully repatriates them. Furthermore, the famine in North Korea that had started in the 1990s caused approximately 100,000 citizens to flee the country into Chinese borders. As a result, instead of recognizing their refugee status, China considers them to be illegal economic migrants who cause disruption in Chinese borders. These North Korean refugees eventually end up living in secrecy due to the constant denial of their basic human rights. The most critical problem is the forceful repatriation of the refugees. When returned, they are placed into prison camps or detention facilities where they are known to face even harsher treatment such as beatings, forced labor, starvation, etc.

1. 서론

본 논문의 목적은 식량난과 더 나은 삶을 위해 국경을 건너가는 탈북자들에 대한 북한과 중국의 정책이 국제협약의 측면에서 보면 심각한 인권침해라는 것을 알리기 위한 것이다. 이를 위해 한국, 미국 등의 다양한 입장과 관련된 자료를 통해 식량난에 직면하거나 더 나은 삶을 찾기 위해 국경을 넘은 탈북자들에 대해 살펴볼 것이다. 보다 구체적으로 본 논문은 북한과 중국이 탈북자들을 어떻게 다루는지 살펴보고, 그 중 중국의 강제 송환 정책이 심각한 인권 침해라는 것을 알리고자 한다. 더 나아가 북한과 중국은 국제 협약에 가입한 당사자들이며 탈북자들에 대한 정책이 이러한 국제 협약을 심각하게 위반하고 있음을 밝히고 이 두 국가에 대해 국제 협약 준수에 책임이 있음을 상기시키고자 한다.

이 연구를 시작하게 된 계기는 중국 내 탈북자 인권침해가 악화되고 있으며, 탈북자들을 북한으로 강제 송환하고 있는 현상이 심각해지고 있다는 상황 인식에 있다. 따라서 연구의 목적은 현재 탈북자들에 대한 북한과 중국의 정책이 어떠하며, 이들이 어떻게 인권을 침해하고 있는지를 국제협약의 차원에서 검토하는 것이다.

북한은 1990 년대부터 발생한 기근으로 1 백만 명의 주민이 사망하였으며 10 만여 명의 주민이 자신과 가족을 먹여 살리기 위해 국경을 넘어 북한을 탈출하였다. 북한 주민들을 돕는 인도주의 구호 종사자들에 따르면, 현재 중국내 탈북자들은 수만 명에서 수십만 명에 이른다. 이들 대부분은 먹고 살기 위해서 그리고 더 나은 삶을 위해서 국경을 건너고 있다. 하지만 중국은 이들을 불법 경제이주자 또는 불법 월경자라고 취급하여 강제 송환하고 있기 때문에 탈북자들은 숨어서 지낼 수 밖에 없는 현실이다. 또한, 중국에서 태어남에도 불구하고 탈북자들의 자녀는 교육을 제대로 받지 못하며, 여성들은 인신 매매의 위협에 시달리고 있지만 대부분 아무런 도움도 받을 수 없다. 이중에 가장 큰 이슈가 되는 문제는 중국 정부의 강제 송환 정책이다. 중국은 탈북자들을 북한으로 돌려보내는 과정에서 이들이 정치범 수용소로 넣어지거나 가혹한 처벌을 받을 것을 알고 있음에도 불구하고 탈북자들을 경제 이주자로 취급해 난민으로 보호하지 않고 이들을 체포한 다음 강제 송환한다. 강제 송환되면 탈북자들은 정치범 수용소에 감금되어 구타, 강제노동, 심한 굶주림 같은 인권 침해에 직면 할 수 밖에 없다.

강제 송환 실태에 대한 최근 2006 년 자료에 의하면 중국 내 탈북자는 5 만 명으로 추산되고 있으며 NGO는 이 숫자를 약 30 만 명으로 추정하고 있다.[1] 현재까지 강제 송환된 탈북자는 최대 5000 명에 달하고 있으며 매주 100 여명의 탈북자가 강제 송환되고 있다. 탈북자들은 중국에서 구금과 학대 등을 받고 있는 고통스런 삶을 보내고 있으며, 일부 체포된 탈북 난민들은 중국 공안 등에 수백 달러의 벌금을 낸 후 풀려난다. 또한, 탈북 여성들은 성 매매 등에 내몰리고 있으며 일부는 생존을 위해 중국 남성과 결혼하게 되면서 2 세 아이들이 태어나고 이들은 '무국적자'로 방치되고 있다.[2]

본고의 연구 결과는 휴먼라이츠워치, 미국 정부와 여러 학자들의 글에 근거 한다. 그러나 북한 공화국과 중국 공화국이 사실들에 대한 신뢰할 만한 자료를 거의 공개하지 않기 때문에 이 논문을 위한

---

[1] CRS Report for Congress, North Korean Refugees in China and Human Rights Issues: International Response and U.S. Policy Options, September 26, 2007, p.1
[2] "중국내 탈북자 5 만명", 서울신문, 2006. 6.

조사는 그러한 제한된 상황 가운데서 이루어졌다는 한계를 가진다. 그러나 북한이 공개하는 몇몇 자료를 최선으로 활용하였다.

2. 탈북자들에 대한 북한의 정책

북한을 탈출하는 이들은 탈출하는 도중에 붙잡혀 북한의 구금 시설에 넣어지거나 북한에서 가혹한 궁핍 속에 살아가고 있다. 북한 정부는 일반적으로 탈북 주민들을 심문이 끝난 직후 길어야 몇 달간 로동단련대에서 복역시킨 후 석방하였다. 그러나 2004 년 말기에 북한 당국이 이러한 탈북자들을 징역 5 년까지 엄중 처벌한다는 새로운 정책을 시행해 현재 탈북자들에 대한 정책은 매우 가혹하다고 볼 수 있다. 북한 정권의 정책 변화는 2004 년 여름에 남한으로 이송된 북한 난민 문제로부터 발생되었다. 북한 정부는 이 난민들의 송환을 요구하였으나 한국 정부는 이를 묵살 하였다. 그 결과 북한은 10 개월간 남한과 모든 대화를 단절하였다.

북한은 주민들의 탈출을 막기 위해서 처벌정책을 가혹하게 강화하였다. 휴먼라이츠워치에 따르면 북한 정부는 북한 전역의 주민들에게 향후 북한을 떠나는 이유에 상관 없이 초범이라 할지라도 징역에 처해질 것이라는 경고를 해왔다. 2004 년 이후로 구금된 사람들은 탈북 도중의 활동에 따라 처벌이 정해졌다. 휴먼라이츠워치가 인터뷰한 한 북한 주민은 초범은 교화소에서 1 년, 두 번째는 3 년을 보냈고, 중국에 있는 동안 교회에 다닌 사람은 10 년간 관리소 (정치범 수용소)로 보내진다는 이야기를 2004 년 말에 인민반회의에서 들었다고 전했다. 구금이 되면 교화소 (교도소)[3], 관리소 (정치범 수용소)[4] 같은 곳으로 보내지게 되는데, 구금 시설의 유형에 상관없이, 수감된 북한 주민들은 특히 나체 수색, 언어 폭력, 위협, 구타, 강제노동, 심한 굶주림과 같은 인권 침해에 직면 할 수 밖에 없는 상황이다. 그리고 이러한 일들은 체포와 심문에서 복역에 이르는 구금의 전 과정에서 발생할 수 있다.

휴먼라이츠워치가 인터뷰한 한 여성은 2006 년 집결소[5]에서 몇 달간 붙잡혀 있을 때 '먹고, 세수하고, 잠자는 시간 빼고는 움직일 수 없었으며, 움직이면 처벌을 받았다'고 말한다. 그리고 경비대원들은 사람들을 자주 구타하곤 했다고 하는데, 판결을 기다리는 과정에서 구타를 당했다는 점을 고려해 볼 때 관리소나 교화소 같은 시설에서 처벌을 받으면 어떤 일이 벌어 질 것인지 상상만 해도 알 것이다.

---

[3] 교화소는 비정치적인 중범죄를 저지른 사람들에 대한 구금 시설이다.
[4] 정치적 범죄를 저지른 사람은 관리소로 보내진다.
[5] 집결소는, 문자 그대로 모이는 장소이며, 무단 결근과 같은 경범죄에 대해 심문을 받고, 판결을 기다리거나, 일년까지 짧은 형을 복역하는 곳이다.

또한, 북한에서는 어떤 유형의 구금 시설과 상관없이 몇 달이나 몇 년의 구금 기간의 차이가 삶과 죽음의 차이를 의미할 수 있다고 한다. 구금소에서는 구타 뿐만 아니라 만성적인 식량과 의약품 부족도 있기 때문이다. 구금소를 경험한 여러 북한 주민들은 '옥수숫대 가루 한 줌'이 정상의 끼니이며 복통과 설사를 일으킬 때가 많다고 말한다. 따라서 사망하는 수감자들도 워낙 많다고 한다. 회령 출신 한 남성은 로동단련대에 있는 동안 하루 세 번, 옥수숫대 가루 한 줌씩을 받았다고 했다. 하지만 옥수숫대 가루는 영향이 전혀 없어서 일부는 영양실조 때문에 집으로 돌려 보냈다고 한다.[6] 북한의 구금 시설은 이렇게 식량이 매우 부족하여 사망하는 경우가 많다. 그리고 이러한 일들은 인권 침해로 볼 수 있다. 그리고, 중국이 탈북자들을 강제로 송환하면 북한은 탈북자들을 이와 같은 교도소로 보낸다는 사실에 좀 더 주목해야 할 것이다.

3 탈북자들에 대한 중국의 정책

중국의 탈북자 정책은 2001년 6월부터 엄격해졌다. 이 시기는 김정일 국방위원장이 중국을 방문한 직후이고 남북 정상회담을 앞두고 있었으므로 중국에서 탈북자에 대한 단속이 집중되었다. 이 시기 '중국 공안당국에 의한 재중 탈북자의 검문 강화, 이어지는 대대적인 강제송환, 탈북자 수호단체에 대한 탄압 등으로 탈북자들의 최소한의 인권 보호가 불가능해지자 관련 NGO 들은 탈북자문제 해결을 위한 새로운 방법을 모색하게 되었고, 이로 인해 기획망명의 이름으로 국제사회에 탈북자문제를 부각시키는 데 힘을 쏟게 되었다고 보도했다.[7]

현재 중국은 북한인권문제에 대하여 명시적으로 언급하지 않으며 국제사회에서도 북한인권과 관련한 문제들에 대해서는 의도적으로 침묵하고 있다. 중국정부는 모호성의 전략을 구사하는 등 분명한 입장을 보이지 않고 소극적인 태도를 견지하면서[8] 국제사회의 북한인권 문제제기에 대해 간헐적으로 대응하고 있다. 그럼에도 불구하고 중국은 2003~2005년 제 59 차, 60 차, 61 차 UN 인권위원회의 북한인권결의안 채택 표결에서 반대하였고, 2005년 11월 17일 60차 UN 총회 제 3 회의에서의 북한인권결의안 표결에서도 22 개국의 반대표 행사국가에

---

[6] 휴먼라이츠워치 인터뷰, 회령 출신의 38 세 남성, 2006 년 11 월 27 일, 중국.
[7] 곽해룡, "중국의 탈북자 정책연구," 82.
[8] 이진영, 2004: 66-88.

속해있다.9 따라서 중국의 북한인권문제에 대한 대응은 전통적인 우방이자 동맹국인 북한과의 관계를 우선적으로 고려하는 입장을 보이고 있다. 왜냐하면 북한은 중국이 미국과의 직접적인 대결을 완화시켜주는 완충지대 성격을 갖고 있기 때문이다. 그리고 중국은 국제사회가 요구하는 북한인권 개선을 북한을 붕괴시키는 정치적 압박수단으로 인식하고 있기 때문에 북한인권에 대한 개선을 호응하지 않고 피하는 모습을 보여준다.10 이와 같은 연장선에서 중국은 북한인권 문제뿐만 아니라 탈북자 문제와 관련되어 가급적 공론화를 꺼리고 있다.

현재 중국은 탈북자를 난민이 아니라 기근을 피해 일시적으로 불법 월경해 식량을 구하고 곧 귀국할 불법월경자로 간주한다. 그래서 이들을 체포한 후에 북한으로 송환하고 있다고.11 이와 같은 입장은 1960 년 중국과 북한 사이에 체결한 [중국-북한 범죄인상호인도 협정](일명 밀입국자송환협정), 1986 년 체결한 [국경지역 업무협정] 및 1993 년 11 월 정닝대 상무위원회에서 통과되어 1998 년 1 월 1 일 이후 적용되고 있는 [길림성변경관리조례] 선전제강, 그리고 형법 제 8 조(불법월경자 및 입국자에 대한 구속과 송환조치)에 따른 것12이다.

과거 중국은 탈북자들이 발생하던 초기인 1992 년부터 1995 년경까지는 불법체류자에 대한 규제와 단속이 상대적으로 가벼웠다. 이때까지는 탈북자의 수가 상대적으로 적었고 식량과 돈을 얻은 후에 북한으로 자진 귀환한 경우가 많았기 때문이다. 또한, 중국은 탈북자에 대한 식량지원과 조선족에 대한 도움의 보답 성격으로 조선족 사회에 호의적인 분위기가 존재하였다고 한다. 그러나 1995 년과 1996 년 이후, 북한의 식량위기로 탈북자의 수가 급증하고 자진 귀환이 점차 줄어들며 중국에 장기체류하거나 제 3 국으로의 망명하는 사례가 증가했다. 나아가 탈북자문제가 국제적으로 이슈화되고 대량탈북의 우려가 높아짐에 따라 중국은 본격적으로 검문, 검색을 실시하여 강제송환을 강화하였다.13

그리고 2001 년부터 계속 발생하였던 탈북자의 외국공관 진입사건으로 탈북자에 대한 체포와 강제송환 문제가 국제적 이슈화됨에 따라 탈북자에 대한 정책은 한층 더 강화되었다고

---

9 제 60 차 UN 총회, 북한인권결의안 표결 결과.
10 박광득, 2006: 58.
11 박광득, 2006: 60.
12 통일연구원, 2005: 260-61.
13 박상봉, 2003: 46.

한다[14]. 2004년 이후로는 중국 도문 등의 탈북자 수용소를 통해 매주 200명~300명을 북한으로 송환하고 있는데, 탈북자 문제가 국제 이슈화되어 중국의 인권상황이 국제사회에 고발될 것을 우려하여 국경지역에 대한 검문 강화, 주요 재외국 공관 주변에 대한 차단을 통해 사전에 주요지역에서 탈북자를 색출하여 문제의 소지를 없애고자 하는 시도를 하였다.[15] 그러므로 중국은 탈북자들과 관련한 문제를 올바르게 처리하기 보다 국제사회의 논란을 일으키지 않도록 중국 내 탈북자 검증을 강화하거나 강제 송환 정책을 엄격하게 적용하고 있다고 볼 수 있다.

즉, 중국은 탈북자의 문제가 인권을 우려하고 있는 국제사회, 그리고 우호관계를 맺은 북한과 관계하고 있기 때문에 더욱 엄격한 정책을 취하고 있다고 볼 수 있다. 그리고 더 나아가 중국은 다음과 같은 요인들 때문에 더욱 탈북자 문제를 엄격히 처리하고 있다. 첫째, 중국으로의 대규모 탈북자 유입사태가 북한체제를 붕괴 시킬 수 있는 우려 때문이라고 할 수 있다. 둘째, 중국은 북한과의 전통적 우방 관계를 유지하기 위해 북한과의 관계를 우선적으로 고려하기 때문이다. 셋째, 중국 내 탈북자 거주로 발생하는 사회 치안문제에 대한 우려 및 탈북자의 유입이 자칫 조선족 사회의 민족의식 고취로 연결될 가능성을 우려하기 때문이다.[16] 또한 탈북자를 난민으로 인정하게되면 다른 중앙아시아 나라들에서 연쇄적으로 난민이 발생하는 결과로 이어질 수 있다고 보고 있다. 그래서 더 많은 불법월경자들이 발생할 수 있는 소지를 미연에 방지하고자 하며, 잠재되어 있는 소수민족의 분리독립 움직임이 표면화되는 상황도 막고자 하는 것이다. 국가통합과 경제발전을 최우선하는 중국당국에게 있어서 소수민족의 연쇄적인 민족주의 발흥 문제는 최대의 경계대상이 되고 있는 상황이라고 한다. 따라서 중국의 탈북자와 관련된 대응은 탈북자 처리에 대한 정해진 원칙이 없다고 볼 수 있다. 즉, 시기와 상황에 따라 국제사회의 여론, 한국 정부의 입장, 북한과의 관계, 탈북자 유입 조절 등의 여러 사항들을 고려하여 자의적이고 선택적으로 활용하고 있는 것이다.[17] 결과적으로는 중국의 탈북자에 대한 입장은 성격상으로 결함이 많은 대응으로 볼 수 있다.

---

[14] 2001년 5월 장길수 등 탈북자 7명의 UNHCR 베이징사무소 진입 사건, 그리고 2002년 3월 탈북자 25명의 스페인대사관 진입 사건 토대로.
[15] 신동아, 2005: 114-123.
[16] Joel R. Charny, "Acts of Betrayal: The Challenge of Protecting North Koreans in China."
[17] 박광득, 2006: 62.

4. 국제협약의 관점에서 살펴 본 북한과 중국의 정책

이러한 북한과 중국의 탈북자들에 대한 정책은 국제 협약의 관점에서 살펴볼 때 문제가 많다. 북한은 UN 의 시민적, 정치적 권리에 관한 국제협약의 가입국이지만 이에 관한 규정들을 위배하고 있다. 중국도 이 부분에서 검토할 협약과 의정서 회원으로 가입이 되어있음에도 탈북자들을 여전히 북한으로 강제 송환하고 있기 때문에 협약을 위배하고 있는 것이다. 즉, 두 국가는 관련 조약에 가입했음에도 탈북자들을 강제 송환하고 인권 침해를 하고 있기 때문에 조약들을 계속하여 위배하고 있다고 볼 수 있다. 여기에서는 북한과 중국이 가입한 여러 국제 협약들을 기준으로 하여 북한과 중국이 국제 협약을 위반하고 인권침해를 하고 있음을 구체적으로 살펴볼 것이다.

4.1 세계인권선언문

먼저, 세계 인권 선언문의 입장에서 북한과 중국의 탈북자 정책을 살펴보고자 한다. 세계인권선언문은 국제협약의 기초가 되는 것이기 때문이다. 현대 국제인권법의 초석인 세계인권선언문은 1948 년 12 월 10 일 국제연합 총회에서 채택되었으며 공언된 권리로서 이 중 보다 주의 깊게 살펴봐야 할 권리는 '모든 사람의 생명권, 신체의 자유와 안전을 누릴 권리 (제 3 조)'를 가진다는 것이다.

이 중에서 먼저 북한의 탈북자 정책과 관련되어 문제가 되는 조항들을 살펴보겠다. 이 조항들은 탈북자들이 북한 내에서 처벌을 당하고 있거나 강제송환 됐을 경우에 적용된다고 볼 수 있다. 탈북자들은 송환 됐을 경우에 '고문, 잔인하거나 비인도적이거나 혹은 굴욕적인 처우로부터의 자유 (제 5 조)', 그리고 '자의적인 체포, 구금 또는 추방당하지 않을 자유 (제 9 조)'에 관한 권리가 있다. 또한, '종교, 사상, 표현 및 결사의 자유 (제 18 조, 19 조, 20 조)'는 현재 북한에서 일반적으로 침해되고 있는 것으로, 탈북자들이 강제로 송환이 됐을 경우에도 물론 이 권리는 누리지 못하고 있다.

또한, '사생활, 가족, 집 또는 통신에 대하여 자의적인 간섭으로부터의 자유 (제 12 조)'는 북한 내에서 누려야 할 권리이며, '자국 내에서 이동과 거주의 자유, 자국을 포함한 어떤 국가에서도 떠날 권리와 또한 자국으로 돌아올 권리 (제 13 조)'에서는 북한에 거주할 때이거나 중국에서 거주하고 있을때도 해당된다고 볼 수 있다.

한편 중국내 탈북자들은 '모든 사람이 법 앞에 평등하며, 아무런 차별 없이 법의 동등한 보호를 받을 권리 (제 7 조)', '비호를 구할 권리 (제 14 조)', '국적을 가질 권리 (제 15 조)', '교육을 받을 권리 (제 26 조)', '적절한 생활수준을 누릴 권리 (제 25 조)'가 있음에도 이런 권리를 모두 가지고 있지 못하다. 특히, 26 조는 중국내에 있는 탈북 아이들이나 2 세 아이로 태어난 무국적자에게도 해당된다. 결국, 북한이나 중국은 세계인권선언문의 제시하는 근본적인 조항들을 모두 위반하고 있다고 볼 수 있다. 다음은 보다 구체적으로 북한과 중국이 가입한 다음과 같은 조약의 위배에 대해 검토하고자 한다.

4.2 UN 시민적, 정치적 권리에 관한 국제협약 [18]

1966 년 이후 UN 총회가 세계인권선언문에서 선언적 원칙들을 구속력 있는 일반조약으로 만들기 위하여, 두 개의 특별한 국제인권규약인 '경제적, 사회적 및 문화적 권리에 관한 국제협약(A 규약)' 및 '시민적 및 정치적 권리에 관한 국제협약(B 규약)'을 채택하고 'B 규약 선택의정서'도 채택하였다. 여기에서는 이 논문과 관련되는 B 규약만 다룰 것이다. B 규약에서 구체적으로 선언한 내용은 "시민적 및 정치적 권리에 관한 규약의 목적 및 그 제규정의 이행을 더욱 잘 달성하기 위하여 규약 제 4 부에서 설치된 인권이사회가 규약에 규정된 권리에 대한 침해의 희생자임을 주장하는 개인으로부터의 통보를 이 의정서의 규정에 따라 접수하고 심리하도록 하는 것"이다. B 규약은 보호하는 주요 법적 권리로서 세계인권선언상에 공언 된 권리를 그대로 규정하고 있다. 이와 같은 규약을 발효했던 이유는 체약국이 인권과 기본적 자유의 증진과 보호를 더 이상 단순히 도덕적 의무가 아닌, 조약을 통한 법적 의무로 받아들였음을 의미하는 것이다.

하지만 북한은 1991 년 9 월부터 유엔의 회원국이며 1981 년 12 월에 시민적, 정치적 권리에 관한 국제 협약에 가입하였음에도 이 협약은 북한 주민이나 탈북자들에게 적용되지 않고 있다. 세계인권선언 B 규약의 일부 규정인, 노예제도와 노예무역의 금지, 개인의 비합법적 살인 또는 강제적 "실종"의 금지, 고문이나 기타 잔인한, 비인도적인 혹은 굴욕적인 처우나 형벌의 금지, 조직적인 인종차별 금지, 장기간 자의적 구금 금지, 집단살해 금지 등 인권과 관련된 사항들은 "국제관습법의 규범"이 되고 있다. 이 같은 인권법은 국제인권조약의 가입 유무에 관계없이 모든 사람들에게 적용되어야 하는 규범들이다. 그러나 북한은 강제로 송환되는 탈북자들을 처벌하는 수단은 몇 가지만 제외하고 다 위반하고 있다. 또한 해당 국제협약에 가입하였으므로 탈북자와 가장 연관되는

---

[18] 시민적, 정치적 권리에 관한 국제 협약 (International Covenant on Civil and Political Rrights), 1966 년 12 월 16 일 유엔 총회에서 채택, 1976 년 3 월 23 일 발효. 당사국 수 97.

조항인 주민들이 자의에 의해 북한을 떠나고 되돌아 올 수 있는 권리 또한 정부가 허가할 의무까지도 있다. 따라서 이러한 의무는 당국의 허가 없이 북한을 떠난 탈북자들에 대한 처벌을 중단하는 것까지 포함해야 한다. 그러나 북한은 여전히 국제협약을 위반하며 이에 대한 규약을 무시하고 있다.

4.3 1951년 난민지위 협약과 1967년 난민의정서

1951년에 채택된 UN 난민지위협약(Convention relating to the Status of Refugees)[19]은 세계 대전의 발발로 양산된 전쟁난민을 위한 것이였다. 난민지위협약의 원안은 유럽에만 적용이 되었으며 전쟁으로 발생하였던 난민은 곧 종교, 인종, 이념 등 다양한 이유로 전 세계의 난민을 보호하기로 했다. 새로운 난민상황을 위해 난민지위에 관한 의정서(Protocol relating to the Status of Refugees)[20]가 채택되었다. 이 의정서는 1951년 협약의 시기와 지역적 제한에서 벗어나 협약의 보편적 성격을 유지하면서 협약의 체약국이 아니어도 가입할 수 있는 독립된 법문서이다. 또한 해당 의정서의 난민들은 박해나 전쟁을 피하기 위해 타국의 국경을 넘는 사람으로서 외국에 머무르는 동안 기본적 인권을 보장받는 것이다. 그리고 난민이나 비호를 찾는 사람들은 인도적 대우를 받을 수 있고, 여행과 신분을 보장할 수 있는 증명서를 용이하게 얻을 수 있어야 한다. 이 때 가장 중대한 요소는 강제로 추방되어서는 안 된다는 것이다.

중국은 1951년 유엔 난민 지휘 협약과 1967년 난민 지위에 관한 의정서 회원으로 1982년 9월 24일에 가입 되어, "생명의 위협, 고문 및 기타 학대의 위험, 또는 기타 심각한 인권 침해를 당할 위험이 있는 곳으로 사람들을 돌려보내지 말아야 할 국제법상의 의무"[21]를 가지고 있다. 그럼에도 아직까지 그 실제적인 의무가 탈북자들에 대해서는 이루어지지 않고 있다. 중국은 탈북자가 국적국의 경제적 혹은 정치적 조치의 구별이 명백하지 않기 때문에 그들을 난민으로써 보호해주지 않고 난민으로 인정하지 않고 있다.

---

[19] 난민지위에 관한 협약은 UNHCR 의 창설과 동시에 1951년 7월 28일 제네바에서 개최된 유엔 난민 및 무국적자 지위에 관한 전권대사 회의에서 채택되었고 1954년 4월 22일에 발효되었다. 이하 협약이라고 했다. 2006년 12월 1일 현재 1951년 협약의 당사국은 144 개국이다.

[20] 난민지위에 관한 의정서는 1967년 1월 31일 뉴욕에서 개최된 유엔총회에서 채택되었고 1967년 10월 4일에 발효되었다. 이하 의정서라 했다. 2006년 12월 현재 1967년 의정서의 당사국은 144 개국이다.

[21] 난민 지위에 관한 협약 (Convention Relating to the Status of Refugee), 1954년 4월 22일 발효.

중국은 탈북자를 단순히 잘 살기 위해 탈출하는 경제적 이주민으로 생각하고 있기 때문이다. 하지만 탈북자들은 1951 년 난민지위협약에서 말하는 근본적인 난민이 아니지만 난민으로 볼 수 있다. 탈북자들을 난민으로 생각해야 하는 이유는 유엔난민고등판무관(UNHCR) [22] 에 의해 명시되어 있는 난민의 정의를 통해 볼 수 있다.

    난민협약 제 1 조에 따르면, 난민은 "박해를 받을 우려가 있는 충분한 근거가 있는 공포를 가진 자로, 인종, 종교, 국적, 특정사회집단의 구성원 신분, 또는 정치적 의견을 사유로, 자신의 출신의 밖에 있으며, 박해의 공포로 인하여, 출신국의 보호를 받을 수 없거나 받기를 원하지 않거나, 또는 출신국으로 돌아갈 수 없거나 돌아가기를 원하지 않는 자"를 말한다.

    물론 많은 탈북자들이 식량 문제 때문에 본국에서 넘어 오지만 박해를 피하기 위한 사람들이 많다. 그러므로 탈북자들은 국경을 넘는 사람으로서 외국에 머무르는 동안 기본적 인권을 보장받을 권리가 있다. 따라서 인도적 대우를 받아야하고 여행과 신분을 보장할 수 있는 증명서를 용이하게 얻을 수 있어야 하며 강제로 본국으로 추방되어서도 안 된다.

    또한 식량문제 때문에 탈북하는 사람들 역시 박해나 전쟁을 피하는 것이 아니어도, 위의 정의에서 설명하듯이 박해를 받을 우려가 있는 충분한 근거가 있는 공포를 가진 자들이며 출신국의 보호를 받을 수 없거나 돌아갈 수 없는 사람들이기 때문에 난민으로 볼 수 있을 것이다. 즉, 탈북자들은 송환되면 북한에 따른 현행 형법 조국배반죄[23]에 해당되어 일정수준 이상의 처벌을 받게 된다. 뿐만 아니라 2004 년 말부터 북한은 탈북자들에 대해 더욱 엄중 처벌한다는 가혹한 정책을 소개함으로써 중국은 더욱더 탈북자들을 송환하면 안된다고 볼 수 있다. 그러므로 이러한 난민의 정의를 통해 볼 때 중국은 박해를 받을 우려가 있는 충분한 근거가 있는 공포를 지닌 난민 즉, 탈북자들을 강제 송환함으로써 국제조약 상의 의무들을 위배 하고 있는 것이다.

    그러나 중국은 탈북자의 탈북 동기가 식량난에 따른 것이어서 송환되어도 박해가 없을 것이며 북한으로의 송환이 난민협약과 난민의정서에 위배되지 않는다면서 탈북자에 대한 난민인정을 여전히 거부하고 있다.

---

[22] United Nations High Commissioner for Refugees
[23] 북한의 현행 형법 (2004 년 4 월 29 일, 최고인민위원회 상임위원회 정령 제 432 호로 수정보충) 제 62 조(조국반역죄)에는 공민이 조국을 배반하고 다른 나라로 도망칠 경우, 5 년 이상의 로동교화형에, 정상이 특히 무거운 경우에는 무기로동교화형 또는 사형에 처하도록 되어 있다.

과거에 살펴보면 중국은 2만 명이 넘는 베트남 계 난민에게는 이동과 재산소유의 자유를 줬다. 그러나 현재 탈북자에게는 이런 기본권을 인정할[24] 이유가 없다고 본다. 중국이 베트남 계 난민을 지원해준다는 의미는 중국 내 난민에 대한 존재를 인정하고 있는 것이다. 결국 중국정부가 탈북자를 월경자나 경제적 이주자라고 취급하여 강제로 송환하는 것은 북한과의 1961 년 합의한 것을 따르는 것이고 우방 관계를 유지하기 위한 것 이다.[25] 따라서 중국은 UN 난민지위협약의 회원국으로서 협약에 따른 규정을 위반하고 있는 것으로 볼 수 있다.

중국이 위반하는 또 다른 부분은 1995 년에 UN 과 합의를 맺음으로서 유엔 난민 고등 판무관실의 대표자가 중국을 방문할 수 있음에도 중국 정부가 거부하고 있다는 점이다. 이것은 중국 정부가 이 항목이 유엔 난민고등판무관의 담당자가 난민을 접촉하거나 모니터링을 할 수 있게 아무 때나 방해 없이 중국에 들어올 수 있는 정책이라고 생각하기 때문이다.[26] 따라서 중국은 이 항목에 대해 끊임없이 모르는 체하고 이를 해결하기 위해 노력도 하지 않는다.

지금까지 북한 및 중국이 세계인권선언문의 기본 조약부터 지키고 있지 않으며, UN 국제협약과 난민과 관련한 협약을 위배하고 있음을 살펴보았다. 북한은 UN 가입국으로서 UN 과 관련된 협약을 지킬 의무가 있음에도 강제로 송환된 탈북자들을 가혹한 처벌을 함으로써 심각하게 인권을 침해하고 있다. 또한, 중국은 난민지위협약에 가입함으로써 난민을 보호해야할 의무가 있지만 탈북자들을 난민으로 인정하지 않고, 강제로 송환하는 것도 협약을 위반하고 있다고 볼 수 있다. 중국은 탈북자들이 북한에서 처벌받을 분명한 근거가 있고 박해를 받을 것임을 알고 있어도 그들을 북한으로 강제로 돌려보내고 있기 때문이다. 따라서 강제 송환은 결과적으로 인권침해라고 할 수 있다. 그러나 현재, 중국과 북한은 국제협약을 외면하고 잘못된 과정만 되풀이 하고 있다.

---

[24] "중국체류 탈북자 5 만명, 매년 5000 명 강제북송", 동아일보, 2006. 6.

[25] Democratic People's Republic of Korea Ministry of State Security and the People's Republic of China Ministry of Public Security, Mutual Cooperation Protocol for the Work of Maintaining National Security and Social Order in the Border Areas, 1961.

[26] http://www.cecc.gov/pages/annualRpt/annualRpt05/2005_7_refugees.php#6b Article III(5) United Nations (United Nations High Commissioner for Refugees) and China, Agreement on the Upgrading of the UNHCR Mission in the People's Republic of China to UNHCR Office in the People's Republic of China, UNTS Vol. 1898/1899, I–3237, 11 December 95, 61–71.

5. 결론

본 논문은 기존의 논문이 단순한 탈북자에 대한 인권침해를 언급하고 있는 것과 달리, 보다 객관적인 분석을 통해 국제협약에 가입한 중국과 북한이 협약을 위반하고 인권을 침해하고 있음을 분석했다. 즉, 국제 협약의 조항들을 분석함으로써 탈북자들을 북한으로 강제송환하는 정책이 분명한 인권침해이란 것을 밝히게 되었다.

현재 북한은 미국의 식량 제공을 거부하고 있기 때문에, 식량문제로 앞으로도 탈북하는 국민들은 계속 존재할 것이다. 그리고 탈북자들에 대한 고문 등 혹독한 처벌 및 공개처형 또한[27] 지속 될 것이다. 따라서 이러한 인권 침해를 막기 위해서는 근본적으로 탈북하는 사람들이 생기지 않도록 해야 할 것이다. 즉, 식량 배급과 제공이 충분히 이루어져야 수만명의 북한주민이 이탈하지 않을 것이다. 이에 따라 중국 정부가 예전처럼 탈북자에게 유화적인 정책을 펼칠 수도 있다. 물론 국경을 넘는 주민들이 그 후에도 발생할 수 있겠지만 현재보다는 더 적어질 것이고 중국에서 강제 송환과 같은 적극적인 정책을 취하지도 않을 것이다. 따라서 북한과 중국이 국제협약에 따른 법을 준수할 수 있고 국내외적으로도 인권 침해와 관련된 논란은 줄어들 것이다.

그리고 탈북자 문제를 해결하기 위해서는 중국 정부의 변화 또한 필요하다고 볼 수 있다. 지금까지는 국제사회에서 중국을 계속해서 압박했지만 이러한 정책은 오히려 중국의 부정적인 반응을 가져왔다. 중국은 1951년 유엔 난민 지휘 협약과 1967년 난민 지위에 관한 의정서의 가입국이므로서 이들 협약에 대한 준수의 의무를 가지고 있지만 중국 정부는 역으로 국내 탈북자에 대한 불법 체류자 단속 정책을 강화하였다. 그리고 중국은 탈북자 강제 송환에 대한 비난을 잘 받아들이지 못하여 국제사회에서 더욱더 논란을 일으키게 되었다. 그러므로 국제사회는 중국을 탈북자에 대한 국내 인권침해, 협약 위반, 또는 강제 송환과 관련되어 압박을 하는 것 보다 다른 조심스러운 방식으로 접근해야 할 것이다.

중국이 국제법 준수의 책임을 지면서 북한 망명 희망자들의 강제 송환 및 이들을 지원하는 조력자들의 체포와 탄압을 중단하는 것이 가장 바람직하겠지만 당장 중국의 이러한 변화를 기대하기에는 무리가 있어 보인다. 따라서 중국이 탈북자들을 위한 국내 보호라도 해줄 수 있도록 요구해야 할 것이다. 먼저 중국은 탈북자들을 불법

---

[27] 이상국 "국제 신뢰 위해 북 인권문제 제기해야," 문화일보, 2008. 3. 15. „미국무부, 인권관련 한.북 강경태도 불변,' 연협뉴스, 2008. 3. 12.

경제적 이주자, 월경자로 취급하는 것에서 벗어나 탈북자를 인간안보, 인도주의적 이슈, 그리고 식량 문제에 대한 인권 보호 대상으로 인식하도록 노력해야 한다. 따라서 UN 이나 관련된 단체들은 중국 정부에 인권 침해를 한다고 비판을 하기 보다 탈북자들이 난민이며 이를 보호해 달라고 요청해야 할 것이다. 또한 중국 내 여론의 공감대를 얻기 위해 비정부 단체의 캠페인이나 포럼 혹은 대중의 인식을 불러일으키는 홍보활동을 창출하는 것이 바람직하다. 즉, 중국 내 여론을 얻기 위한 노력에서부터 실용적인 접근이 있어야 중국 내 여론을 강화 시키고 중국 정부를 설득할 수 있을 것이다.

참고문헌

곽해룡, 2005, "중국의 탈북자 정책연구" 특집, 정책 분석. 명지대 강사:76~93
박광득, 2006, "북한인권법에 대한 중구그이 대응과 전망 –탈북자 문제를 중심으로" 대한정책학회보 13집 3호: 55~77.
박상봉, 2003, "중국 내 탈북자 현황, 정책 및 전망." [새로운 차원에 접어든 북한난민 문제의 해결과 접근], 원재천 편, 2003, 한국해양전략연구소.
신동아, 2005, "국가인권위, „탈북자 실태 중국 현지 조사' 기밀보고서," [신동아] 2005년 1월호: 114-123.
이진영, 2004, "중국의 탈북자정책과 탈북자 인권." [재외탈북자의 인권: 실태변화와 관련국들의 정책]: 66-88, 국가인권위원회 주최 토론회 자료집.
장복희, 2008, "탈북자(자발적 북한이탈자)의인권보호와국제인권법"사단법인 한국토지공법학회. 토지공법연구 제 40집 Vol. 40: 480~491.
통일연구원, 북한인권백서, 서울: 통일연구원, 2005.
동아일보, 2006. 6. "중국체류 탈북자 5만명, 매년 5000명 강제북송"
서울신문, 2006. 6. "중국내 탈북자 5만명"
Article III(5) United Nations (United Nations High Commissioner for Refugees) and China, Agreement on the Upgrading of the UNHCR Mission in the People's Republic of China to UNHCR Office in the People's Republic of China, UNTS Vol.1898/1899, I–3237, 11 December 95, 61–71. http://www.cecc.gov/pages/annualRpt/annualRpt05/2005_7_refugees.php#6b
CRS Report for Congress, North Korean Refugees in China and Human Rights Issues: International Response and U.S. Policy Options, September 26, 2007, p.1
Human Rights Watch, "
Charny, Joel R. "Acts of Betrayal: The Challenge of Protecting North Koreans in China."
Sutter, Robert, "China's Foreign Policy toward North Korea–A US Perspective," *International Journal of Korean Studies*, Vol. XI, No. 2, fall 2007, 158.
http://www.atimes.com/atimes/China/IG20Ad01.html (Asia Times)
http://www.voanews.com/english/archive/2008-04/2008-04-16-voa38.cfm (voice of america)
http://www.hrw.org/en/news/2004/03/08/china-protect-north-korean-refugees (human rights watch)

http://www.hrw.org/en/news/2008/04/08/how-china-breaks-refugees-homes (human rights watch)
http://www.hrw.org/en/news/2007/05/14/grotesque-indifference (human rights watch)

광고를 통해서 본 한국 사회의 변화: 전통적 가치관과 현대적 가치관을 중심으로

박재균 / Jae Kyun Park

MA, Korean for Professionals, University of Hawaii at Manoa, 2009
BA, Psychology, UC Santa Cruz, 2006

Changes in Korean society in through the eyes of advertisement

From the 1960s to the 2000s, there have been many changes in Korean society. With advances in technology and changes in social and economical behaviors, Korea has evolved into one of the most recognizable countries in the world. Advertising, whether through radio, magazines, newspapers, or television, has always been a big part of society because it is able to document the trends and issues at a critical point in time. This paper focuses on two main ideas that were documented in advertisement: one, changes in Korean society from collectivism to individualism; two, changes in Korean family values from traditional family to modernistic family. From the 1960s through the 2000s, Korean society has revolved into becoming more individualistic, especially with the 1988 Seoul Olympics being the tipping point of the change. Family values have also changed from traditional to modern, but this was not a natural shift, and the government through propaganda had a big part in the change. Currently with a low birthrate and the westernized way of living, many parts of Korea have lost the traditional ways of living. To reverse this effect, the only way is to look back into the traditional way of living and try to get the main ideas to incorporate into modern life.

1. 서론

광고는 한 사회의 복합적인 단면을 명확하게 반영하는 것이다. 또한 광고는 그 사회의 새로운 변화를 이끌어낸다기보다는 이미 존재하거나 잠재하고 있는 변화를 촉진하는 역할을 함으로써 하나의 문화현상이 확산되는데 영향을 미친다고 볼 수 있다. 따라서 광고는 우리 사회의 가치와 문화를 반영해주는 거울이라고 말할 수 있을 것이다.

　이 연구는 광고를 통해 한국 사회가 어떻게 변화하고 있는지를 살펴보고자 한다. 특히 한국 사람들의 가치관이 전통적 가치관에서 현대적 가치관으로 어떻게 전환되고 있는지를 살펴보고 그것의 원인을 알아보고자 한다. 이를 통해 한국 사회의 변화가 한국 사람들의 가치관에 어떠한 영향을 미치고 있는지를 이해할 수 있을 것이다.

본 연구에서는 10년 단위를 기준으로 하여 한국 사회의 변화가 광고에 어떻게 반영되어 있는지를 살펴보면서 그것을 통해 한국 사람들의 가치관 변화를 알아볼 것이다. 이 연구를 통해 한국의 전통적인 가치관이 언제부터 변화해 왔는지를 이해할 수 있을 것이며, 앞으로 한국 사회의 변화 방향도 예측할 수 있을 것이다. 본 연구는 특히 한국 광고의 흐름을 살펴본 여러 가지 논문과 개인주의와 집단주의 국가를 비교한 논문들을 통해 연구를 진행하고자 한다.

2. 전통적 가치관 현대적 가치관의 개념

전통적 가치관과 현대적 가치관은 여러 가지 가치관을 포함하고 있다. 1990년대 이루어진 한상필의 연구에서는 한국인의 전통적인 가치관을 집단주의, 도덕(인본)주의, 권위주의, 전통적 가족가치관, 숙명적 자연관, (광고 표현상) 전통주의적 가치관으로 선정하였고, 현대적 가치관은 개인주의, 물질주의, 평등주의, 서구적 가족가치관, 정복지향적 자연관, (광고 표현상)서구주의적 가치관으로 요약했다. 다른 논문에서는 전통적 가치관을 권위주의, 남존여비사상, 온정주의와 집단주의로 구별했고 현대적 가치관은 평등주의, 개인주의, 합리주의, 금전만능주의로 구별했다.

앞에서 살펴본 것처럼 전통적 가치관과 현대적 가치관은 여러 가치관들을 포함하고 있는 것이지만 이 연구에서는 전통적 가치관과 현대적 가치관을 두 가지 요인을 통해 살펴볼 것이다. 그 두 가지 요인은 '개인주의와 집단주의' 그리고 '전통적인 가족가치관과 현대적인 가족가치관'이다. 이 두 요인만 살펴보는 이유는 이러한 두 가지 특징이 한국을 이해하는데 가장 중요한 가치관이라고 생각하기 때문이다. 한국은 역사적으로 집단주의 국가라고 알려져 있는데, Hofstede(1995)에 의하면 한국의 개인주의 성향은 100점 만점에서 18점을 받아 매우 낮은 편이라고 볼 수 있다. 다음으로 가족가치관의 경우 한국은 다른 어떤 나라보다 가족을 중시하는 나라이기 때문이다. 이러한 특징은 다른 나라에서는 찾기 힘든 "가족 계획"과 관련된 광고를 통해서도 찾아볼 수 있다.

2.1 집단주의와 개인주의

집단주의는 개인보다 집단을 중심으로 하며 개인의 이익보다는 집단의 이익을 존중한다. 그리고 인간의 발달은 집단 안에서 그 집단을 위하여 개인을 훈련하는 방법에 의존한다는 생각을 갖고 있다. 개인주의는 경제 활동에 있어서 자유방임을 주장하고 국가의 간섭이나 통제 따위를 배제하는 사고방식이며 개인의 소질과 능력을 최대한 신장하여, 완전한 개인을 만드는 것을 궁극적인 목적으로 갖고 있다.

반신환(2006)은 집단주의는 자신을 사회적 관계의 한 부분으로 생각하고 자신의 행동을 결정하면서 타인들의 생각, 감정 및 행동을 심각하게 고려하는 것으로 인간관계의 안정성이 핵심이기 때문에 자기억제, 사회적 맥락 및 타인에 대한 의존성, 그리고 인간행동의 가변성을 강조한다고 말한다. 반면 개인주의는 자신을 환경이나 집단으로부터 영향을 받지 않는 존재로 생각하고 인간은 독립적이고 자주적이고 자율적 자아를 갖고 있다고 주장했다. 또한 Hofstede(1980)는 개인주의란 집단, 조직 그리고 그 외의 다른 집합체들에서 정서적으로 독립된 상태라고 말한다. 그리고 집단주의는 그 집단 내 사람들의 애착심으로 그 구조가 보존되며 특히 '우리 의식'이 두드러지게 나타난다고 하였다.

2.2 전통적 가족가치관과 현대적 가족가치관

전통적 가족가치관은 보통 대가족 제도와 관련 지어 이해할 수 있는데 이외에도 핵가족 중에서도 부모와 자녀의 가족 형태를 가진 가족 제도와 관련 지어서도 이해할 수 있다. 그 가족에는 권위주의적 아버지와 가정을 지키는 어머니가 자녀를 돌보고 집안의 전통가치를 존중한다. 반면, 현대적 가족가치관은 일반적인 핵가족과 핵가족 중에서도 한 부모와 자녀만으로 이루어진 가족 형태나 자녀가 없고 공동으로 사회에 진출한 DINK(Double Income No Kids)족 같은 가족 모형에서 나온 것이라고 볼 수 있다. 이 가족에는 부부간에 평등을 지향하고 자녀의 개성을 존중하며 서구적 가치를 가지고 있다.

성연신(1991)은 전통적 가족가치관은 권위주의적 아버지, 부부의 성역할이 엄격히 구분되어 있고, 남아를 선호하며 형제는 수직적 관계를 갖고 있다고 주장한다. 반면, 현대적 가족가치관은 민주적 아버지, 부부평등을 지향하며, 형제간에도 성구별 없이 평등하고 수평적 관계를 이루는 것이라고 한다. 정기현은 전통적 가족은 대가족제도이고 현대가족은 핵가족제도의 관계가 더 이상 적용할 수 있는 가족가치관의 양상이 아니라 '일인가족',

'모자가족', '소년소년가족', '동성애가족', '노인단독가족', '무자녀가족' 등 다양한 가족의 형태를 인정한다고 했다.

3. 광고에 나타난 가치관의 변화

광고에 나타난 가치관의 변화를 살펴보기 위해서 여기에서는 시기를 크게 네 부분으로 나누었다. 그리고 각 부분에서는 먼저 그 시기의 사회적인 특징을 설명하고 이러한 사회적인 특징이 광고에 어떻게 반영되어 있는 지를 살펴볼 것이다. 그리고 이러한 사회적인 특징을 이해하기 위해 한국 사회에 특징적으로 나타나는 가족 계획 광고를 좀 더 구체적으로 살펴볼 것이고 이를 통해 이러한 사회적 변화로 인한 가치관의 변화를 이해해보고자 한다.

3.1. 1980년 전

3.1.1 사회적 특징

6.25 전쟁 이후 한국은 미국의 도움으로 한국도시들을 재건하였고, 한국에 들어온 미국 군인들을 통해 서구의 문화를 알게 되었다. 이를 통해 한국사회는 새로운 시각을 갖게 되었으며, 1960년대 들어 서구와 같은 대중문화가 더욱더 확산되었다. 김낙회(2001)에 따르면 이 시기에는 자유연애가 유행했을 뿐만 아니라 청춘 멜로물 영화도 최고 인기를 끌었고, 광고도 하나의 대중문화로 서민들의 사랑을 받았다고 한다.

1970년대는 박정희 대통령의 강력한 경제 성장 정책을 통해 한국 경제는 매년 10% 이상의 경제성장을 지속하였다. 따라서 한국은 농업국가에서 공업국가로 변모하였고 생산과 소비가 가속화되었다. 소비자와 생필품이 확산되면서 광고도 설득과 이미지 전달을 위한 감성적인 광고가 늘어났다. 또한 김낙회(2001) 연구에서 서구적 영향으로 개방문화와 보수적 시각의 대립이 커지면서 전통적인 여성의 이미지도 해방된 여성의 이미지로 표현되기 시작했다고 한다. <사진 1>은 서구적 스타일을 사용해 만든 여성 옷과 해방된 여성의 이미지를 잘 표현하는 광고이다. 이 광고의 내용은 새로운 디자이너들이 서구의 멋을 소화하고 현대감각이 넘치는 칼라와 디자인의 옷을 만들었다는 것이다.

사진 1

3.1.2 정부의 가족계획 특징

정부는 6.25 전쟁 후 가족의 자녀 수가 평균 6 명이라는 것을 파악하고 천천히 가족 수를 줄이는 가족계획을 세웠다. 1960 년대에는 3·3·35 운동(3 살 터울로 셋만 낳고 35 세에 단산하자)을 강조해서 자녀는 셋만 있어도 충분하다는 것을 강조하였다. 1970 년대에는 가족 수를 더 줄인 "아들·딸 구별 말고 둘만 낳아 잘 기르자"라는 광고로 자녀는 둘만 있어도 된다는 것을 강조했고 그것을 보여주는 포스터는 <사진 2>와 <사진 3>에 있다.

사진 2

사진 3

3.1.3 가치관의 변화

한국 대중문화는 서구의 영향을 많이 받았지만 그래도 한국사회는 전통적인 집단주의 성격에서 큰 변화가 없었다. 광고를 분석한 한상필(2003)은 1960년대부터 1970년대 후반까지 한국의 전통적 가치관이 우세한 기간이었고 집단주의적 가치관이 높은 시기였다고 주장했다. 덧붙여 이 시기의 광고는 가족과의 관계, 집단과의 관계, 혹은 타인과의 조화로운 삶을 표현하는 광고가 주를 이루었고 비교적 전통적 가족가치관을 강조한 광고의 빈도가 높았다고 말했다. 이것을 뒷받침 할 수 있는 결과는 정기현의 연구에 있다. 정기현(2007)은 광고에 나타난 가치관을 분석하였는데 그 분석 결과에 따르면 이 시기 한국의 전통적 가치관은 86.1%인 반면 현대적인 가치관은 11.1%에 불과했다. 광고에 나타난 핵가족의 등장빈도는 36.1%, 어머니와 아들의 등장은 5.1%, 어머니와 딸의 등장은 8.3%, 아버지와 아들의 등장은 2.8%이었다. 정기현의 결과에서도 알 수 있듯이 이 시기 한국 사회는 핵가족으로 변화하고 있지만 여전히 전통적인 가치관을 갖고 있었다. <사진 4,5>는 대가족에서 핵가족으로 변하는 흐름을 잘 보여주는 1970년대 초반과 후반의 환타 광고이다.

사진 4	사진 5

3.2 1980~1990

3.2.1 사회적 특징

1980년대는 한국 사회가 가장 크게 변화했던 시기였다고 볼 수 있다. 80년대 들어서서 테크놀로지가 발달되었고 사회적 부분에서도 여러 규칙과 법의 변화가 있었다. 먼저 테크놀로지의 발전으로 TV가 컬러화되었고 신문이 다색화되면서 새로운 소비문화가 생겼다. 광고들은 더욱더 자극화되었고 다양한 산업발전으로 이전에는 고위층의 사치품으로 여겨졌던 제품들이 생활필수품이 되었다. 한국 사회의 부분에서는 야간 통행금지가 해제되었고, 교복과 머리모양 자율화, 경제 자율화, 해외여행 자유화 등으로 일상생활의 변화가 많았다. 여러 자유화가 이루어지면서 시민들의 삶에 대한 인식이 '열심히 일하자'에서 '보고 즐기자'로 바뀌었다. 또한 1979년에 등장한 롯데리아를 시작으로 외식산업이 발달하면서 한국 시민들의 입맛이 서구화되기도 하였다. 덧붙여 88 올림픽을 앞두고 1987년 광고시장의 부분 개방으로 외국계 광고회사가 진출하였고 88 올림픽을 통해 세계적인 국가로 인정을 받기 위하여 더욱 많은 자유화된 정책이 마련되었다. 1989년에는 광고표현에 대한 규제가 완화되면서 외국인 모델 사용과 해외로케가 허용되면서 광고는 더욱더 다양화되었다. 또한 80년대의 광고는 어떤 제품만을 설득하는 것이 아니라 꿈과 희망을 심어줄 수 있는 대중매체로 발달했다. <사진 6>은 88 올림픽을 이용하면서 외국인 모델을 사용한 광고의 사례이고 <사진 7>은 외국 브랜드 회사가 한국에 상륙했다는 점을 지적하면서 외국인 모델을 이용하여 만든 광고이다.

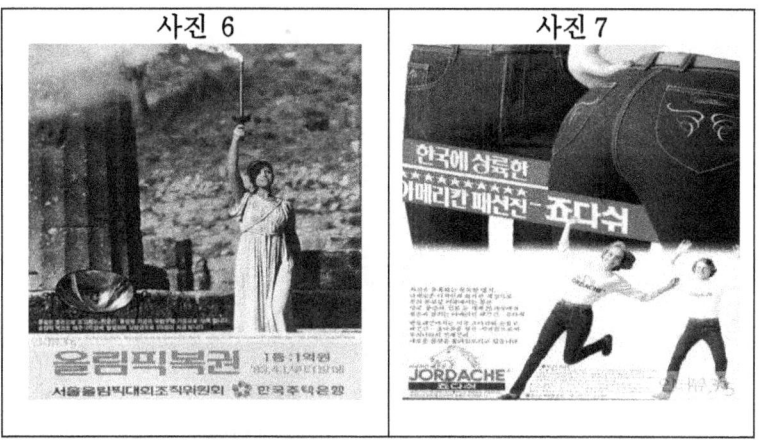

3.2.2 정부의 가족계획 특징

정부의 가족계획은 이 시기에도 가족의 자녀 수를 줄이려는 것이었다. 그래서 1980년대에는 한 자녀 운동인 "둘도 많다. 하나만 낳아 잘 기르자" 라는 광고를 통해서 가족계획을 실시했다. <사진 8>과 <사진 9>는 하나의 자녀를 강조하는 광고를 보여준다.

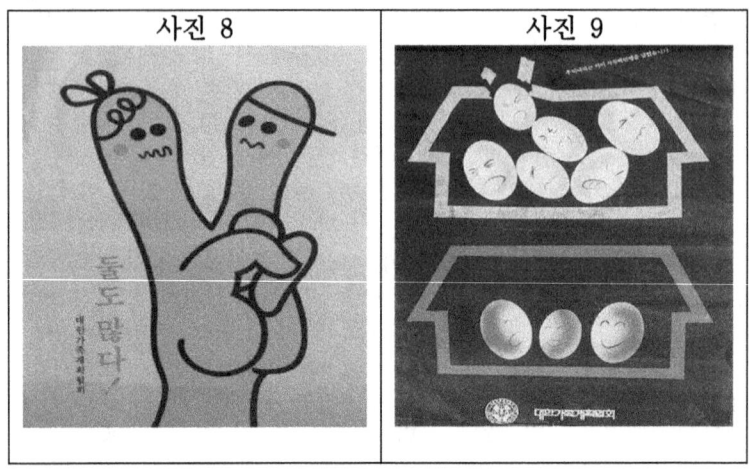

3.2.3 가치관의 변화

한국사회의 가속된 변화는 광고에도 반영되었고 특히 서구적인 개인주의의 영향이 한국 사회에 큰 영향을 미쳤다. 한상필(2003)은 1978 년에서 1983 년까지의 5 년간 변화는 한국의 광고에 표현된 가치관이 전통적 가치관 중심에서 서구적 가치관 중심으로 변화는 기간이라고 말했다. 또한 1983 년에서 1988 년까지의 변화는 서구적 가치관 내에서의 변화였다고 주장했다.

1980 년대 초반에는 개인주의와 집단주의의 빈도가 거의 유사하였지만, 1980 년대 후반부터는 개인주의 빈도가 더 높게 나타났고 특히 평등주의, 물질주의, 그리고 정복지향적 자연관 등 서구적 가치관이 전통적 가치관 보다 압도적으로 많이 나타났다고 분석했다. 한상필(2003)은 88 올림픽을 통해 개성, 독립성을 표현하는 개인주의적 가치관을 강조한 광고의 수가 급격히 늘어났다고 말했다. 정기현(2007)의 결과 분석에 따르면 이 시기 한국의 전통적 가치관은 76.7%인 반면 현대적인 가치관은 23.3%이었다. 더하여 핵가족의 등장빈도는 31.0%, 어머니와 아들의 등장은 3.4%, 어머니와 딸의 등장은 2.6%, 아버지와 아들의 등장은 1.7%이었다. <사진 10>은 개방을 통해서 자율성을 얻은 여성을 위해 개개인의 스타일에 맞게 만든 가방 광고이다. <사진 11>은 앞에서 살펴본 환타 광고인데 1970 년대의 환타

사진 10	사진 11

광고와 달리 핵가족에서 아버지가 나타나지 않는 것을 볼 수 있다. 이것을 봐도 전통적인 가족 가치관이 변화하고 있음을 알 수 있다.

3.3 1990-2000

3.3.1 사회적 특징

1990 년대에는 다른 시기보다 더 복잡한 시기였다. 먼저 급속하게 서양식으로 변해오던 한국사회의 변화가 1990 년대 초반 완만해졌다. 그 원인은 1990 년 이전에 '발전'을 위해 무시했던 전통문화에 대한 관심이 증폭되었기 때문이다. 한국 사회가 갑자기 다시 전통적인 문화를 찾는 이유는 한국적인 가치를 잃어버리지 않기 위한 정부의 전략이라고 생각한다. 그래서 여러 가지 전통적인 문화가 다시 보이기 시작했지만 이 노력은 오래가지 못했다. 서양의 문화는 멈추지 않고 한국사회에 들어왔고 90 년대 중반에 X 세대와 미시족이란 신소비계층이 등장했다. X 세대의 등장으로 광고산업은 전통적인 '우리'를 표현하는 광고에서 떠나 '나'를 집중한 광고를 만들기 시작했다. <사진 12>과 <사진 13>는 '나'에 대한 포카리스웨트 광고들이다. 이런 개인주의적인 광고는 한국인들에게 새로운 인식을 심어줬고 덧붙여 1998 년 IMF 가 터지면서 소비자들이 감성소비, 과소비와 충동구매를 줄이면서 광고는 이미지 중심보다 상품의 장점을 강조하는 광고를 만들어 소비자의 관심을 끌었다. <사진 12>의 내용은 "포카리스웨트가 나의 몸을 깨어나게 하는 것은 이유가 있다"라는 카피를 내세우면서 상품의 장점을 강조한 광고이다.

사진 12

사진 13

3.3.2 정부의 가족계획 특징

1990 년대에는 아이를 하나만 낳자고 하다 보니 이왕이면 아들을 낳겠다는 남아선호사상으로 인해 성별 감식을 하는 부모들이 많았다. 그로 인해 사회문제가 생겼으며 이 문제를 해결하려고 정부는 "아들바람 부모세대 짝꿍 없는 우리세대"라는 광고를 만들고 "선생님! 착한 일 하면 여자짝꿍 시켜주나요."라는 카피를 이용하였다. <사진 14>는 이 광고를 보여주는 포스터이다.

사진 14

3.3.3 가치관의 변화

앞에서 말했듯이 90 년대는 복잡한 시기였다. 90 년대 초반에는 전통적인 가치가 광고에서 다시 보이기 시작했지만 중반부터 후반까지 다시 현대적인 가치가 급등하였다. 한상필(2003)은 1993 년과 1998 년의 광고에 나타난 가치관은 완전히 서구적 가치관으로 변했다고 분석했다. 그 이유는 이 시기의 광고는 전 보다 도 개인주의, 물질주의, 평등주의, 현대적 가족가치관을 강조했기 때문이다. 한상필의 결과에서는 1990 년대 전반기에 개인주의적 가치관을 강조한 광고 비중이 조금 줄어들었지만 1990 년대 후반기에 급격하게 증가했다고 말했다. <사진 15>는 핸드폰 광고이지만 자기의 이미지를 강조한 광고이다. 이 광고 내용은 "공주의 품위 유지" '식사 후 휴대폰 카메라를 켜고 치아 사이에 이물질을 확인한다' 라며 개인의 이미지를 중요시한 개인주의의 성향을 보였다.

정기현(2007)의 결과 분석을 따르면 이 시기 한국의 전통적 가치관은 67.8%인 반면 현대적인 가치관은 30.2%이었다. 또 핵가족의 등장빈도는 18.8%, 어머니와 아들의 등장은 13.9%, 어머니와 딸의 등장은 5.0%, 아버지와 아들의 등장은 3.5%이었다.

사진 15

3.4 2000~현재

3.4.1 사회적 특징

2000 년대는 글로벌, 디지털, 그리고 여성을 중시하는 시대라고 본다. 먼저 디지털 시대라고 부르는 이유는 컴퓨터와 정보통신이 발달하면서 그것에 맞은 새로운 세대가 등장했고 그 세대의 영향이 컸기 때문이다. 그 새로운 세대는 N 세대였고 그들은 PC 나 휴대폰을 이용한 접속을 중요시하는 네트워크 세대였다. N 세대는 90 년대에 X 세대와 비슷하게 소비 시장을 흔들었고 그들의 기호에 따라 사람들이 광고를 만들었다.

그러나 마케팅에서 N 세대만 주목을 받은 것은 아니다. 또 다른 관심 대상은 여성이었는데, 2000 년대 들어서면서 여성의 경제력이 높아지면서 여성 소비자의 매출액이 다른 시기보다 더 증가했기 때문이다. 마지막으로 한국도 더 세계적으로 홍보를 하기 위해서는 세계화로 변화해야 한다고 생각해서 '글로벌화' 가 강조되었고 이에 따라 한국은 전통적인 이미지에서 더욱 벗어나게 되었다. <사진 16>는 여성을 목표로 만든 V12 비타민 드링크로 '여자의 피부를 생각하는 12 가지 비타민' 이라고 한다. <사진 17>은 글로벌화를 의미하는 삼성 [글로벌 워터] 펀드의 광고이다. 이는 세계의 기업들과 맞추어 필요한 투자를 하고 있다는 것을 설명하는 광고이다.

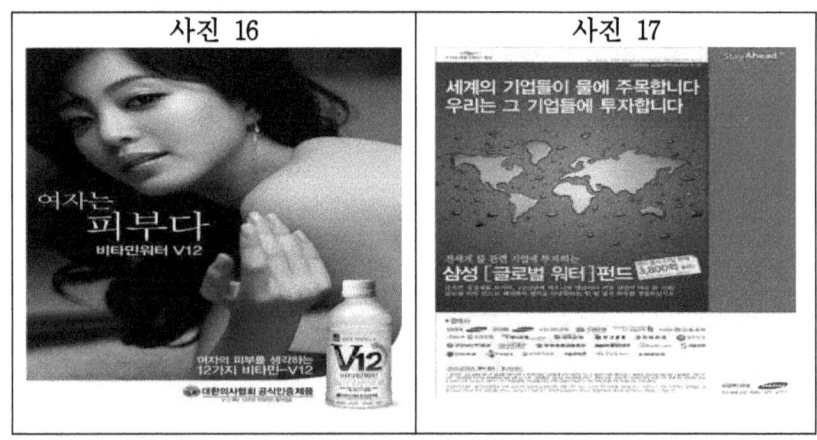

사진 16   사진 17

3.4.2 정부의 가족계획 특징

2000 년대에 정부는 저출산이 가속화되면서 낮은 출산율이 고민이었다. 따라서 그 동안의 가족 계획 광고와 달리 아이를 많이 낳자는 운동을 펼치기 시작하였다. 따라서 광고도 "아빠!

혼자는 싫어요. 엄마! 저도 동생을 갖고 싶어요" 와 "한 자녀보다는 둘, 둘보단 셋이 더 행복합니다" 라는 광고가 나타났다. <사진 18, 19>는 이 광고를 보여준다.

3.4.3 가치관의 변화

정기현(2007)의 연구 결과를 보면 한국의 전통적인 가치관은 29.1%로 감소됐지만 현대적 가치관은 68.9% 증가했다. 덧붙여 광고에서 핵가족의 등장빈도는 8.2%로 하락했지만 비전통적인 어머니와 아들의 등장빈도는 15.7%, 어머니와 딸의 등장빈도는 13.4%, 아버지와 아들의 등장빈도는 6.0%로 다 증가추세를 보였다.

그리고 이 시기 개인주의와 집단주의의 광고는 각각 65%와 34%로 1980 년대 이전의 결과와 완전히 반대되는 것이다. 이것을 보면 한국의 가치관이 얼마나 빠르게 현대적 가치관으로 변해왔는지 볼 수 있을 것이다.

아래의 표는 정기현의 연구와 한상필의 연구를 종합하여 광고에서 나타난 가치관의 변화를 정리한 것이다.

<표 1> 광고에 나타난 변화

	1970	1980	1990	2000
전통적 가치관	86.1%	76.7%	67.8%	29.1%
현대적 가치관	11.1%	23.3%	30.2%	68.7%
핵가족의 등장 경우	36.1%	31.0%	18.8%	8.2%
어머니와 아들의 경우	5.6%	3.4%	13.9%	15.7%
어머니와 딸의 경우	8.3%	2.6%	5.0%	13.4%
아버지와 아들의 등장은	2.8%	1.7%	3.5%	6.0%
개인주의	37%	57%	62%	65%
집단주의	62.5%	42%	37%	34%

4. 결론

한국 사회는 여러 가지 변화를 겪었다. 먼저 집단주의 개념에서 개인주의 개념으로 변했고 전통적 가족가치관에서 현대적 가족가치관으로 바뀌면서 전체적으로 한국 사회는 전통적 가치관에서 현대적 가치관으로 변했다고 말할 수 있다.

1980 년대 이전에는 경제성장을 위해서 국민들이 뭉치면서 '우리' 라는 개념이 강했고 집단주의의 개념이 강했지만 1980 년대 들어서면서 '우리' 의 개념이 약해지고 '나' 를 중시하는 개념이 우세해졌다. 그 원인은 1980 년대 경제적으로 안정되면서 여가에 대한 인식이 더 강화되었기 때문이다. 또한 이러한 변화는 1980 년대에는 여러 사회적 제한이 무너지면서 자율성이 많아졌고 88 올림픽 전후에 글로벌화를 강조하면서 자연스럽게 이루어진 것이다. 그리고 외국인의 수가 늘어나고 인터넷이란 대중매체가 1990 년대에 등장하면서 다양한 시각으로 세상을 바라볼 수 있게 되면서 더욱 더 현대적 가치관이 강화되었다. 2000 년대에는 해외로 유학을 떠나는 사람들이 증가했고, 한국의 이미지가 세계적으로 알려지는 등 많은 사회적 변화를 통해서 한국 사회의 가치관은 현대적 가치관 쪽으로 더 이동했다고 볼 수 있다.

한국 가치관의 이러한 변화는 서구 문화의 영향이 매우 큰 영향을 미쳤다고 볼 수 있지만 국내적인 요소도 현대적 가치관으로의 변화를 야기했다고 볼 수 있다. 그것은 바로 정부의 영향이다. 정부는 가족계획을 통해 사회에 많은 영향을 미쳤다. 1980 년대 이전인 1960 년대와 1970 년대의 가족계획은 각각 3·3·35 운동(3 살 터울로 셋만 낳고 35 세에 단산하자)과 "아들·딸 구별 말고 둘만 낳아 잘 기르자" 였다. 그러다가 1980 년대에 한 자녀 운동인 "둘도 많다. 하나만 낳아 잘 기르자" 라는 광고를 했으며, 1990 년대에는 아이를 하나만 낳자고 하였다. 그리고 이렇게 아이를 하나만 낳자고 하다 보니 이왕이면 아들을 낳겠다는 남아선호사상으로 인한 성별 감식들의 사회문제가 불거지면서 "아들바람 부모세대 짝꿍 없는 우리세대" 라는 운동을 펼치게 된다. 이러한 가족 계획 운동을 통해 한국 사회는 출산율이 급격히 감소하는데 2000 년대에 들어서는 출산율이 현저히 떨어져서 사회의 유지 자체를 걱정할 정도가 되었다. 그 결과 출산을 장려하는 "아빠! 혼자는 싫어요. 엄마! 저도 동생을 갖고 싶어요" 와 "한 자녀보다는 둘, 둘보단 셋이 더 행복합니다" 라는 광고를 하게 되었다. 그러나 60 년대부터 강조한 저출산 운동은 벌써 국민들의 기억에 깊이 인식되었고 빠른 속도로 변한 성 평등으로 인해 여성의 사회진출이 증가되었기 때문에 큰 효과를 보지는 못하였다. 그리고 이러한 저출산을 강조하는 문화는 한국 사회의 가족 형태를 대가족에서 핵가족으로 변화시키는데 큰 영향을 미쳤으며 한국 사회의 가치관의 변화에도 큰 영향을 미쳤다고 볼 수 있다.

지금까지 결과를 분석하면 광고에서 감소된 추세를 보인 부분은 전통적 가치관과, 대가족의 등장과 집단주의이다. 반면, 광고에서 증가된 추세를 보인 부분은 현대적 가치관과, 핵가족 중에서도 완전한 가족이 아닌 어머니와 아들, 혹은 어머니와 딸, 아버지와 아들과 같은 부분적인 가족의 모습이다. 그리고 개인주의가 상당히 강조되었다.

이 결과들을 보면 한국 사회가 전통적 가치관에서 현대적 가치관으로 변해온 원인은 자연스러운 사회발전도 있고 서양의 문화가 많은 역할을 했지만 독특하게 정부의 가족개념 또한 많은 영향을 미쳤다고 판단할 수 있다.

그리고 이러한 현대적 가치관은 앞으로도 계속 유지될 것으로 보인다. 그러나 이러한 가치관이 계속 유지될 경우 저출산 문제가 더 심각해질 것은 물론이고 이것은 인구감소로까지 이어질 수 있을 것이다. 또한 한국의 전통 문화도 완전히 사라질 수도 있다. 따라서 한국은 지금까지 너무 현대적인 것만을 추구해 왔음을 깨닫고 고유의 전통적인 가치를 지키기 위해 노력할 필요가 있겠다. 이러한 노력의 일환으로 전통적 가치를 확산시키는 캠페인을 정부 차원에서 실시할 필요가 있을 것이다.

참고 문헌

김낙희 (2001). 시대변화와광고 A D INFORMATION
반신환 (2006). 우리나라의 문화적 갈등에서 목회상담의 과정 (311-332)
성영신 (1991). TV 광고에 나타난 가족 가치관 연구
정기현 (2007). 광고에 나타난 가족가치관의 변화: 1970 년부터 2006 년까지의 텔레비전 광고 내용분석
한상필 (2003). 광고를 통해 본 한국문화의 변화: 1960 년대부터 2000 년까지의 광고 내용분석. 광고연구, 58, 135-162.
Hofstede, G.(1980), Culture's consequences: International differ ence in work-related values, Beverly Hills, CA: Sage.
Hofstede, G.(1995). Culture and Organizations: Software of the mind. Beverly Hills.: CA: Sage.

오바마 정부와 이명박 정부의 대북정책과 한미동맹의 바람직한 방향을 위한 제안

신소윤 / Sophie Shin

MA, Korean for Professionals, University of Hawaiʻi at Mānoa, 2009
BA, International Studies, UC San Diego, 2007

Barack Obama's and Lee Myung-bak's policies towards North Korea: Suggestions for the betterment of U.S. policy in North Korea and US-ROK relations

This paper examines Obama's and Lee Myung-bak's administrations' policies towards North Korea and their effects on the future of the US-ROK alliance. Ultimately, this paper will use the analysis to make suggestions for the betterment of our policy in North Korea and the US-ROK alliance. The strong correlation between the US-ROK relations and the policy on North Korea is undeniable, making the foundation of the US-ROK alliance. The alliance still holds true today against the constant nuclear threat from North Korea. However, the change in administration and the many variables which it entails—such as Secretary of State Hillary Clinton's visit to Asia, the 2009 State of the Union Address, summit with President Lee Myung-bak, and the recent missile threat from North Korea—suggest substantial transformations of our policy towards North Korea and the US-ROK alliance. Therefore, this paper will discuss how these variables are changing the basis of our and ROK's policy toward North Korea, and carefully make suggestions for a better North Korea policy and US-ROK alliance.

1. 서론

한미동맹은 미국과 한국이 북한의 도발에 대하여 공동으로 대처하기 위해 만들어진 군사적 방어기제이다. 따라서 양국이 추구하는 대북정책 방향이 궁국적으로 한미동맹의 성격 변화에 지대한 영향을 미치는 것은 자명한 일이며, 이는 한미동맹이 시작된 냉전시대부터 지금까지의 변화를 살펴보면 잘 알 수 있다. 먼저, 동맹이 성립된 냉전시기에는 대북정책에 있어서 그 내용이나 정책 추진 방법에 양국간의 이견이 없었고, 따라서 한미동맹 또한 군사적 공동체 (상호 방위를 목적으로 한) 로서의 위상 뿐만 아니라 경제, 외교적 유대를 담보하는 매우 확고한 연결 고리였다. 이를 기반으로 양국이 서로 우호적으로 공존하며 별다른 마찰이 없었다. 이는 양국의 북한에 대한 견해가 가지고 있던 공통점이 동맹으로 이어졌고, 이러한 분위기는 한동안 변하지 않았기 때문이다.

하지만 탈냉전시기가 도래하면서, 그리고 한국의 정치 사회적 목소리가 다양성을 보이기 시작하면서 양국의 북한을 바라보는 견해도 조금씩 달라지기 시작하였고, 특히 양국의 직전 정부에서는 그 틈이 눈에 띨 정도로 차이가 있었던 듯 하다. 예를 들어 부시 전 대통령은 한 때 북한을 '악의 축'으로 간주한 반면, 햇볕정책 등으로 대변되는 김대중, 노무현 정부의 대북정책은 부시 정부의 정책보다 훨씬 온건한 것이였다. 한편, 오바마 정부와 이명박 정부는 이전과는 확실히 다른 기조의 대북정책을 펼칠 것이라고 거듭 강조하고 있어서 한미동맹의 또다른 변화가 예고되고 있다.

이렇듯 양국의 대북정책 기조 변화에 따라 한미동맹은 수많은 변화를 겪어 왔고, 현재 또한 변화하고 있다. 그러므로, 이 시점에서 바람직한 대북정책과 한미동맹의 방향을 찾기 위해 양 정상들이 추구하고 있는 대북정책의 방향을 비교, 분석하는 과정은 상당한 의미와 가치가 있다고 하겠다.

현 시점에서 미국과 한국의 대북정책을 비교분석하는 또 하나의 가치는 최근 급변하고 있는 북한의 정세에서도 살펴볼 수 있다. 북한의 최근 심화된 긴장조성 움직임과 핵 불능화가 이루어지지 않고 있는 현 상황, 그리고 김정일 와병설과 후계자 지명설 등으로 야기되고 있는 북한 정권의 불확실성은 미국과 한국의 대북정책 노선 변화를 불러오고 있기 때문이다. 또한 한국 내에서 북한을 바라보는 시각의 변화도 하나의 변수로 작용할 수 있다. 이명박 정부 뿐만 아니라 한국민의 정서적 공감대에서 북한을 배타적 타도대상인 적으로 간주하느냐, 아니면 잠재적 공생관계인 포용 대상으로 보느냐는 한미동맹의 미래에 영향을 미치는 또 하나의 변수이다.

그렇다면 지금까지의 이러한 변화 가운데 특히 최근 변화를 확인하려는 시도는 무엇이며, 그러한 시도를 통해 제시하려는 바람직한 대북정책과 한미동맹의 방향은 무엇인가? 이는 크게 다음 세 가지로 나누어 볼 수 있다. 첫째, 김대중 대통령과 노무현 대통령의 대북정책에 대한 평가이다. 둘째, 이명박 대통령의 대북정책에 대한 설명이다. 마지막으로 오바마 대통령 취임 후의 한반도 정세에 대한 예측이다. (한국 학계에서는 바람직한 대북정책과 한미동맹의 방향을 제시하기 위해 이러한 세 가지 접근방법을 사용하고 있는 것을 확인할 수 있다.)

예를 들어 성경륭 한림대학교 교수는 '김대중-노무현 정부와 이명박 정부의 대북정책 추진전략 비교: 한반도 평화와 공동번영 정책의 전략, 성과, 미래과제'에서 김대중-노무현 정부의 대북정책을 분석, 평가하였고, 더 나아가 이를 통해 저자가 생각하는 이명박 정부의 바람직한 대북정책 방향을 설명하고 있다. 또한 조화정치연구원의 김강녕은 '제 6 장 이명박 정부의 대북정책 - 군사안보분야'를 통해 이명박 정부의 대북정책을 분석하였다. 그리고 고유환 동국대학교 북한학과 교수는 '오바마 당선 이후 북미관계와 한반도 정세'를 통해 저자가 생각하는 오바마 정부 시기의 한반도의 미래에 관해 설명하고 있다.

하지만 중요한 것은 2008 년 이전의 대북정책, 한미관계와 2009 년 현재 상황은 많이 달라져 있고, 바람직한 대북정책과 한미동맹을 위한 제안들도 급변하는 상황을 유연하고 신속하게 반영해야 한다는 점이다. 예를 들어 수위가 높아지고 있는 북한의 도발을 들 수 있다. 최근 북한의 미사일 발사, 핵시설 재가동 시도를 비롯한 국제적 도발과 개성공단 등 남북 경협과 관련한 일련의 국지적 도발 등으로 그 어느 때보다 심각한 상황이다. 따라서 이 시점에서 필요한 연구는 오바마 정부의 대북정책 기조를 살펴보는 것과, 이명박 정부의 대북정책이 최근 어떻게 변화하고 있는지 분석하는 것이다. 또한 단순히 정책의 기조를 알아보는 것에 그치는 것이 아닌 비교분석이 필요하다. 효율적이고 바람직한 한미동맹과 대북정책을 위해서는 비교분석을 통한 조율이 필수이기 때문이다.

따라서 본 연구는 오바마 정부와 이명박 정부의 대북정책을 살펴보고 비교분석함으로써 바람직한 한미동맹과 대북정책의 방향을 제시하는 것을 목적으로 한다. 이를 위해 본 연구는 오바마 대통령과 이명박 대통령의 대북정책 기조를 살펴보고 이것이 한미동맹에 미치는 함의를 고찰하려 한다. 연구방법으로는 국내외 전문가들의 발표, 문헌연구, 신문·잡지등 기사검색과, 오바마 대통령의 취임연설과 연두교서를 이용할 것이다. 또한 힐러리 국무장관의 아시아 순방 도중의 협의 내용과, 양국 정상회담의 협의 내용도 자세히 관찰하려 한다. 최근의 급변하고 있는 국제정세를 자세히 살펴보아 앞으로의 바람직한 대북정책과 한미동맹을 위한 방향을 조심스럽게 제안하고, 조금이나마 미국 정부의 대북정책과 한미동맹의 향후 방향에 긍정적으로 일조하려는 것이 이번 연구의 궁극적인 바람이기 때문이다.

2. 오바마 정부의 대북정책

오바마 대통령 취임 후 미국 정부에서 일어나고 있는 많은 일들은 대북정책과 한미관계의 중대한 변화를 예고하고 있다. 특히 다음의 몇 가지를 통해 향후 오바마 정부의 대북정책과 한미관계의 방향성에 대해 예측해 볼 수 있다. 첫째는 대통령의 취임연설과 연두교서(State of the Union Address)이다. 대통령의 취임연설은 새 정부의 이상과 목표를 살펴볼 수 있는 중요한 연설이다. 또한 연두교서는 매년 초 대통령이 자신의 국정 철학과 정책 기조 등을 밝히는 자리로, 발언 하나하나가 정책에 중요한 영향을 미친다. 이것은 대북정책과 한미동맹의 미래에 대한 제안들을 대통령에게서 직접 들을 수 있는 좋은 기회이다. 둘째는 힐러리 국무장관의 아시아 순방이다. 이 아시아 순방은 오바마 정부의 대북정책에 관한 청사진을 살펴볼 수 있는 좋은 기회이다. 마지막으로 정권교체 후 이명박 대통령과의 첫 정상회담과 최근의 북한 미사일 발사, 6자회담 불참 선언 및 핵시설 재가동 문제도 대북정책과 한미관계에 새로운 국면을 가져올 것이다. 바람직한 한미동맹과 대북정책을 위한 제안들은 2008년과는 다른 이러한 변수들이 한미동맹과 대북정책간의 상관관계를 어떻게 변화시키고 있는지 새로운 시각으로 바라보는 것에서 출발해야 한다.

2.1 오바마 정부의 대북정책 기조

먼저 오바마 정부의 대북정책 기조를 세 가지로 요약하자면 다음과 같다. 첫째는 북한과의 직접대화를 선호한다는 것이다. 둘째는 다자체제나 국제기구를 통한 북핵문제 해결을 선호한다는 점이다. 마지막으로는 검증 가능한 핵 폐기가 이루어져야 한다는 전제조건을 강조한다. 다시 말하면, 이것은 북한이 신고하지 않은 시설에 대해서도 접근, 완전하고 검증 가능한 제거(complete and verifiable elimination)를 해야 한다는 원칙을 의미하는 것이다. 이러한 오바마 정부의 대북정책 기조를 이전 행정부들과 비교해 보자면, 크게 미국과 북한의 고위급 직접 대화 실현 가능성과 북핵 폐기를 위한 정부의 기본적 원칙으로 나누어 볼 수 있다. 미국과 북한의 고위급 직접 대화 가능성이 높아졌다는 점은 클린턴 행정부 말기와 많은 유사성을 보이고 있으며, 북핵 폐기를 위한 6자 회담의 중요성 강조도 부시 2기 행정부와 많은 공통점을 보이고 있는 것을 알 수 있다. 또한 북핵 폐기를 위한 기본 원칙에 있어서 부시 행정부의 '완전하고 검증가능하며 돌이킬 수 없는 폐기 (CVID)' 원칙과 같은 노선을 유지하려 한다는 점에서는 맥락을 같이 한다고 볼 수 있다. 하지만 북한과의 직접대화를 꺼렸던 이전의 방침에서 대화를 시도하는 방향으로 바뀌었다는 점과, 정상회담의 가능성도 조심스럽게 거론되고 있다는 사실이 이전 행정부와는 다른 점으로 설명될 수 있다. 이러한 오바마 정부의 대북정책에 대해 한국 내에서는 ABB (anything but Bush) 노선을 펼치면서 클린턴 시절로 회귀할 것이라는 의견과, 이전 행정부의 정책과 크게 달라지지 않을 것이라는 상반된 분석들이 나오고 있다.

그렇다면 무엇이 오바마 정부로 하여금 부시 행정부와는 다른 대북정책을 추구하게 하였을까? 대선 캠페인 때, 오바마 후보의 슬로건은 'change'였다. 즉 부시 행정부와는 다른 성향의 정부를 계획하고 있다는 것을 밝힌 것이다. 이전과는 다른 세상을 만들겠다는 오바마 후보의 이러한 야망은 많은 국민에게 희망을 심어주었고, 당선에 커다란 동력으로 작용하였다. 오바마 대통령이 북한과 언제든지 대화할 준비가 되어 있다고 밝힌 점도 이러한 야망을 보여주기 위해서라고 생각한다. 북한과의 대화 시도 의지는 부시 전 대통령이 북한을 대화 불가능한 상대로 간주한 것과 반대되는 움직임이기도 하다.

2.2 오바마 정부의 대북정책 사례들

오바마 대통령과 측근들 사이에서 거론되고 있는 북핵문제 해결 방안들에는 어떤 것이 있을까? 이들이 가장 먼저 논의한 사안은 국내의 정치적 합의를 통해 북한과 협상에 나설 수석 협상가를 지명하자는 것이었다. 이에 대한 구체적인 방법으로 거론된 것은 북핵 협상에만 전념할 수 있는 6자회담의 전담 대사를 두자는 것이었다. 이 과정에서 국가안보회의 (NSC) 소속의 고위직 인사를 북핵 협상 특사로 임명하자는 방법 또한 거론되었다. [1] 이에 대해 오바마 정부는 2009년 2월 20일 스티븐 보즈워스 (Stephen Bosworth) 전 주한 미대사를 대북 고위급 특사로 임명하였다.

---

[1] 출처: 2008년 11월 18일자 자유아시아방송 기사. 오바마 행정부가 고려하고 있는북핵문제 해결 방안에 대한 보도.
http://kr.news.yahoo.com/service/news/shellview.htm?linkid=4&articleid=20081118071600795j9&newssetid=1352

오바마 정부의 대북 정책을 살펴볼 수 있는 사례들을 더 살펴보기로 하자. 먼저 대통령의 취임연설과 연두교서 (State of the Union Address)를 들 수 있다. 취임연설에서 오바마 대통령은 미국이 직면한 과제와 도전들을 해결하기 위한 동맹국과의 협력을 강조했다.

Recall that earlier generations faced down fascism and communism not just with missiles and tanks but with sturdy alliances and enduring convictions... Guided by these principles once more, we can meet those new threats that demand even greater effort, even greater cooperation and understanding between nations... With old friends and former foes, we will work tirelessly to lessen the nuclear threat and roll back the specter of a warming planet. [2]

즉, 평화와 안정을 위협하는 요인 중 하나인 북한의 핵도발 문제를 해결하기 위해 지금보다 견고한 협력을 국제사회에 촉구하고 있는 것이다. 또한 오바마 대통령은 취임연설에서 주장한 세계 각국 사이의 긴밀한 협력을 위해 정부는 어떠한 계획을 세우고 있는지 연두교서에서 구체적으로 밝히고 있다.

To seek progress towards a secure and lasting peace between Israel and her neighbors, we have appointed an envoy to sustain our effort. To meet the challenges of the 21st century—from terrorism to nuclear proliferation, from pandemic disease to cyber threats to crushing poverty—we will strengthen old alliances, forge new ones, and use all elements of our national power. [3]

위의 연두교서에서는 이스라엘 특사를 임명한 사실만을 밝혔지만, 스티븐 보즈워스 (Stephen Bosworth) 전 주한 미대사를 대북 고위급 특사로 임명한 것도 핵무기 확산과 같은 21 세기의 새로운 도전에 맞서기 위해 동맹국가간의 협력을 강조하고 있는 외교정책 방향과 일맥상통한다고 볼 수 있다.

또한 힐러리 국무장관의 아시아 순방도 현 정부의 대북정책을 살펴볼 수 있는 좋은 사례이다. 힐러리 국무장관은 2009 년 2 월 19 일부터 20 일까지 한국을 방문했다. 방한 기간동안 힐러리 장관은 유명환 한국 외교통상부 장관과 회담을 갖고, 이명박 대통령과도 만남을 가졌으며, 주한미군 기지도 방문하였다. 새 정부가 출범하고 난 후의 첫 방한이니만큼 회담의 목적은 한반도 정책에 대한 청사진을 제시하는 것과 양국의 협력을 재확인하는

---

[2] 출처: 오바마 대통령의 취임연설 전문.
http://www.presidency.ucsb.edu/ws/index.php?pid=44
[3] 출처: 오바마 대통령의 연두교서 전문
. http://www.presidency.ucsb.edu/ws/index.php?pid=85753

것에 맞추어져 있었다. 이러한 방한 목적은 힐러리 장관의 방한 전, 미국 국무부 대변인의 정례 브리핑과 이와 관련한 한국 정부 관계자의 발언을 통해 알 수 있다.

로버트 우드 국무부 부대변인은 5일 정례 브리핑에서 "이번 순방은 (대북정책) 재검토 과정의 일환"이라며 "힐러리 장관은 북한으로 하여금 국제적 의무를 준수하도록 하는 방안에 대해 이 지역 지도자들의 의견을 청취하길 원한다"고 밝혔다. 이와 관련, 한국 정부 고위 당국자는… "힐러리 장관과의 회담에서도 6자회담을 통한 한·미 공조의 중요성을 재확인하게 될 것"이라고 말했다.[4]

회담 후 공동 기자회견에서 힐러리 국무장관과 유명환 한국 외교통상부장관은 최근 북한이 남북대화를 거부하고 미사일 발사 등으로 동북아의 긴장을 심화시키고 있는 상황에 대해 한 목소리로 우려를 표명하였다.

여하한 경우에도 북한의 핵보유를 용인할 수 없고 한미간 긴밀한 공조를 통해 6자회담에서 완전하고 검증가능한 북한 핵폐기를 추진하는 한편 6자회담 참가국들과의 협력을 더욱 강화해 나가기로 했다. 최근 북한이 남북대화를 거부하고 긴장을 고조시키는 움직임은 한반도와 동북아의 안정을 저해하는 것이므로 조건없이 남북대화에 임하도록 촉구했다.[5]

이렇듯 최근 북한의 미사일 발사는 그 어느 때보다 대북정책의 공고함과 확실한 시행을 요구로 한다. 오바마 대통령이 취임연설과 연두교서에서 동맹국간의 협력을 제차 강조한 이유도 바로 여기에서 찾을 수 있다고 생각한다. '북한의 비핵화'라는 궁국적인 대북정책의 목표 달성을 위한 방법으로 오바마 정부는 대화와 협력을 키워드로 삼고 있는 것이다.

3. 이명박 정부의 대북정책

한국 정부의 대외정책 중 대북정책이 차지하는 비중이 상당하다는 것은 아무리 강조해도 지나치지 않다. 한국 사회 내에서 북한을 바라보는 시각은 한 사람의 정치적 성향을 살펴보기 위한 방법으로 사용되기도 하며, 대북정책은 그 정책을

---

[4] 출처: 2009년 2월 7일자 중앙일보 기사. 힐러리 클린턴 국무장관의 한국 방문 목적에 대한 보도.
http://kr.news.yahoo.com/service/news/shellview.htm?articleid=2009020701402142319&linkid=4&newssetid=1352

[5] 출처: 2009년 2월 7일자 아시아투데이 기사. "한미외교장관 기자회견 문답"
http://kr.news.yahoo.com/service/news/shellview.htm?linkid=4&articleid=20090220141900505j3&newssetid=746

계획한 대통령과 정권의 이념적 성향을 가늠하는 큰 요인으로 작용하기 때문이다. 따라서 북한이라는 특수한 상황이 한국 정치 내에서는 대북정책의 중요성과 이를 둘러싼 정치적 이념의 갈등으로 표출되는 것을 살펴볼 수 있다. 지구상에 존재하는 어느 나라에서든지 진보와 보수의 갈등은 정치계에서 찾아볼 수 있지만, 한국의 경우는 그 갈등이 뚜렷히 드러난다. 한국의 진보와 보수는 극명하게 다른 대북정책에 대한 견해를 가지고 있으며, 어느 세력이 정권을 잡느냐에 따라 대북정책은 이전과는 다른 양상을 띄게 된다. 이명박 대통령도 어김없이 이전 정권의 대북정책과는 정반대의 정책을 펼치겠다고 재차 강조하였다. 그렇다면 김대중, 노무현 전 대통령들과는 상반되는 이명박 대통령의 대북정책은 무엇인지 자세히 살펴보도록 하자.

3.1 이명박 정부의 대북정책 기조

이명박 정부는 이전 정부의 집권기간을 특히 대북정책과 관련하여 '잃어버린 10 년'이라고 표현하였는데, 이 사실만 보아도 한국의 진보와 보수 정권간의 극명한 대북정책 기조 차이를 알 수 있다. 이러한 이명박 정부의 대북정책 기조를 두 가지로 간단히 요약하자면 다음과 같다. 첫째는 '비핵개방 3000' 정책이고, 둘째는 '상생, 공영'이라는 것이다.

성경륭 한림대학교 교수는 '김대중-노무현 정부와 이명박 정부의 대북정책 추진전략 비교: 한반도 평화와 공동번영 정책의 전략, 성과, 미래과제'에서 이명박 정부의 대북정책 목표와 추진원칙에 대해 설명하고 있다. 먼저 저자는 이명박 정부의 대북정책 개념을 '비핵개방 3000' 과 '상생·공영'정책으로 나누었다. 비핵개방 3000 정책은 북한이 핵을 포기하고 개방의 길을 택하면 한국 정부가 국제사회와 협력하여 10 년 안에 북한주민의 소득이 3000 달러에 이르도록 돕겠다는 정책이다. 상생·공영 정책은 비핵을 통한 새로운 평화구조 창출과 남북 경제공동체 형성을 추진함으로서 국민합의를 바탕으로 상생·공영의 남북관계를 추진하겠다는 목적이 있다. 따라서 저자는 이명박 정부의 대북정책 목표가 평화공동체의 건설, 경제공동체의 달성, 행복공동체의 실현 등 3 가지로 정리될 수 있다고 설명한다. 또한 저자는 이명박 정부의 대북정책 목표 달성을 위한 추진원칙을 4 가지로 나누었다. 그 네 가지는 실용과 생산성의 추구, 원칙에 철저하되 유연한 접근, 국민합의에 기반한 투명한 정책의 추진, 그리고 남북협력과 국제협력의 조화이다. 하지만 글에서 설명된 대북정책의 기조와는 다르게, 한국

내에서는 이명박 정부의 대북정책을 남북대화 단절과 강경책으로 표현하는 경우가 대부분이다.

그렇다면 한국의 학자들은 이명박 대통령의 대북정책에 대해 어떠한 평가를 내리고 있을까? 한국 학계에서도 강경책으로 정의내리며 비판하는 의견이 있는가 하면, 북한 포용정책의 문제점을 지적하며 이에 반론을 제기하는 학자들도 있다. 예를 들어 배성인 한신대학교 국제관계학부 외래교수는 '이명박 정부의 한미관계와 남북관계: 선순환 구조를 위한 제언'이라는 글에서 이명박 정부의 대북정책 문제점을 지적하고 있다. 첫째, 저자는 '북한이 핵폐기 결단을 내린다'는 전제조건이 대북지원과 연계되어 있어 비현실적이라고 주장한다. 둘째, 3000 달러에 대한 구체적인 해법이 없이 경제적으로만 치우쳐 있다고 주장한다.

하지만, 성경륭 한림대학교 교수는 앞서 언급한 글에서 대북 포용정책의 문제점에 대해 언급하며 반론을 제기한다. 첫째, 글에서는 북한의 이중성에서 포용정책의 한계가 드러났다고 주장한다. 즉 북한은 자국의 안전을 위해 한국의 대북정책 성격과 관계없이 핵개발을 시도하였기 때문에, 대북포용정책은 효율성과 설득력이 떨어진다는 주장이다. 둘째, 대북지원 도중 북한의 군사적 도발로 지원이 중단된다면, 이것이 북한을 자극하여 또다른 위협을 부추기는 악영향을 끼친다는 주장이다.

그렇다면 한국 내에서 이명박 대통령의 대북정책에 대한 평가가 이렇게 극단적으로 엇갈리는 이유는 무엇일까? 바로 보수세력만이 강경한 대북정책을, 진보세력만이 온건한 대북정책을 대변한다는 흑백논리에서 비롯된다고 생각한다. 이러한 이분법적 논리는 문제를 단순화시키는 위험뿐만 아니라, 사회 구성원들간의 불필요한 분열을 야기시키는 등의 악영향을 미친다.

3.2 이명박 정부의 대북정책 사례들

남북경협 노력과 대통령의 한미동맹에 대한 견해는 한국 정부의 대북정책을 잘 보여주는 좋은 사례라고 생각한다. 조화정치연구원의 김강녕은 '제 6 장 이명박 정부의 대북정책 - 군사안보분야'를 통해 나들섬 경제협력단지의 개발에 대해 언급하고 있다. 나들섬은 인천 강화도 북쪽에 있는 인공섬으로, 남한에 개성공단과 같은 경협단지가 생긴다는 것은 3 통 (통행, 통신, 통관) 의 문제를 해결하는 데 큰 도움을 줄 것이라는 설명이다. 저자는 또한 북핵폐기를 위한 공조를 강화하는 21 세기 전략적 한미동맹에 대해서도 설명하고 있다. 이명박 대통령은 '한미동맹의 발전이 남북관계의 발전으로 이어진다'는 주장을 거듭 강조해 오고 있기 때문이다.
 그렇다면 남북경협에 대한 논의에서 빠질 수 없는 개성공단을 통해 한국 정부의 대북정책 사례들을 더 살펴보기로 하자. 최근 북한이 직원들의 임금 인상과 토지임대료 유예기간 단축을 요구하면서 개성공단 문제가 다시 거론되고 있다.

<표 1> 북측·남측 요구사항[6]

북측 요구 사항	남측 요구 사항
1. • 개성공단 사업 위해 남측에 주었던 모든 제도적 특혜조치 전면 재검토 • 개성공업지구의 '토지임대차 계약'을 다시 체결 • 2010년부터 토지사용료 지불 • 개성공단 북측 노동자들의 임금 현실에 맞게 조정	1. • 남북합의서 무효 선언 등 긴장 조성 행위 즉각 철회 2. • 개성 억류자 신병 즉각 인도. 석방하지 않을시 강력 대처 3. • 육로통행 및 체류 제한 조치 철회 4. • 우리 국가원수에 대한 비방·중상 즉각 중지
2. • 개성공단 사업과 관련한 기존 계약을 재검토하기 위한 협상 시작	5. • 남북관계 현안 해결 위한 남북 당국 간 차기 접촉

 한국의 현대아산 근로자 한 명이 개성공단에 억류되어 있는 상황에서, 북한이 위와 같은 요구사항을 4월 21일 남북접촉을 통해 전달하였고, 5월 15일에는 기존의 계약을 파기하며 자신들의 요구를 수용하지 않는다면 남한 기업의 공단 철수가 불가피하다는 내용을 일방적으로 발표하였다. 따라서 남한에 주었던 특혜 조치를 재검토 하겠다는 북한측과, 억류되어 있는 근로자 문제 해결을 주장하는 한국 정부가 맞서면서 문제해결에 상당한 난항이 예상되고 있다. 4월 21일 있었던 남북접촉 자체에 관한 논란 또한 끊이지 않고 있다. 이명박 정부 출범 후 첫 공식 남북 고위급 접촉이었다는 사실에 큰 의미를 두는 전문가들도 있지만, 북한이 자신의 입장을 일방적으로 낭독하는 것에 불과했다는 지적도 있기 때문이다. 하지만 유엔 안전보장이사회가 대북제재 리스트 작성 시한을 24일로 정하는 등 대북압박이 강화되자, 북한이 대남압박을 통해 활로를 모색하기 위해 이러한 요구를 하게 되었다는 의견에는 큰 이견이 없는 듯하다.[7]

---

[6] 2009년 4월 21일자 경향신문 기사. 이날 있었던 남북접촉에 관한 보도. http://kr.news.yahoo.com/service/news/shellview.htm?linkid=10&articleid=20090421181947540&newssetid=80

[7] 2009년 4월 25일자 문화일보 기사. "<10 문 10 답 뉴스 깊이보기>기로에 선 '개성공단' 왜, 무엇이 문제인가"

개인적으로는 개성공단을 둘러싼 이번 사건을 통해 이명박 정부가 국민들이 대북정책에 가지고 있는 선입견들을 해소할 수 있는 가능성을 보았다. 현인택 통일부 장관의 발언을 살펴보아도 "개성공단 폐쇄는 현재 검토하고 있지 않다"며 "정부는 개성공단을 안정적으로 잘 관리해서 발전시킨다는 생각"이라고 밝힌 바 있다. 8 따라서 이번 사건을 통해 한국 사회 내의 대북정책을 둘러싼 소모적 이념갈등을 건전한 의견 수렴의 장으로 끌어낼 수 있는 좋은 기회라는 생각을 조심스럽게 해 보았다.

4. 최근의 북한 미사일 발사로 살펴보는 바람직한 대북정책과 한미동맹

2009년 4월 5일, 북한은 국제사회의 우려에도 불구하고 미사일을 발사하였다. 이에 대해 미국과 한국은 북한의 미사일 발사를 도발적 행위로 간주하며, 한반도와 동북아의 평화를 위협하는 도발적 행위를 중단할 것을 북한에게 촉구하였다.

> North Korea's development of a ballistic missile capability, regardless of the stated purpose of this launch, is aimed at providing it with the ability to threaten countries near and far with weapons of mass destruction. This action demands a response from the international community, including from the UN Security Council to demonstrate that its resolutions cannot be defied with impunity. 9

북한의 미사일 발사에 대한 유럽이사회 (European Council) 와의 공동성명에서 오바마 대통령은 북한의 탄도미사일 발사 능력 개발노력이 주변 국가는 물론 국제사회를 위협하기 위한 것이라고 밝히고 있다. 따라서 오바마 대통령은 북한의 대량살상무기 확산 방지를 위해 유엔 안전보장이사회의 결의안과 같은 국제적인 대응이 필요하다고 강조하고 있다. 이명박 대통령도 미사일 발사 다음날 정례연설을 통해 북한의 강경행동에 심각한 우려를 표명하며 도발행위 중단을 촉구하였다.

---

http://kr.news.yahoo.com/service/news/shellview.htm?linkid=10&articleid=2009042507374739816&newssetid=455

8 2009년 3월 18일자 한겨레신문 기사. 현인택 "개성공단 폐쇄 검토 안해" http://kr.news.yahoo.com/service/news/shellview.htm?linkid=10&articleid=2009031819215427323&newssetid=80

9 2009년 4월 5일 오바마 대통령이 북한의 미사일 발사에 대해 유럽이사회 (European Council) 와 공동으로 밝힌 공식성명, http://www.presidency.ucsb.edu/ws/index.php?pid=85984&st=north+korea&st1

이 대통령은 북의 로켓 발사를 '무모한 도발'로 규정지음으로써 향후 원칙에 입각한 흔들림없는 대응을 예고했다. 이 대통령은 "세계가 모두 말리는데도 기어이 세계안보와 지역안보를 위협하는 북한당국의 무모한 행동은 어떤 명분도 가질 수 없다"고 강력히 질타했다. [10]

또한 한국은 북한 미사일 발사의 대응책으로 PSI (대량살상무기 확산 방지구상) 전면참여를 검토하고 있다. 한국은 지금까지 참관 자격으로 PSI 에 부분적인 참여를 해 왔지만, 이러한 참여의 수준을 높이는 것에 대한 여부를 논의하고 있는 것이다. 하지만 북한은 한국의 PSI 전면참여 논의를 선전포고로 간주하며 더욱 위협의 수위를 높이고 있다.

북한군 리영호 총참모장은 24 일 남한과 미국의 대북적대정책을 지적하면서 "전쟁억제력을 강화하고 보다 강경한 대응조치를 취해 나갈 것" 이라고 밝혔다. [11]

여기서 리영호 총참모장이 이야기하는 강경한 대응조치는 최근 북한의 6 자 회담 탈퇴와 핵시설 원상복귀 선언, 2 차 핵실험 예고 등을 들 수 있다.

그렇다면 전문가들은 최근 북한의 도발 수위가 그 어느 때보다 높아진 이유에 관해 어떠한 의견들을 제시하고 있을까? 최근 김정일의 건강과 후계자 문제가 북한의 중대 사안 중 하나로 부상하면서 체제의 건재함을 알리기 위한 수단이라는 분석이 있다. 또 다른 분석은 '관심끌기' 이다. 최근의 세계적 경제위기와 중동지역에서 벌어지고 있는 테러와의 전쟁으로 인하여 미국과 한국의 대외정책이 우선순위에서 밀려날 것을 우려한 북한의 전략이라는 설명이다.

물론 북한이 왜 미사일을 발사했는지 이유를 분석하는 과정도 필요하다. 하지만 김정일의 건강과 후계자 문제, 식량과 자원 부족 문제와 같은 북한이 처해 있는 상황을 좀 더 자세히 살펴볼 필요가 있다고 생각한다. 왜냐하면 북한의 실상이 앞으로의 바람직한 대북정책과, 나아가서는 한미동맹의 방향을 제시하는 또 하나의 방법이 될 수 있기 때문이다. 지금 북한으로서는

---

[10] 2009 년 4 월 6 일자 뉴데일리 기사. 같은 날 있었던 이명박 대통령의 정례연설에 대한 보도.
http://kr.news.yahoo.com/service/news/shellview.htm?linkid=10&articleid=20090406092442588f6&newssetid=455

[11] 2009 년 4 월 24 일자 연합뉴스 기사. 4.25 문화회관에서 열린 인민군 창건 77 주년 중앙보고대회에서 북한군 리영호 총참모장이 한 발언을 보도하고 있음.
http://kr.news.yahoo.com/service/news/shellview.htm?linkid=4&articleid=2009042419551352701&newssetid=1352

경제회복이 그 무엇보다 시급한 과제일 것이 분명하다. 북한이 군력증강에 대부분의 예산을 사용한다는 사실이 이미 많은 전문가들을 통해 알려진 만큼, 민심을 잡기 위해 식량문제 해결의 필요성을 느끼고 있을 것이기 때문이다. 식량과 자원부족 문제를 해결하기 위해 경제회복은 필수이지만, 바로 여기서 북한이 처한 딜레마가 드러난다. 북한의 관점에서는 개방을 통한 경제회복의 필요성과, 외부세력이 체제의 붕괴를 가져올 위험성이 공존하기 때문이다. 따라서 이러한 북한의 실상이 벼랑끝 전술, 선군정치, 미사일 발사, 핵무기 개발과 같은 위협적 행동의 빌미를 제공한다고 생각한다. 북한은 체제의 붕괴를 막으면서 국제적 협상에서 유리한 고지를 차지하고자 위와 같은 전략을 택한 것이다.

그러므로, 문제의 핵심을 살펴본다면 앞으로의 대북정책이 어떠한 방향으로 전개되어야 하는지 해답을 얻을 수 있다. 그것은 바로 벼랑끝 전술, 핵무기 개발과 같은 강경한 대외전략은 국제적 협상에서 북한을 불리하게 만든다는 사실과, 식량·에너지 지원 요청과 같은 국제적 지원 호소의 설득력을 떨어뜨린다는 점을 인식시키는 것이다.

또한 미국과 한국의 대북정책에 효율성을 부여하기 위해서는 어떤 것이 필요할까? 미국과 한국 정부 모두 한반도와 동북아의 평화를 위해 북한의 비핵화가 필수적이라는 사실에는 동의한다. 그렇지만 지금까지 북한 비핵화가 실현되지 않고 있는 이유 가운데 큰 하나는 양국 대북정책이 항상 같은 길을 걷지 않았다는 점에 있다고 생각한다. 서론에서도 언급하였듯이, 탈냉전 시기에는 양국이 상당히 다른 대북정책 기조를 보인 것을 알 수 있다. 하지만 북한의 비핵화라는 난제는 주변 국가들의 공조를 필요로 한다. 따라서 직접적 당사자라 할 수 있는 미국과 한국이 대북정책의 기조를 일관성 있게 조율하는 것이 필수임은 아무리 강조해도 지나치지 않다. 한미동맹이 성립된 시기에 양국이 보여준 대북정책의 우호적인 공존이 다시 한번 요구되는 시기라고 생각한다.

위와 같은 맥락에서 볼 때, 오바마 대통령이 대선 캠페인 시 언제든지 북한과 대화할 준비가 되어 있다고 한 점과, 3장에서 언급된 개성공단 문제 해결을 위한 남북협의의 재개 (비록 아직은 그 실마리가 완전히 풀리지 않았더라도) 는 상당히 고무적이다. 그럼에도 한국 내에서 대북정책을 강경책과 온건책의 흑백논리로 바라보고 대립하는 양상이 지속된다면 대북정책의 우호적 공존은 언제든지 위협받을 수 있다고 생각한다. 강경책과 온건책을 둘러싼 이념공방은 대북정책의 실효성을 저하시키며, 정권의 이념적 성향을 막론하고 북한의 비핵화를 위한 국제공조에 어려움을 주기 때문이다. 대북정책의 성공적 실현은 그것이 강경한지, 온건한지의 여부가 아니라, 얼마나 효과적이고 일관적으로 북한에게 한미 양국의 조율된 메세지를 전달하느냐에 있다고 생각한다. 그리고 이 일관성과 효율성은 대북정책을 둘러싼 이념을 초월한 협력에서 나온다.

5. 결론

지금까지 본 연구는 오바마 정부와 이명박 정부의 대북정책을 분석하고, 미국, 한국, 북한 사이의 급변하고 있는 국제정세를 통해 바람직한 대북정책과 한미동맹의 방향을 조심스럽게 제안해 보았다. 이 연구를 통해 북한의 비핵화를 통한 한반도 평화라는 커다란 과제를 해결하기 위해서는 미국과 한국의 대북정책 일관성이 필수임을 다시 한번 확인하였다. 국제정세는 시시각각 급변하고 있기 때문에, 바람직한 정책을 위한 제안 또한 이에 발맞추어 바뀌어야 한다고 생각한다. 미국, 한국, 북한의 경우만 보더라도 조만간 한미정상회담이 예정되어 있고, 한국의 PSI 전면참여 선언 여부 등의 요인이 또 한번 국제정세를 바꿀 것임에는 전문가들도 이견이 없을 것이라고 생각한다. 북한의 비핵화 문제는 세계적 경제위기와 중동을 비롯해 지구촌 곳곳에서 일어나고 있는 테러와의 전쟁 등의 요인들과 함께 동북아에 존재하는 커다란 숙제 중의 하나이다. 따라서 본 연구가 앞으로의 바람직한 대북정책과 한미동맹의 방향에 대한 향후 연구에 작으나마 활력소를 불어 넣는 촉매제가 되기를 조심스럽게 바라며 이 글을 마친다.

참고문헌

김강녕 (2008), "제 6 장 이명박 정부의 대북정책-군사안보분야", 『통일전략』 제 8 권 제 2 호, P. 209-252
배성인 (2008), "이명박 정부의 한미관계와 남북관계 - 선순환 구조를 위한 제언", 『북한연구학회보』 제 12 권 제 1 호, P. 95-120
성경륭 (2008), "김대중 노무현 정부와 이명박 정부의 대북정책 추진전략 비교- 한반도 평화와 공동번영 정책의 전략, 성과, 미래과제", 『한국 동북아논총』 제 48 집, P. 285-311
양병기 (2008), "제 5 장 이명박 정부와 남북한 관계 - 현안 및 과제", 『통일전략』 제 8 권 제 2 호, P. 179-208
정경환 (2008), "제 1 장 이명박 정부가 지향해야 할 대북정책의 원칙과 방향", 『통일전략』 제 8 권 제 2 호, P. 9-56

인터넷 자료

오바마 대통령의 취임연설 전문.
http://www.presidency.ucsb.edu/ws/index.php?pid=44 (검색일: 2009.1.10)
오바마 대통령의 연두교서 전문.
http://www.presidency.ucsb.edu/ws/index.php?pid=85753 (검색일: 2009.1.10)

지속 가능한 북한 경제 형성:지원인가 교역인가-북한 정권, 중국, 장마당 그리고 주체 사상을 향한 행로

Steve Wiscombe
MA, Korean for Professionals, University of Hawai'i at Mānoa, 2009
BA, English, Brigham Young University, 2007

Creating a sustainable North Korean economy: Aid or trade? — The regime, China, the Jang-ma-dang and the path towards Juche

The year 1999 in North Korea was considered the end of the arduous march both in terms of an economic turn-around and in as much as the newly appointed great leader Kim Jung Il formally declared it so. That year, the BOK echoed North Korea's own claims that economic growth in the year had reached as much as 6%. Since then, the GDP has shown relatively promising growth rates, and despite some minus growth in 2006 and 2007, the trend has been generally up. These trends have led many scholars to the conclusion that the post-famine status of North Korea's economy is in full recovery. However, the basis of that rebound, which is primarily foreign aid largely from China and South Korea, dispels the myth of a true economic recovery. The purpose of this paper is three-fold: (1) to produce evidence that a North Korean economic recovery is a misdiagnosis; (2) to explore the two main obstacles preventing a real economic recovery, namely, China and the North Korean political regime, and finally (3) to examine what role the growing commodities market (Jang-ma-dang) might play in helping Korea's economy move towards realization of its long held goal of Juche, despite the obstacles discussed prior.

I. 서론

1999 년은 북한에게 있어 경제적 전향과 더불어 새롭게 임명된 위대한 영도자 김정일 국방위원장이 공식 선언한 고난의 행진 (arduous march)이라고 부르는 시기의 공식적 결말로 인식되고 있다. 1999 년에는 한국은행도 북한에 이어 북한 경제 성장률이 6%를 기록하였다고 보고했다. 그 이후 북한의 GDP 는 상대적으로 장래성 있어 보이는 경제성장률을 보여왔으며 이 추세는 2006 년과 2007 년에 마이너스 성장을 제외하고는 전반적으로 성장세를 지속하고 있다.

이러한 경향 때문에 많은 학자들은 북한 경제가 회복되고 있다고 주장한다. 그렇지만 이 회복세의 기반은 주로 중국과 남한에서의 대북 외부 지원이므로 진정한 경제 회복이라는 가설을 불식시킨다. 즉, 회복이라는 전망은 잘못된 진단이라고 볼 수 있다.

경제적 자급자족이란 관점에서 평가할 때 북한의 현황은 90년대 초반을 상기시키고 있다. 그 당시 북한 경제는 구 소련과의 지속적인 무역수지 적자와 대북 지원에 기반 되어 있었다. 십 년 동안의 휴지기 이후, 대북 후원자들은 단지 교체됐을 뿐이다. 오늘날의 대북 지원은 중국과 남한으로 구성되어 있으며 국제 사회는 이전 구 소련의 역할을 대신하여 실질적으로 북한의 경제를 받쳐주고 있다.

2008년 북한이 대중국무역에서의 적자는 역사상 최고치인 12.7억 달러였으며, 이 수치는 그 해 북한 GNI(국민총소득)의 대략 5%다. 남북간의 경제적 협력은 2008년에 최고치인 18.2억 달러에 달했다. 오늘날 중국, 남한 그리고 WFP(세계 식량 계획)와 같은 국제 기구의 대북 식량 지원은 15%에서 20% 정도의 년간 북한 식량 수요량을 충족한다.

북한이 중국, 남한 그리고 국제 사회로부터 받고 있는 총체적 지원 또는 경제적 협력 사업은 현재 대략적으로 기아 이후 북한 GNP의 10-15%, 즉 북한 GNI의 20-25%에 상당한다. 중국과 남한은 대략 북한의 대외 무역의 70%나 차지한다. 외부로부터의 대북 지원은 북한 대외 무역의 가장 큰 몫을 차지하고 있다.

국내 차원에서 엄밀히 평가했을 때 북한 경제는 회복되었다고도 볼 수 있다. 예전처럼 수십만에 달하는 북한 주민들의 굶주림은 더 이상 보고되지 않으며 북한 내부 시장에서 많은 물건들이 사고 팔리는 장면의 사진들이 포착되고 있다. 하지만 장기적 자급자족의 측면에서 회복이라는 표현은 정확하지 않다. 마커스 놀랜드(Marcus Noland)가 지어낸 그럭저럭 버텨내기(muddling through) 생존 전략에 비추어봤을 때, 북한은 북한만의 임시방편으로 버텨나가는 방법을 터득했다.

10-15% 대외 지원 및 무역적자 덕분에 돌아가는 경제야말로 비정상적이고 불안정하다. 이러한 경제 유지는 본질적으로 인위적이며 비지속적이다. 관련 국가들 입장에서 북한은 처절하게도 아이러니한 상황에 놓여 있다고 볼 수 밖에 없다. 북한만 제외하고 주변 국가들은 경제적 자급자족을 달성했기 때문이다.

북한이 경제적 자급자족을 달성하는 데에는 많은 걸림돌이 있다. 그 중 두 가지가 두드러지게 나타난다. 첫째 걸림돌은 북한 지도력의 주요 관심사가 현상유지라는 점에서 비롯된다. 최근, 북한 관계자들이 어느 정도 범위 내에서의 변화에 의향이 있다는 것을 내비쳤다. 예를 들어, 2002년 7월에 북한은 경제 발전 방안과 해당 법적 규제변화를 통과시켰다. 그러나 절차적인 법적 규제변화는 정부의 실질적인 지원이 없어 형식에 머물렀다. 그리하여 몇몇 전문가들은 이러한 변화들은 경제적 성장이 아닌 오로지 정권의 유지를 위한 조치라고 분석하고 있다. 정권 유지가 최고 우선순위로 놓여있는 동안만큼은 북한의 지속 가능한 경제 회복은 어려울 것이다.

두 번째 걸림돌은 중국의 관심사도 현상유지라는 점이다. 이 시각에서는 학자들의 의견이 다양하다. 몇몇 학자들에 따르면 중국의 의도는 이타적이라고 지적한다. 즉, 중국이 북한의 경제 개방을 도와주고 있다는 것이다. 2002년 법적 규제 변화 이후, 150개 이상의 중국 기업들이 북한 내에서 공식적으로 영업이나 대북 교역을 하고 있다[1].

그러나 중국 소비재와 북한 천연 자원으로 구성된 양국간의 무역 본질을 봤을 때 중국의 태도에는 정치적인 동기가 깔려있음을 알 수 있다. 북한 경제에 있어서 중국의 주요 동기가 정치적인 것이라면 북한이 지속 가능한 경제 회복에 도달하는 것에 장애가 될 수 있다.

이러한 도전 과제들에도 불구하고 기근 이후의 북한 경제는 긍정적인 측면을 보이고 있다. 1999년 회복의 초기부터 북한 고위 관리들은 수 차례 국가차원의 공공배급체계 (public distribution system)를 정치적 및 실용적인 이유로 다시 도입하였다. 하지만 성공을 거두지는 못했다. 시장 경제의 지지자들은 고난의 행진의 유일한 성과라고 내세우고 있다. 그 이유는 암묵적으로 허락되고 있는 가정 텃밭 (채소밭 / home gardens), 즉 농민 식품시장 (farmers food market)은 지난 십 년간 대규모 벼룩 시장으로 성장하여 각양각종의 소비재들이 판매되고 있기 때문이다. 간략하게 말하자면, 자유 시장의 경제는 중앙 집권적 계획 경제를 기아 이전 시대의 경제로 대체해왔거나 또는 대체하고 있는 과정에 있다.

북한 시장에 관하여 확실하게 확인된 진상을 알아내기는 어렵다. 특히나 북한 정부는 되도록이면 자국에서 일어나고 있는 변화들을 숨기려 하며 건장하고 자랑스러운 사회주의 나라임을 대외적으로 뽐내는 것에 최대한 노력하기 때문에 더욱 그렇다. 하지만 북한 내부의 많은 일화들을 통해 시장 규모와 주요 사회적, 경제적, 정치적 반향을 측정할 수 있다. 성장하고 있는 이 시장 제도는 중국과 북한 정권의 정체와 현상유지 경향을 극복하도록 주요 작용을 할 수 있다고 본다. 이렇게 될 경우, 북한은 활성화된 국내 시장으로 오랫동안 추구해왔던 주체 사상을 도약시키는 데 성공할 것이다.

---

[1] Noland, Marcus. "North Korea Today: Current Status and Future Prospects", [Peterson Institute and East-West Center] 발표. "북한경제의 현황 평가 및 향후 전망" [IFES] (2008).

본 연구의 목적은 세 가지이다. 첫째, 북한 경제 회복 전망은 잘못된 진단이라는 것을 증명하는 것이다. 둘째, 실제적인 북한 경제 회복에 있어 두 가지 주요 걸림돌을 조사한다. 특히, 중국과 북한 정권을 분석한다. 마지막으로, 앞에 서술된 장애물에도 성장하는 장마당(commodities market)이 주체 사상을 달성하는 데에 있어 어떠한 역할을 하게 될 것인지를 검토할 것이다.

2. 북한의 경제 - 오진된 회복

1999년은 6.2%라는 성장률을 보이며 북한의 10년간 마이너스 성장에 마침표를 찍었던 해이다. 그 후 2005년, 북한의 국민총소득이 7년간 지속적으로 성장하면서 드디어 식량난 전 232억 달러를 달성하던 1990년대의 수준으로 돌아온 해이다. 그 후 2006년과 2007년 1.1% 마이너스 성장과 국민 총소득의 2.3% 하락에도 2007년 국민총소득은 267억 달러를 달성했다. 북한에 대한 미국 CIA 보고서에 의하면 지난 3년 간 북한의 국내총생산이 지속적으로 400억달러를 유지했다고 밝혔다. 이는 1990년대의 370억 달러보다 7.5% 증가된 수치이다[2].

<표 1.> 북한경제성장률 및 국민총소득

(단위: 억 달러)

	1997	1998	1999	2000	2001	2002	2003	2004	2005	2006	2007
성장율	-6.3	-1.1	6.2	1.3	3.7	1.2	1.8	2.2	3.8	-1.1	-2.3
GNI	177	126	158	158	168	170	184	208	242	256	267

자료: 한국은행[3]

전반적으로 경제 성장에 많은 굴곡이 있었으나 국민총생산의 지속적인 플러스 성장 덕분에 학자들은 1990년대부터 이어지던 경제 하락에서 드디어 '완전한 회복'을 보인다고 북한의 경제에 대해 낙관적인 의견을 내놓고 있다.

회복의 착각은 북한의 국민총생산에 영향을 끼치는 점차 커지는 원조액에서부터 비롯된 것이다. 북한은 크게 세 원조 제공자가 있다. 그 제공자들은 중국, 한국 그리고 국제 기구인데, 그 외 다른 국가나 기구가 원조를 제공하든 이 세 제공자를 통해 전달되고 있다. 대북원조의 종류 및 규모를 각 국가 별로 살펴보면 해외지원에 대한 북한의 의존도를 더 잘 이해할 수 있다.

---

[2] CIA: The World Fact Book: North Korea.
https://www.cia.gov/library/publications/the-world-factbook/geos/kn.html#Econ (April 2009)
[3] 이영훈. "북한경제의 현황과 전망: 빈곤의 늪에서의 Big Push?", [한국은행]. 발표. "북한경제의 현황 평가 및 향후 전망" [IFES] (2008).

2.1 중국

최근 수 년간, 중국은 '원조'는 줄이고 '교역'을 늘려야 한다는 변화된 대북 정책을 공식 보고서를 통해 반영하려고 했다. 그러나 이 변화는 실제보다 부풀려진 것으로 보인다. 2005년에 약 3800만 달러로 정점에 달하긴 했지만, 원조라는 이름으로 행해진 중국의 교역은 큰 변화 없이 유지되었다[4]. 하지만 중국과 북한 간의 무역불균형은 계속 커지고 있다. 북한의 대 중국 무역 적자는 2008년 12억 7000만 달러로 사상 최고치를 기록했다. 이 불균형은 해마다 중국이 메워준다. 이렇게 커지는 무역불균형은 - 비록 이전에 비해 훨씬 더 많은 양이기는 하지만 - 새로운 이름 아래 행해지는 원조의 또 다른 형식이다.

<표 2.> 북한의 대중국 수출입 현황

(단위: 백만달러)

연도	2002	2003	2004	2005	2006	2007	2008
수출	271	395	585	497	468	582	760
수입	467	628	795	1,085	1,232	1,392	2,032
총계	738	1,023	1,380	1,581	1,700	1,974	2,792
무역수지	195	233	210	588	764	810	1272
비중	26%	23%	15%	35%	45%	41%	46%

주: 비중은 북한의 전체 무역(남북교역 포함)에서 차지하는 비중.
자료: 한국무역협회, 무역정보(db.kita.net)[5]

그러나 지속가능성에 대한 의문은 북한의 대 중국 수출 비중로서의 적자에서 비롯되지, 늘어나는 적자 폭 자체에서 비롯되지는 않는다. 2007년 그 비율은 4 포인트 떨어져서 40%가 되었는데, 이는 그 해 북한의 대 중국 수출 비중이 늘었다는 것을 의미한다. 하지만 무역 균형이 맞게 교역이 이루어지리라는 동향은 전무하다. 2008년 그 비중이 46%로 다시 최고치로 튀어오른 것이다. 2008년 내내 무역 불균형이 심화된 것이 전반적인 경향이다. 북한에서 중국으로의 수출량에 급격한 변화가 없으므로, 중국이 북한의 무역 적자 중 10억 달러 가량을 감당하고 있는 것으로 보인다.

그런데 이 지속가능성의 문제는 중국이 앞으로 얼마나 북한의

---

[4] 조동호, 이상근. "북한경제 중국예속론의 비판적 고찰", [국제지역연구 제 12 권 제 3 호] (2008). pp. 381.
[5] 조동호, 이상근. "북한경제 중국예속론의 비판적 고찰", [국제지역연구 제 12 권 제 3 호] (2008). pp. 367.

주된 후원자 노릇을 할 것인지, 또 얼마만큼 후원해주려 할 것인지에 달려 있다. 전문가들은 이미 세계 경제의 침체로 2009년 중국과 북한의 교역량이 크게 감소하리라는 전망을 내놓고 있다. 북한 경제에 대한 중국의 투자는 주로 지역의 정치적 긴장상태로 이뤄지므로, 시간이 지나면서 이 지역 내 긴장이 변화함에 따라 중국의 전반적인 경제 원조 입장에도 변화가 있을 수 있다. 이러한 문제의식은 이어지는 장에서 더 자세히 다루도록 한다. 여기서는 일단, 중국과의 엄청난 무역불균형에 빠져있는 오늘날의 북한의 통상 경제 구조는 안정적이지도 않으며 지속가능하지도 않다는 점을 밝혀둔다.

2.2 남한

2008년 현재 남한은 북한 경제를 지탱하는 기둥으로, 북한의 둘째가는 협력국이다. 소비에트 연방이 붕괴된 이후 남한은 중국과 함께 대북 교역을 급격하게 늘려왔다. 1989년 이후 기하급수적으로 증가했다. 1994년까지 교역량은 10.4배 증가했으며, 2000년에는 22.7배, 2008년에는 100배 증가하였다[6]. 1989년 남북간의 교역액 1860만 달러와 비교하면, 2008년 총교역/ 경제협력액은 18억 2000만 달러에 이르렀다.

<표 3.> 남/북의 경제협력 (수출입) 현황

(단위: 백만달러)

	2002	2003	2004	2005	2006(A)	2007(B)	(B - A)	성장율
대북수출	370.2	435.0	439.0	715.5	830.2	1032.6	202.4	24.3
대북수입	271.6	289.3	258.0	340.3	519.5	765.3	245.8	47.3
총계	641.7	724.2	697.0	1,055.8	1,349.7	1,797.9	448.2	33.2
무역수지	98.6	145.7	181	375.2	310.7	266.7	-44.0	-14.6%
수지비중	15.4%	20.1%	26.0%	35.5%	23.0%	14.83%	-8.17%	--

자료: 한국은행[7]

최근 수 년간, 대 중국 무역과는 달리 남북한의 경제 협력은 전체 교역 규모를 높인 반면, 무역 적자는 감소시켰다. 2006년과 2007년 사이 무역 적자가 14.6% 감소하고, 전체 교역량 대비 적자 비율도 8.17% 감소한 반면, 교역량은 33.2% 증가하였다. 2007년, 남북한

---

[6] 김태현."대외무역 대비 민족내부거래의 비중분석", [숭실대학교 경영경제전략연구소] (2001).

[7] <한국은행>, "2007 년 북한의 총생산", (2007).

교역은 북한의 전체 교역의 38%에 달했으며, 이는 북한의 대 중국 교역량에 버금갔다[8]. 수치만 놓고 보면 남북한의 협력은 매우 밝게 보인다. 하지만 이런 수치는 북한 경제의 존속이라는 측면에서 볼 때 다소 오해의 소지가 있다.

중국과 같이, 남한은 북한에 대한 지원을 좀처럼 '원조'의 범주로 보질 않는다. 어떤 의미에서 이는 정당화될 수 있다. 예컨대 개성 산업 공단에서 남한은 설비, 원자재 제공과 직원 교육을 담당하고, 북한은 노동력과 어느 정도의 원자재를 제공한다. 만약 남한이 인력, 자금, 원자재 지원을 철회한다면, 북한이 개성공단의 생산량과 수익성을 독립적으로 유지할 수 있을 지는 의심스럽다.

그런데 (대 중국 교역에서) 북한경제의 존속 여부는 한국이 정치/경제적인 보상을 담보로 요구하지 않고도 북한을 얼마나 오래 그리고 어느 정도로 지원하려 할 것인가에 달려있다. 남북간의 항존하는 정치적 긴장관계에 무심한 이들은 아마 한국의 지원이 지속되리라 볼 것이다. 한편 북한 정권의 처지에서도 남한 정부의 재정적 지원 덕에 경제 성장을 맛 본 마당에, 남한에 부정적인 결과를 가져올지도 모르는 행태를 벌이기를 꺼리기는 할 것이다. 그러나 특히 보수적 성향의 이명박 후보가 대통령으로 당선된 이후 북한이 벌인 대남 협박은 드문 일이 아니지 않은가.

개성공단 건설 이래 줄곧 북한 정권은 정치적 수단으로서 개성공단 폐쇄나 추방과 같은 협박을 해왔다. 점점 많은 학자들이 이러한 협박이 단순한 허풍이 아닌 것으로 판단하고 있다. 또한 북한의 계속된 주도력 행사에 질려 개성공단사업에서 손을 빼기를 바라는 남한의 실무자들이 점차 늘어나고 있다.

가장 최근에 있었던 일련의 협박은 올해 4월에 있었는데, 22분 간의 남북간의 '회담'에서 북한은 월급을 "실질적인 수준으로" 올려주기를 요구했다[9]. 이런 요구는 개성공단 사업의 실행을 어렵게 만든다. 왜냐하면 북한의 값싼 노동력이라는 비교 우위야말로 남한측 투자자들이 이 리스크가 큰 사업에 투자하는 주된 이유가 되기 때문이다.

아마도 남북한의 협력이 얼마나 느슨하게 될 수 있는가를 보여주는 적당한 사례로 현대 아산의 관광 사업을 들 수 있을 것이다. 2008년 7월로 거슬러가보면, 그 사업은 성공적으로 보였다. 현대 아산이 남한 정부에게 낸 돈은 2008년 상반기에만 1580만 달러에

---

[8] KEIA: "North Korea's Economy" (2008). http://www.keia.org/images/nk_data.pdf (2009, 02월).

[9] [매일경제] "개성공단 문제와 남북관계 해법", 2009년 4월 21일.

달했다[10]. 이 돈은 달러화될 수 있는 경화로 지급되었고 매일 관광객 당 정액으로 산정되었다. 북한이 관광지를 관리하거나 관광객을 안내하는 데 받은 비용은 얼마되지 않는다. 이런 수익에도 불구하고, 지난 7월 남한에서 온 한 관광객이 금강산 관광지에서 북한 병사가 쏜 총에 맞고 사망하는 일이 벌어졌고, 관광은 중단되었다. 남한측의 요구가 계속있지만, 아직 총격에 대한 논란도 풀리지 않았고 금강산(및 개성) 관광은 이루어지지 않고 있다.

혹자는 개성공단에서 예상 밖의 살인사건이나 다른 심각한 사태가 발생한다면 과연 어떻게 될지 묻고 싶을 것이다. 또 어떤 사람은 그런 일이 일어난다면 비록 북한 경제에서 갖는 중요성이나 비중에도 개성공단마저 닫히게 되는 것은 아닌지 궁금해 한다. 논쟁의 여지가 있지만 확실한 것은 남북한의 경제 협력은 내재적으로 불안정하다는 점이다. 북한이 이 협력을 통해 지속적으로 경제를 발전시켜 나갈지에 대해 의심하는 것은 이상한 일이 아니다.

2.3 국제 사회

<표 4.> 북한의 식량 수급량 추이

(단위: 만톤)

연도	1999	2000	2001	2002	2003	2004	2005	2006	2007	2008
수요량	591	606	613	626	632	639	645	651	650	650
생산량	389	422	359	395	413	425	431	454	448	401

자료: 농촌진흥청

국제사회의 원조는 북한 경제를 지탱하는 세 번째 또는 마지막 버팀목이다. 국제사회는 특히 북한에 식량과 에너지를 공급하는 일에 큰 역할을 담당하고 있다. 먼저 식량 공급에 대한 측면을 살필 경우, 남한의 농림부에 따르면 2008년 북한의 식량 생산 수준은 4백만 톤에 불과했는데, 이는 북한 인구를 기준으로 할 때 필요한 식량에서 229만 톤이 부족한 것이다[11].

북한의 장기적인 기근은 예전에 식량난을 불렀던 홍수나 흉작 등을 감안하지 않고 보더라도 심각한 수준이다. 왜냐하면 북한에는 경작지가 별로 없기 때문이다. 다양한 수치가 있지만, 매년 북한은

---

[10] [동아일보] "금강산 관광 4월재개" 현대아산 배수진, 하지만..." 2009년 2월 4일. http://www.donga.com/fbin/output?n=200902040426 (April, 2009)
[11] 통일부. "북한경제의 현황과 과제", [05_북한의 경제현황과 개혁/개방, 제 2 절] (2009). pp. 142.

식량 소비 가운데 15%를 외부의 지원을 통해 충당하는 것으로 추정된다. 에너지의 경우, 전체 에너지 공급량의 10%에서 20% 정도를 지원받는 것으로 추정된다.

<표 5.> 북한의 대외 무역 추이<백만달러>

	1998	1999	2000	2001	2002	2003	2004	2005	2006	2007
대외무역	1,442	1,480	1,969	2,270	2,260	2,391	2,857	3,002	2,996	2,941
수출	559	515	556	650	735	777	1,020	998	947	918
수입	883	965	1,413	1,620	1,525	1,614	1,837	2,003	2,049	2,022
무역수지	324	450	857	970	790	837	817	1005	1102	1104
수지비중	22.5%	30.4%	43.5%	42.7%	35.0%	35.0%	28.6%	33.5%	36.8%	37.5%

자료: 한국은행[12]

북한의 무역 적자는 중국과의 무역에서나 남한과의 무역에서나 동일한 패턴을 보인다. 2007년 총 교역액은 29억 4000만 달러에 달했는 데, 2005년 30억 달러로 최고점을 찍은 후 2년 내리 성장률이 떨어졌다. 총 교역액이 감소했음에도 불구하고, 무역 적자는 계속 증가해서 2007년 11억 달러로 최고치에 이른다. (앞서 지적했듯 북한의 2008년 대 중국 무역 적자만 해도 이 수치를 넘어섰다.) 다시 말하지만, 총 교역액에서 적자가 차지하는 비율을 살피는 것은 북한 경제의 지속가능성을 가늠하는 중요한 시금석이다. 2004년부터 그 적자 비중은 계속 증가했고 2007년에는 37.5%로 최고치에 이르렀다.

요컨대, 이런 수치들은 다음 두 가지를 명확히 드러낸다. 첫째, 북한의 국제무역(과 경제성장)은 증가되고 되고 있다. 1998년에 비해 총 무역액은 2배나 성장했다. 둘째, 북한의 교역 적자는 총 무역액의 증가에 발맞춰 함께 증가했다. 한해 무역 적자 자체만 해도 북한 GNI의 거의 5%에 이르며, 이런 현상은 장기적으로 볼 때 지속가능한 경제 흐름이라 할 수 없다.

북한이 주변국으로부터 계속 지원을 받아낼 수 있다고 가정한다면, 현재의 경제 성장을 유지해나갈 수 있을 것이다. 사실 최근 수 년간 북한이 핵 기술을 발전시키고 지역 안보에 위협을 가하는 데 이를 사용하면서, 북한이 지원을 얻어낼 가능성도 덩달아 높아졌다. 그러나 한 나라의 경제를 지속하는 힘이 외국으로부터의 원조나 속임수에 의존하는 것이라면 역효과를 가져와 경제가 불안정하게 되고 말 것이다. 경제 성장이란 무역을 통해 얻은 상호

---

[12] <한국은행>, "2007년 북한의 총생산", (2008).

이익에 바탕을 두는 것이다. 그리고 바로 상호이익 자체가 경제적 안정의 근간을 이루는 것이다.

아마도 6자 회담 자체가 상호 이익을 염두에 둔 교역의 한 방식일 것이다. 북한이 비핵화로 가는 수순에 대신하여, 1994년 경수로 지원 프로젝트와 같이 국제사회는 식량이나 에너지의 형태로 북한에게 거듭 '무상' 지원을 해왔다. 주변국과 맺은 정치 경제적인 합의를 여러 번 깨왔음에도, 북한은 수십 년간 성공적으로 원조를 얻어냈다. 그러나 북한이 실제 경제 성장과 생산을 외국의 원조로 대체할 수 있으리라고 생각한다면, 이건 문제다.

이 점에서, 이러한 '고난의 행군'를 통해 북한은 뼈 아픈 교훈을 새겼어야 했다. 10년간의 기근이 큰 원인이 되긴 했으나, 보다 근본적인 원인은 당시까지 북한의 최대 후원국이었던 중국과 러시아의 대외 원조가 감소한 데 있다. 아마도 북한의 공무원들은 이러한 원조 없이 북한 경제가 얼마나 빨리 추락하게 될지 바로 알게 될 것이다. 현재 상황은 암울하다. 북한의 '핵 카드'가 강력하긴 하지만, 아마 (소비에트 연방의 붕괴와도 같은) 국제 관계의 예상 밖의 변화로 언제 까지나 외국의 원조를 받아낼 수는 없을 것이다.

그렇다면 북한은 경제가 붕괴하기 전에 외국 원조에 의존하여 생존하는 경향을 극복하기 위해 무엇을 해야 하는가? 북한의 지속가능한 경제를 구축하는 데 주된 장애물과 잠재적인 장애물이 있다. 이 두 장애물에 대해서는 곧 살펴보게 될 것이다.

3. 진정한 경기 회복을 막는 장애물

3.1 북한 정권

북한 경제의 지속성을 가로막는 가장 주된 장애물은 바로 북한 정권이다. 왜냐하면 북한 정권은 자기 정권의 보호나 장기 집권에 주로 관심을 갖고 있기 때문이다. 환언하면, 북한 정권의 지상 목표는 현 상태를 유지하는 것이다. 변화가 있더라손 치더라도, 일반적으로 보면 국가 차원의 계획적인 정책 변화에 따른 것은 아니다. 대신에, 계속되는 경제 침체는 불가피하게 북한에 변화를 가져다 주는데, 북한의 지도부는 이를 메우기 위해 작은 변통을 부리기는 한다.

예를 들어, 십 여년 전 평양에 만들어진 농산물 시장은 위에서 언급한 정책 변화에 따른 것은 아니다. 대신에, 오늘날 북한 전역에 등장하는 시장들은 '고난의 행군' 동안에 시행된 PDS(공공 배급 시스템)의 실패에 기인한다. 굶주림에 못 이긴 절박한 영세농민들과 노동자들은 일찍 일터를 떠나 집에 있는 밭을 가꿨다. 생사가 걸린 문제였으므로 북한의 공무원들도 '비 사회주의적인' 행태들을 묵인해줄 수밖에 없었다.

또 다른 예로, 2005년 10월 북한 공무원들은 곡물의 사적 거래를 금지했다. 이것은 아마도 북한 정권이 PDS를 다잡기 위한 첫 걸음이었을 것이다. 사적 부분이 양으로나 기능으로나 확장되면서, 북한 정권의 걱정은 점차 늘어간다. PDS야말로 북한 정권을 정당화하는 핵심이기 때문이다. 현재는 두 가지 시스템이 50:50으로 공존하여 운영되고 있는 실정이다. 하지만 기회만 된다면 북한 정권이 전면적인 사회주의 체제로 선회할 것이라는 점은 공공연한 사실이다. 2005년에 있었던 사적 거래를 임시적으로 금지했던 것처럼 시장을 때때로 '침범'하는 일은 북한 정권이 어느 정도 장악력을 가지고 있느지 보여주는 잣대가 된다. 50:50의 절충안 자체가 정책의 포괄적인 변화는 아니나, 하나의 대처 방안 정도는 된다.

1990년 대에 북한의 법체계에도 경제 개혁과 개방을 위한 것으로 보이는 중요한 변화가 일어났다. 1992년 헌법 개정을 통해 외국인 투자를 자극하는 두 가지 조문이 추가되었다. 제37조에서 "국가는 우리 나라 기관, 기업소, 단체와 다른 나라 법인 또는 개인들과의 기업 합영과 합작, 특수 경제지대에서의 여러가지 기업창설운영을 장려한다"라고 명문화하였다 13. 주체사상의 측면에서 보면, 이러한 개방은 상당히 의미심장하다. 하지만, 돌아보면 이러한 변화는 경제 성장을 촉진하기 위한 것이라기 보다 국가나 지도층이 사용한 외국 통화를 끌어 모이기 위한 방편임이 분명하다.

이러한 절대적인 보호 방침은 심지어 북한이 발전하는 데 걸림돌이 되기도 한다. 1998년 헌법 개정을 통해 북한은 경제 특구 건설을 인정한다. 하지만 법체계가 갖는 낮은 규범력과 부패, 북한의 거래 관행 상의 변동 등 때문에 이러한 경제 특구 계획은 실패했다. 2002년에 다시 북한은 신의주 경제특구, 금강산 관광지구, 개성공업지구를 지정했다. 이미 언급한 바와 같이, 금강산과 개성의 경우는 모두 크게 성공한 프로젝트였다. 하지만 그 성공은 남북한의 정치적 관계에 의존하는 바가 커서, 경우에 따라 바뀔 수도 있을 것으로 보인다.

한편 신위주 경제특구는 중국과 무역의 거점으로 성장하고 있다. 최근에는 150개의 중국에 기반을 둔 기업들이 북한과 거래를 하고 있다. 매년 그 수는 증가하고 있다. 최근 조사에 따르면 북한에서 사업을 하는 데 있어서 가장 큰 네 가지 불만은 다음과 같다 -

---

13 대규윤. "North Korea's Transformation: A Legal Perspective", [IFES] (2009).

핸드폰 사용 금지, 자꾸 바뀌는 법률, 기반 시설, 규제[14]. 북한에서 사업을 하는 회사들로 부터 나온 이러한 불만들은 북한 정권의 불안정에서 기인한 것이다. 북한의 평판이나 수용의 위험 등이 투자에 걸림돌이 된다는 것은 널리 알려진 바이다. 이러한 불안정에도 불구하고 변화가 일어나고 있는 것은 사실로 받아들여야 한다.

그러나 변화는 정권의 모순되는 입장 때문에 순조롭게 진행되지 못하고 있다. 예컨대 2008년 신년 공동사설(Joint Editorial)에서 북한은 국제 교역을 넓혀가는 원칙을 바탕으로 경제적으로 부강한 국가를 건설하기를 강조했으나, 2009년에는 이러한 언급이 없었다. 오히려 2009년 신년 공동사설에서는 2008년의 사설과 180도 반대로 자주와 '선군주의'를 강조했다. 특히 2008년 북한의 국방비 지출은 15.8%로 높게 유지했다[15]. 이러한 모순이 시사하는 바는 북한 정권이 '아주 작은 변화'만을 원한다는 점이다. 진정한 변화를 추구하지 않는다면 북한 경제의 지속가능성은 있을 수 없다.

예를 들어 2005년 세계식량계획(WFP)은 북한 원조에서 북한의 지속가능한 발전으로 초점을 바꿨다. 최근 10년 간 쏟아진 많은 논문에서는 북한이 IFI에게서 자금 및 기술 원조를 받기 위해서 밟아야 할 단계를 명시해왔다. 자금 지원 정도는 다양하지만 전반적으로 매년 6십억 달러 정도로 근래에 합의가 있는 것으로 보인다[16]. 북한은 원칙에 맞게 행동해야 한다. 지금까지 정치적 긴장이나 불안정이 개혁/개방을 막아왔다. 위 사례에 연결시켜 보면, 북한은 WFP가 원조에서 개발로 초점을 바꾸기를 바라자, 북한에 있는 WFP 직원의 수가 34명에서 10명으로 줄어들 것으로 발표했다. 그러자 WFP는 북한에서 완전히 발을 빼려는 고려를 하게 된다[17]. 원칙에 따른 행동을 하지 않고, 항상 원조나 자기 구미에 맞는 개발을 요구하는 것이 그동안 북한의 지속가능한 성장과 발전을 저해했다.

---

[14] Noland, Marcus. "North Korea Today: Current Status and Future Prospects", [Peterson Institute and East-West Center] 발표. "북한경제의 현황 평가 및 향후 전망" [IFES] (2008).

[15] Frank, Ruediger. "International Aid for North Korea: Sustainable Effects or a Waste of Resources?"[Nautilus Institute] (2005).http://www.nautilus.org/fora/security/05100Franks.html (April 2009).

[16] Babson, Bradley O. "Realistic Expectations of the Future Role of the International Financial Institutions on the Korean Peninsula", [The Korea Economic Institute]. *Korea's Economy 2008, Volume 24.* pp. 106-113.

[17] Morris, James. "Seeking a Hand Up, Not a Handout" [Stratfor] (2005). http://www.stratfor.com/north_korea_seeking_hand_not_handout (April 2009).

3.2 중국

많은 학자들은 북한 경제가 지속가능하게 운영되는 데 중국이 잠재적인 장애가 될 것이라고 보지는 않는다. 지난해 중국은 북한 경제를 지탱하는 최고의 기둥이었다. 지난 5년 동안 평균 교역 비중은 42%라는 놀랄만한 성장이 있었고, 총 무역 규모도 6배나 커졌다. 어떻게 이렇게 긍정적인 성장치가 잠재적으로 북한 경제를 억제할 수 있다는 말인가? 그 답은 중국과 북한의 교역 특성에 있다.

<표 6.> 중국의 주요 대북 수출품목

순위	품목명	금액 (천 달러)	증가율
1	석유와 역청유(원유)	414,310	46.9
2	석유와 역청유 및 따로 문류되지 아니한 조제품 및 웨이스트 오일	120,073	25.9
3	합성필라멘트사의 직물	52,361	10.2
4	대두유와 그 분획물	45,148	55.1
5	석탄 및 석탄으로부터 제조한 연탄, 마젝탄 및 이와 유사한 고체연료	44,437	122.3
	합계	2,033,233	46.0

자료: KOTRA[18]

위 도표에서 보듯, 중국이 북한에 수출하는 품목 가운데 1순위는 석유 및 원유이다. 그리고 두 번째로는 석유 관련 가공품이다. 이 두 가지가 북한의 에너지 수입의 가장 큰 원천이다. 높은 성장률을 보이는 다른 품목에는 의류, 가구, 가전 제품 그리고 음식이 포함된다. 원유를 제외하면, 모든 경우 중국에서 북한으로 수출되는 품목들은 가공품 내지는 제조품들이다. 수입의 경우는 거의 반대의 양상을 보인다.

---

[18] KOTRA: "08년 북/중 무역 최고치 경신" 2009년 02월 11일.

<표 7.> 중국의 주요 대북 수입품목

순위	품목명	금액 (천 달러)	증가율
1	석탄 및 석탄으로부터 제조한 연탄, 마쇄탄 및 이와 유사한 고체연료	201,273	23.8
2	철광과 그 정광	172,259	115.5
3	연체동물과 기타 수생무척추동물	36,064	39.8
4	선철과 스피그라이즌	35,005	57.8
5	페로얼로이	31,039	174.3
	합계	754,046	29.7

자료: KOTRA[19]

지난 수십 년간 북한이 중국에 가장 많이 수출해온 상품은 북한에 비교적 풍부한 천연자원인 석탄이다. 이것은 오늘 날에도 마찬가지이다. 지난 해 북한이 중국으로 수출한 석탄의 양은 23.8% 증가했다. 품목을 보면 대개 석탄으로 분류되거나, 다른 상품이더라도 석탄으로 만들어진 것들이다. 이 분류가 중국에 수출하는 경우와 정확히 일치한다는 데 주목해야 한다. 대개 북한은 원자재를 제공하고, 중국은 가공된 석탄 덩어리를 제공한다.

북한이 중국에 수출하는 품목 가운데 가장 빠른 성장세를 보이는 것들에는 니켈, 망간, 구리, 동석 그리고 다른 광물 자원이 있다. 천연자원이나 원자재를 수출하고 가공품을 수입하는 전반적인 패턴은 중국과 북한 간의 무역의 모든 층위에서 뚜렷하게 나타난다.

혹자는 이런 경향이 단지 경제적인 실용에 따른 것이라 주장할 수 있을 것이다. 중국은 북한보다 훨씬 싼 비용으로 상품을 생산해 낼 수 있다. 중국은 필요한 기반시설을 갖추고 있기 때문이다. 그리고 다른 측면에서 보면 성장하는 중국 경제는 특히 에너지 관련 자원을 비롯하여 다양한 종류의 천연자원을 필요로 한다. 이러한 무역 패턴은 단순히 자유 무역이 갖는 수요와 공급의 논리로 파악할 수 있다. 그러나 남북간의 경제협력과 비교해보면, 중국이 북한 경제의 제1 버팀목이 된 동기가 전적으로 이타적인 데 있지 않다는 점이 분명해진다.

우선 남한의 제조업자들은 북한의 비교적 싼 노동력을 통해 수익을 얻는다. 중국과 북한 간의 무역과는 달리 남북간의 교역은 단순히 천연 자원만이 아닌 부가가치 상품에 기반한다.

---

[19] KOTRA: "08 년 북/중 무역 최고치 경신" 2009 년 02 월 11 일.

부가가치상품은 이론적으로 볼 때 그 자체로 제한적이고 지속가능할 수 없는 천연 자원보다 훨씬 더 지속가능한 성격을 띤다.

중국이 북한 경제에 개입하는 데는 정치 경제적인 요인이 함께 작용한다. 경제적 동기는 이미 설명했다. 그러나 정치적 동기가 상당히 중요하다. 한 마디로, 중국은 북한 정권과 똑같은 것에 관심이 있는 것이다. 즉, 현상유지 말이다. 실질적인 견지에서 이는, 첫째 북한과 마주하는 1000킬로미터의 국경을 방어하고, 둘째 동북3성의 정치경제적인 안정을 기하며, 셋째 군사 경쟁와 같은 지역적 긴장을 완화한다는 의미를 가진다[20].

중국의 북한을 향해 가지고 있는 정치적 동기만을 가지고 중국과 북한의 교역관계의 변화를 가늠하기는 여렵다. 미래에, 북한의 붕괴 조짐이 줄어들거나 (그리고 이와 함께 국경을 넘는 난민들의 수가 늘어날 조짐이 인다면) 과연 중국이 북한의 계속해서 원조할 것인가? 만약 북한이 중국을 무시한 채 핵무기를 개발하고 실험하는 일을 계속한다면 또 어떨까? 중국은 북한에게 계속 에너지를 공급해줄 것인가? 반대로, 만약 교역과 협력을 통해 북한 경제가 북한 정권을 위협할 수준까지 성장한다면 어떻게 될까? 그때에도 중국이 계속해서 북한 경제에 전폭적으로 지원할 것인가? 이러한 가설적 질문들은 모두 가능성이 있다. 중국이 주로 정치적인 동기에서 북한과 경제적으로 관련을 맺고 현상유지를 하는 한, 중국은 북한 경제가 지속가능한 구조를 갖는 데 잠재적인 장애가 될 것이다.

4. 결론

중국의 전폭적인 지원이 없다면 북한은 지속가능한 경제를 이룩하기 어려울 것이다. 이러한 장애물에도 고난의 행군 뒤, 특히 식량과 가정용품을 교환하는 준합법적인 시장이 크게 확대되어 왔다. 이런 변화는 무엇을 시사하고 있는가?

첫째, 시장이 살아나고 있다는 점은 희망적이다. 정부의 지속적인 간섭에도 북한의 시장은 그 규모나 다양성의 측면에서 꾸준히 성장했다. 이미 장마당은 사회주의 성향의 북한 정부 치하에서도 자리를 잡은 용어이다. 현대에 들어와 이런 시장들이 단순히 농장에서 기른 작물들을 공급하는 것을 넘어 더 많은 기능을 가지게 되면서, "시장"이라는 용어는 더 적합하게 느껴진다. 자유시장에서의 교환이 북한에서의 밥벌이나 소비를 위한 주된 수단이

---

[20] Ann Wu. "What China Whispers to North Korea", [The Center for Strategic and International Studies and the Massachusetts Institute of Technology]. The Washington Quarterly (2005). pp. 35-48.

된 것에서 보듯, 이는 쉽사리 바꿀 수 없는 지속성을 가지고 있다. 북한 정권은 시장에서 상품, 가격, 시간, 일수 들을 규제하는 데 강한 반발이 있음을 이미 경험한 바있다.

둘째, 북한의 관리들이 생계를 위해 시장 체제에 상당히 의존해 있다는 사실도 시장의 지속력을 확인하는 희망적인 지표이다. 시장에 의존해 먹고 사는 자가 시장에 대해 강한 규제를 가한다는 점이 직관에 반하게 보일 수 있다. 앞에서 지적한대로, 시장체제와 PDS는 동시에 기능하지만, 근본적으로 다르다. 이 두 체제는 영원히 함께 할 수는 없다. 최근 10년을 보면, 시장에 보다 무게가 실려 있었고, 이러한 추세는 지속될 것으로 생각된다.

시장이 북한 경제가 원조기반에서 교역기반으로 넘어가는데 결정적인 역할을 하리라는 확실한 근거가 있는 것은 아니다. 지금까지 시장은 북한에서 사회 변화같은 것을 요구하는 폭동을 이끌어내지 못했다. 그리고 그 시장 자체는 중국과 남한이 어떤 이유에서든 지원을 끊으면 하루 아침에 뒤엎어질지 모른다. 하지만 장기적으로 보면 시장은 중국과 남한의 원조 없이도 지속할 수 있는 무엇으로 성장할 만한 잠재력을 가지고 있다.

참고문헌

김태현. "대외무역 대비 민족내부거래의 비중분석", [숭실대학교 경영경제전략연구소] (2001).
윤대규. "North Korea's Transformation: A Legal Perspective", [IFES] (2009).
[동아일보] "금강산 관광 4월재개" 현대아산 배수진, 하지만…" 2009년 2월 4일.
[매일경제] "개성공단 문제와 남북관계 해법", 2009년 4월 21일.
이영훈. "북한경제의 현황과 전망: 빈곤의 늪에서의 Big Push?", [한국은행]. 발표. "북한경제의 현황 평가 및 향후 전망" [IFES] (2008).
조동호, 이상근. "북한경제 중국예속론의 비판적 고찰", [국제지역연구 제12권 제3호] (2008). pp. 363-394.
통일부. "북한경제의 현황과 과제", [05_북한의 경제현황과 개혁/개방, 제2절] (2009). pp. 133-148.
한국은행, "2007년 북한의 총생산", (2007).
Ann Wu. "What China Whispers to North Korea", [The Center for Strategic and International Studies and the Massachusetts Institute of Technology]. The Washington Quarterly (2005). pp. 35-48.
Babson, Bradley O. "Realistic Expectations of the Future Role of the International Financial Institutions on the Korean Peninsula", [The Korea Economic Institute]. *Korea's Economy 2008, Volume 24.* pp. 106-113.
CIA: The World Fact Book: North Korea.
https://www.cia.gov/library/publications/the-world-fact book/geos/kn.html#Econ (April 2009)

Frank, Ruediger. "International Aid for North Korea: Sustainable Effects or a Waste of Resources?" [Nautilus Institute] (2005). http://www.nautilus.org/fora/security/05100Franks.html (April 2009).

KEIA: "North Korea's Economy" (2008). http://www.keia.org/images/nk_data.pdf (Feb 2009). http://www.donga.com/fbin/output?n=200902040426 (April, 2009)

KOTRA: "08 년 북/중 무역 최고치 경신" 2009 년 02 월 11 일.

Morris, James. "Seeking a Hand Up, Not a Handout" [Stratfor] (2005). http://www.stratfor.com/north_korea_seeking_hand_not_handout (April 2009).

Noland, Marcus. "North Korea Today: Current Status and Future Prospects", [Peterson Institute and East-West Center] 발표. "북한경제의 현황 평가 및 향후 전망" [IFES] (2008)

미중 양국의 유엔 평화활동 비교분석

이은아 / Adrian Hellen Yi

MA, Korean for Professionals, University of Hawai'i at Mānoa, 2009
BA, International Affairs, University of Puget Sound, 2005

A comparative analysis of the U.S. and Chinese Peacekeeping Operations (PKO)

Since 1946, United Nations peacekeeping has become an instrumental tool used by the international community to manage complex crises that pose a threat to international peace and security. Peacekeeping missions must be authorized by the United Nations Security Council (UNSC) of which the US and China are members. When examining financial and troop contributions, the United States' involvement in Peacekeeping Operations (PKO) missions has steadily declined while the Chinese contribution has dramatically increased. National interests are the main factor determining authorization and involvement in missions. China's increasing role in the international arena has garnered much interest and speculation on the power balance status quo. This paper will provide an overview of US and Chinese PKO policies as a basis for examining what vested interest the two nations have in their involvement in the UNPKO. Furthermore, in the context of the international security arena, this paper will provide a background and overview of the UNPKO, US and Chinese policies toward UNPKO since the Cold War, and the implications of the shifting power balance as the US continues to relinquish financial and troop burdens while China steps up to fill the void in PKO missions.

1. 서론

1.1 연구 목적 및 연구 내용

미국 중심의 단극 체제인 현 국제정세 속에서 세계는 이미 다각적 안보체제로의 변화 움직임을 보이고 있다. 탈냉전시대로 접어들면서 특히 9·11 테러 발생 이후 에는 국제연합(United Nations, 이하 유엔)을 중심으로 한 국제 안보체제의 역할 및 정당성도 중요시되어 왔다. 제 2 차 세계대전 종식 후 세계대전 재발방지를 위해 설립된 유엔은 국제 평화를 위협하는 모든 상황을 관리하는 역할을 수행하고 있다. 이러한 유엔이 현재 국제 평화를 위협하는 분쟁 발생시 유일하게 행사할 수 있는 평화 및 안보 기능은 '평화유지활동'(peacekeeping operation)이며, 최근에는 그 정당성과 효율성을 강화하기 위한 개혁이 시도되고 있다.

유엔의 평화유지활동을 위한 평화유지군 파견 여부는 안전보장이사회(UN Security Council, 이하 안보리)의 결정에 의존하고 있으며, 안보리에 속한 15개 이사국들 중 거부권(veto)을 가진 5개의 상임이사국(이하 P-5)은 미국, 영국, 중국, 프랑스, 러시아로 구성되어 있다. 이 P-5 국가들은 분쟁 혹은 위기 사태가 발생할 경우, 평화유지활동 임무 수행을 위한 평화유지군 파견 여부를 결정할 수 있으므로 안보리 내에서도 상당한 권력을 가진다고 볼 수 있다. 이러한 P-5 국가들이 평화 유지활동 이행 시 지켜야 하는 주요 원칙은 "중립성"이지만, 임무를 결정하는 과정에 있어서 안보리 이사국들 간의 이해관계가 적지 않은 영향을 미치고 있다는 사실 또한 부인할 수 없다. 실제로 평화유지활동에 대한 P-5 국가들의 이해관계가 상충하여 의견의 합치점을 찾지 못한 채, 유엔이 그 역할을 제대로 수행하지 못하게 되는 경우가 종종 발생해 왔다.

본고에서는 현재 유엔 내에서 가장 막강한 권력을 행사하고 있는 미국과 점차적으로 그 위상을 높여가고 있는 중국 양국의 유엔 평화활동을 비교 분석하여 향후 양국의 유엔 평화활동에 대한 입장 및 정책 변화에 대해 전망해 보고자 한다. 최근 경제적으로 급부상하고 있는 중국은 미국 중심의 단극 체제인 현 국제정세에 도전하고 있다는 평가를 받고 있으며, 중국의 두드러진 모습은 유엔 평화활동에 있어서도 예외가 아니다. 또한, 유엔 평화활동과 관련하여 미국은 그 활동 범위를 축소시키고 있는 반면, 중국은 점차적으로 참여를 확대하고 있는 추세를 보이고 있다. 따라서 본고에서는 미국이 유엔 평화활동의 범위를 축소시키는 요인과 중국이 평화활동의 참여를 확대하는 요인에 대해서도 검토해 보고자 한다. 이를 위해서는 우선적으로 유엔 평화활동의 실천배경 및 원칙에 대한 설명이 이루어져야 할 것이다. 그 다음으로 탈냉전 이후의 시기에 초점을 맞추어 미국 및 중국의 유엔 평화활동에 대한 정책 및 참여추세의 변화과정과 그 요인에 대해 살펴 볼 예정이다. 최종적으로는 지금까지의 양국의 태도 변화가 어떠한 의의를 갖는지 분석하여 향후 정책 방향에 대해 전망해 보고자 한다.

1.2 선행 연구 검토

Holt and Mackinnon(2008)에 의하면, 미국의 유엔 평화활동은 명확한 전략 혹은 정책이 없으며 이해관계에 따라 참여 여부가 결정된다. 이에 대해 Holt and Mackinnon 은 국가 이익이 속해 있는지에 따라 참여 여부를 결정하는 태도는 강대국으로서 국제사회에서의 지도자 역할을 충분히 하지 못하고 있음을 보여주는 것이라며 비판적으로 평가했다.[1] 또한, 미국이 유엔에서 분명한 지도자 역할을 수행하지 못하고 있는 원인은 국내 양당의 갈등이라고 설명하며 이 문제는 정권이 교체되어도 유지될 것이라고 예측했다. 이들의 연구는 미국의 유엔 참여 변화 추세 및 한계점에 대해서는 잘 설명하고 있지만, 그 한계점이 앞으로 어떠한 결과를 초래할 것인지에 대한 분석이 부족하다.

Stahle(2008)는 중국이 국가 주권에 대한 엄격한 해석에서 벗어남으로써 분쟁 국가에 개입하는 유엔 평화활동에 적극적으로 참여할 수 있게 되었다고 해석한다. 또한, 브라히미 보고서[2]에 반영된 바와 같이 유엔이 제도상으로 중국의 요구를 일부 수용한 것이 중국을 유엔 평화활동에 적극적으로 참여하도록 이끄는 결과를 가져왔다고 주장한다.[3] 즉, 중국뿐만 아니라 유엔의 제도적인 개혁을 통해 상호적 합의가 이루어짐으로써 중국이 평화활동에 적극적으로 참여하게 되었다는 새로운 주장을 제시하고 있는 것이다. 그러나, 이 논문은 중국이 유엔 평화활동 참여를 확대시키고 있는 함의에 대해서는 언급하고 있지 않다.

유동원(2008)은 중국이 유엔 평화활동에 적극적으로 참여하게 된 변화 요인을 '전략적 의지'라고 요약하며 국제 사회에서 책임감 있는 강대국으로서의 이미지 제고와 평화적 부상의 전제조건으로서 국제평화에 대한 공헌을 높이고 있으며 나아가 미국의 헤게모니에 대한 견제라고도 주장한다.[4] 유동원은 중국의 유엔 평화활동에 대한

---

[1] Holt, Victoria K. and Mackinnon, Michael G. "The Origins and Evolution of US Policy Towards Peace Operations." *International Peacekeeping* 18-34 (February, 2008) p.19.

[2] '브라히미 보고서 (The Brahimi Report, 공식 명: Report of the Panel on United Nations Peace Operations)'는 2000년에 유엔 전 사무총장 코피 아난의 요청에 따라 알제리 전 외무장관 라크다르 브라히미를 비롯한 10 명의 전문가들이 작성한 것으로, "유엔의 평화유지 활동을 일시적인 책임이 아닌 유엔의 핵심 활동(core activity)으로 봐야 한다"는 시각을 반영하고 있다. 이 보고서는 여단 규모의 다국적 평화유지군 창설, 유엔 평화유지군 신속 배치(소규모 30 일 이내, 대규모 90 일 이내), 유엔 사무총장의 평화유지군 파병결정 재량 강화, 그리고 사안마다 유엔 안보리 심의를 거쳐야 하는 지원계정(support account)이 아닌, 유엔 정규예산에서의 파병 재원 확보 등을 강조했다.

[3] Stahle, Stefan. "China's Shifting Attitude towards United Nations Peacekeeping Operations," *The China Quarterly* 631-655, (September, 2008) pp.640. Stahle는 브라히미 보고서의 '병력을 제공하는 국가들의 목소리를 듣고 그 국가들의 입장을 반드시 고려해야 한다'는 내용이 유엔 내에서 가장 많은 병력을 제공하고 있는 중국의 입지를 공고히 하는데 기여했다고 분석하고 있다.

[4] 유동원(2008). "중국의 유엔평화유지활동 정책: 배경, 특징과 제약요인." 『중국연구』제 43 호 p. 596.

여러 가지 정책 변화요인 중에서도 유엔 평화활동이 미국과 같은 서방국가에 좌우되는 것을 막으려는 의도가 중요한 요인임을 주장했지만, 중국의 적극적인 참여가 어떠한 방식으로 미국을 견제할 수 있는지에 대해 구체적으로 설명하고 있지는 않다.

지금까지 살펴본 바와 같이 기존의 논문들을 보면, 미국 혹은 중국 각각에 대한 유엔 평화활동의 배경 및 정책에 대해 분석하고 있는 것들은 많지만, 중국의 부상을 고려한 새로운 안보패러다임의 맥락에서 미국과 중국의 유엔 평화활동을 비교 분석한 것은 적다. 즉, 유엔에서 중국의 위치가 부상하면 유엔 내의 세력 역학에 어떠한 변화가 나타날 것인지에 대한 논의가 이루어진 연구는 손으로 꼽을 수 있을 정도라고 해도 과언이 아닐 것이다. 따라서 본고에서는 지금까지의 연구에서 다루어지지 않은 부분들에 대해서도 전망해 보고자 한다. 미국의 경우에는 올해 취임한 오바마 정권이 앞으로의 유엔 평화활동 정책을 어떠한 방향으로 진행할 것인지 예측해 보고 그 의의는 무엇인가에 대해 고찰할 것이다. 이어서 중국의 경우에는 유엔 평화활동에 대한 중국의 참여 확대가 유엔 내 세력 역학에 어떠한 영향을 미칠 것인지에 대해서도 분석해 볼 것이다.

2. 유엔 평화활동(UN PKO) 배경 및 원칙

유엔 헌장에서 국제평화와 안전의 유지에 관해 규정하고 있는 조항은 『유엔 헌장』제 6 장의 '분쟁의 평화적 해결'(Pacific Settlement of Disputes)과 제 7 장의 '평화위협, 평화 침해 및 침략행위에 대한 대응방법'(Action with Respect to Threats to the Peace, Breaches of the Peace, and Acts of Aggression)이다. 그러나, 평화유지활동에 관한 조항은 특별히 명시되어 있지 않다. 이에 대해 유엔 전 사무총장 다그 함마르셸드(Dag Hammarskjold)는 제 6 장의 평화적 해결방법 보다는 강하고 제 7 장의 무력사용이 수반된 강제조치보다는 약한 "제 6.5 장"에 속한다고 정의한 바 있다.[5] 이것을 종합적으로 정리해 보면, 분쟁이 악화되어 자체 해결이 불가능할 경우 분쟁 당사자들의 동의 하에 유엔 군사 및 민간요원 등을 파견하여 중립성을 유지하는 유엔 주도의 분쟁 해결 활동이라고 요약할 수 있다.[6] 이와 같이 평화유지활동에 대한 정의는 시대와 상황에 따라 그 역할 및 범위가 다양하게 계속 개정되어

---

[5] 유동원(2008), p. 588.
[6] 이한범(1997). 『유엔 평화유지활동에 관한 연구』(국방대학원) p.5.

왔으며, 경직된 정의 혹은 작전계획에 대한 사소한 가이드라인은 없다는 특징을 가지고 있다.7

그러나 이처럼 유엔 평화활동에 대한 정의는 계속 변화해 왔지만, 그 기반에는 불변의 3 대 원리가 존재한다. 첫째는 공평성(impartiality)으로, 평화유지활동의 고정성과 객관성을 확보하기 위해서 평화유지활동에 참여하는 요원들은 분쟁지역 내에서 반드시 정치적 그리고 군사적 중립성을 유지해야 한다는 것이다. 둘째 관련 당사국의 동의(consent)로, 분쟁당사자의 동의 없이 개입하는 것은 국가 주권에 대한 침해가 될 수 있기 때문에 당사국의 동의가 평화활동 설치의 전제 조건으로 명시되어 있다. 마지막 원칙은 자위 이외의 무력사용 금지(non-use of force except in self-defense)로, 무력분쟁을 진정시키는 의미로 평화활동 요원들에게 제한된 무력사용권을 허락하는 것이다. 즉, 평화유지활동 요원 중 민간인이나 경찰 또는 군 감시요원들은 비무장으로 현장에서 활동하며, 평화유지군은 무장은 하되 소화기만 휴대하여 자위에 한해서 무기를 사용하거나 안보리 결의에 따라 제한된 무력을 사용할 수 있다는 것이다.8

유엔 평화유지활동이 냉전시대에는 전통적 군사모델로 이해된 반면, 탈냉전 시대에는 더욱 넓은 범위의 통합 모델로 이해되고 있다. 즉, 냉전 이후 발생한 대부분의 유엔 평화유지활동의 범위가 단순한 휴전이행 감시에 국한되지 않고, 과거와는 달리 자유선거, 발전계획 그리고 정치적 이행(political transition)을 촉진하는 역할로 넓어지게 된 것이다. 나아가 9 · 11 테러 이후에는 특히 민족형성(nation building) 역할에 중점을 두게 되었다.9 즉, 국제적 안보 질서의 변화는 평화 유지활동 개념의 재정립 및 임무 확대를 불가피하게 만들었다고 볼 수 있다.

3.미국의 유엔 평화활동(UN PKO) 정책 및 참여

냉전 종식 후, 유엔 평화유지활동에 관한 미국의 입장은 행정부에 따라 변화되어 왔으며, 이를 공식적인 정책으로 명시한

---

[7] 다만, 어떠한 지역에서 집단 혹은 국가 간의 분쟁이 발생할 경우, 유엔이 평화유지활동을 취하기 위해서는 안보리의 결의가 필요하다. 이 결의는 P-5 와 10 개의 비상임이사국으로 구성된 안보리에서 P-5 의 동의를 포함한 9 개 이사국의 찬성투표가 성립 되어야만 이루어질 수 있다.

[8] United Nations Peacekeeping Operation: Principles and Guidelines. United Nations Department of Peacekeeping Operations. 2008.

[9] Sewall, Sarah B. "U.S. Policy and Practice Regarding Multilateral Peace Operations" Carr Center for Human Rights Policy Working Paper p. 4.

바는 다음과 같다.
- 1992년 국가안보지시 제 74호
  (National Security Directive 74, 이하 NSD-74)
- 1993년 대통령검시지시 제13호
  (Presidential Review Directive 13, 이하 PRD-13)
- 1994년 대통령결정지시 제25호
  (Presidential Decision Directive 25, 이하 PDD-25)
- 2002년 국가안보전략보고서 2002
  (National Security Strategy 2002, 이하 NSS 2002)

위 정책들의 내용을 살펴보면, 유엔 평화유지활동에 대한 과거 미국의 이상주의적이고 적극적이었던 입장이 지금의 현실주의적이고 소극적인 입장으로 변화하는 과정이 잘 나타나 있다. 이 장에서는 유엔 평화유지활동 참여에 있어서 국내외적 요인에 따른 미국 행정부의 입장 변화에 대해 고찰해 보고자 한다. 그 시기는 조지 H.W. 부시 행정부부터 탈냉전 시대로 한정하여 살펴볼 예정이다.

3.1. 조지 H.W. 부시 (1989~93)

냉전 종식 이후, 전세계적으로 낙관주의가 확산되면서 강대국 간의 협조를 기대하는 새로운 안보질서가 반영된 "신세계 질서"라는 용어가 흔히 쓰이게 되었다. 조지 H.W. 부시(이하 H.W. 부시) 또한 "신세계 질서" 아래 유엔과 같은 국제 기구의 역할을 확대시키고자 했다. 특히 1991년에 유엔이 공인한 미국 주도의 다국군이 쿠웨이트로부터 이라크군을 축출함으로써 걸프전을 승리로 이끈 후부터는 냉전 당시 미비했던 유엔에 대한 지원을 본격화하기 시작했다. 우선, 유엔에 대한 미불금을 완전히 지불하고, 나아가 앙골라(Angola), 캄보디아(Cambodia), 중앙 아메리카, 모잠비크(Mozambique), 나미비아(Namibia), 서사하라(Western Sahara), 구 유고슬라비아(the former Yugoslavia), 소말리아(Somalia) 그리고 엘살바도르(El Salvador)를 포함한 많은 국가들에서의 새로운 평화유지 임무를 지지했다.10 이 당시 미국이 이렇게 큰 규모로 평화유지활동을 확장시킬 수 있었던 근본요인은 미국 정부가 국제평화유지를 국가안보 및 국가이익과 관련시켜 국가안보를 지키기 위한 주요 요소로 염두에 두었기 때문이다. 이에 H.W. 부시 행정부는 1992년에 NSD-74 에서 유엔 평화유지활동에

---

10 UNPKO 임무 명칭 및 기간에 대해서는 Holt, Victoria K. and Mackinnon, Michael G. "The Origins and Evolution of US Policy Towards Peace Operations." *International Peacekeeping* 18-34 (February, 2008) p. 20.를 참고

대한 미국의 군사, 경제적 지지를 명시했다.[11]

3.2 빌 클린턴 (1993~2001)

행정 수뇌부의 대대적인 정권교체를 가져온 빌 클린턴(이하 클린턴) 시대를 맞이한 후에도 유엔 평화유지활동에 대한 미국의 입장은 변함이 없었다. 사실상 미국정부는 유엔 평화유지활동에 적극적으로 참여함으로써 적은 비용을 투자하여 세계적인 지도력을 발휘할 수 있었기 때문이다. 클린턴은 1993년 취임 직후 H.W. 부시 전 대통령의 유엔 평화유지활동을 계속 진전시켜 나감과 동시에, PRD-13을 이행하며 유엔 평화유지활동의 능력 및 효율성을 강화하는 조치들을 발표했다.

그러나 평화유지활동에 대해 이렇게 적극적이었던 미 행정부는 1993년 소말리아 파병을 계기로 한발 물러선 태도를 보이게 되었다. 당시 소말리아에 파견한 평화유지군의 작전실패로 미군 18명의 사상자를 내고 임무도 완수하지 못한 채 철수한 것이 국회와 국민들의 큰 비난을 샀기 때문이다. 이로 인하여 미국 내에서는 유엔 평화유지활동에 대한 '무조건' '적극적' 참여를 반대하는 여론이 확산되면서 의회에서도 유엔 평화유지활동 임무에 대한 자금을 제한시켜야 한다는 목소리가 커져만 갔다. 결국 클린턴 행정부는 유엔 예산에 대한 미국의 부담을 30%에서 27%로, 그리고 유엔 평화활동에 대한 예산 부담을 25%에서 22%로 감소시킬 수 밖에 없었다. 뿐만 아니라, 1994년 5월에 비준된 PDD-25를 통해 안보전략에 있어서도 새로운 입장을 밝히게 되었다. PDD-25에는 '미국의 국익과 직접적인 관련이 없는 분쟁에 개입하는 것은 미국의 국가안보 및 국익을 위한 최선의 대안이 아니며, 앞으로의 평화유지활동에는 선별적으로 참여하겠다'는 의도가 반영되어 있었다. 즉, 유엔에 대한 미국의 적극적 지지는 경제적 그리고 군사력 측면에서 한층 제한되어 소극적 태도로 그 노선을 변경하게 된 것이다.

3.3 조지 W. 부시 (2001~2009)

조지 W. 부시(이하 부시) 정부는 다자주의보다는 일방적인 정책을 강조하는 특징이 있었다. 부시 대통령은 취임 후, 유엔 평화유지활동에 대한 미국의 소극적인 입장을 더욱 강화시키고

---

[11] George Bush, *Remarks to the United Nations Security Council in New York City*, 31 January 1992, Public Papers, George Bush Presidential Library, http://bushlibrary.tamu.edu/papers/1992/92013100.html

새로운 평화활동 임무를 지지하는 데 있어서도 매우 회의적인 태도를 보였다. 뿐만 아니라 클린턴 정권 때 장관급이었던 유엔 대표들을 차관급으로 강등하고, 미국 국방부 육군대학원 소속의 평화유지연구소까지도 폐쇄시켜 버렸다. 그러나 부시 정권의 이러한 소극적 태도는 9·11테러 발생 이후 크게 달라졌다.

9·11 테러 이후, 세계 안보질서는 재정의되었고, 부시 대통령은 NSS 2002에서 "이제 정복하는 국가들보다는 실패하는 국가들이 미국을 위협한다"고 발표하면서 유엔의 평화유지활동을 통해 테러리스트 네트워크에 취약한 '실패하는 국가들'에 개입하는 것을 자국의 국가안보와 밀접하게 관련된 문제로 다루기 시작했다.[12] 이에 따라 자금 제공 확대와 함께 2002년에는 콩고 공화국(MONUC) 임무 확대에 대한 지지, 2003년에는 라이베리아 및 코디부아르 임무 지지, 그리고 2004년에는 부룬디, 아이티 및 수단 임무를 지지하면서 미 행정부는 유엔 평화유지활동에 대해 다시금 적극적인 태도로 나서기 시작했다. 그러나, 이 시기에 부시 정부는 H.W. 부시 전 정권 때와는 달리 병력을 제외한 정치, 경제적 그리고 병참 지원만을 제공했다. 그 이유는 소말리아 사태 이후, 미군을 외국 명령 계통 하에 두는 것에 대한 불안감이 계속해서 증폭되어 왔기 때문이다.

4. 중국의 유엔 평화활동(UN PKO) 정책 및 참여

중국의 지도자들은 마오쩌둥을 비롯해 현재까지 4세대로 이어져 왔으며, 중국의 평화유지활동은 덩샤오핑을 중심으로 한 2세대 지도자들부터 시작되었다. 중국은 1971년 유엔에 가입했음에도 불구하고 약 10년 동안은 유엔 평화활동에 전혀 참여하지 않았다. 당시에는 평화활동에 제공할 자원도 없었으며 대만문제(臺灣問題)로 인해 주권 국가에 개입하는 것에 대해 조심스러운 입장이었기 때문이다. 뿐만 아니라 유엔은 러시아와 미국이 서로의 국익을 추구하기 위해 약소국들을 개입할 수 있게 하는 도구에 불과하다[13]고 비판하면서 자신들의 정체성은 제3세계국가들에 속해 있고 이 국가들을 위해 중국은 주권 존중 및 불개입의 원칙을

---

[12] The White House, 'National Security Strategy', Sept. 2002 (at: www.Whitehouse.gov/nsc/nss.pdf) "America is now threatened less by conquering states than we are by failing ones."

[13] He, Yin. "China's Changing Policy on UN Peacekeeping Operations." *Asia Paper* (July, 2007), p.17.

지키겠다고까지 맹세한 바 있다.[14] 그러나 80년대 들어서 중국은 3세대에 걸쳐 유엔 평화활동에 대해 적극적인 태도를 보이기 시작했다. 이 장에서는 유엔 평화활동에 대한 이러한 중국의 입장 변화를 각 세대 지도자를 중심으로 시기별로 나누어 그 변화 요소와 활동 배경 및 현상에 대해 살펴 보고자 한다. 이 과정에서 언급하게 될 주요 정책 및 이론은 다음과 같다.

- 1984년 독립 자주적 화평 외교정책(獨立自主的和平外交政策)
- 1999년 부책임대국(負責任大國)
- 2005년 화평발전여회작(和平發展與會作)

4.1 2세대 (덩샤오핑: 1976~1992)

덩샤오핑을 비롯한 2 세대 지도자들이 나타나면서 중국은 마오쩌둥 세대의 이념적 엄격함을 벗어나 실용주의 및 경제개발을 강조하기 시작했다. 이에 따라 70 년대 말, 중국은 개방정책을 실행하며 한층 더 국제적인 모습으로 변모하기 시작했다. 이러한 개방활동의 결과, 1979 년에는 미국과 수교를 맺게 되었고 이는 서양과의 이념 대결에서 벗어나는 계기를 마련해 주었다.

이러한 과정을 통해 중국은 80 년대에 들어서면서부터 전반적으로 국제사회에 더욱 적극적으로 참여하게 되었고, 유엔 평화활동에 있어서도 1981 년에 처음으로 안보리 결의에 참석하고 1982 년도에는 자금도 지불하기 시작했다. 이어서 1984 년에는 독립 자주적 화평 외교정책(獨立自的和平外交政策)이라는 정책을 내세우면서 유엔 평화활동에 대한 기본 입장을 발표하기도 했다. 그 주요 내용은 평화유지활동을 지지하되 타국의 자주권을 고려하는 범위 내에서 활동할 것이며 그 비용에 있어서도 공평하게 부담하겠다는 것이었다.[15] 실제로 중국은 80 년대 중반까지 병력은 제공하지 않은 채, 정치적으로 평화활동의 역할을 인식하고 경제적으로는 비용을 부담하기 시작했다. 그러나, 80 년대 말에 들어서는 더욱 적극적인 성향을 보이면서 1988 년에 평화유지활동 특별위원회(UN Special Peace-keeping Committee)에 중국대사를 파견하고 1990 년에는 처음으로 중동 임무 (UNTSO)로 군사관찰단을 파병했다.

---

[14] 이것은 1974 년 중국이 발표한 세개세계이론(三個世界理論)의 내용 중 일부이며, 이 이론에서는 세계 국가들을 강대국인 제 1 세계와 발전도상에 있는 제 3 세계, 그리고 이 두 세계 사이의 발달을 이룬 제 2 세계의 3 가지 유형으로 분류하여 중국의 정체성은 발전도상에 있는 제 3 세계국가들에 속해 있다고 규정하고 있다.

[15] 유동원(2008), p.593.

4.2 3세대 (장쩌민: 1992~2003)

유엔 평화활동에 대한 중국의 적극적인 참여는 90년대에 들어서도 계속되었다. 1992~93년 공병군 800명을 캄보디아(Cambodia, UNTAC)에 파견한 것을 비롯해 1990년대에는 5개의 유엔 평화유지활동에 437명의 군사관찰단을 파견했다.16 그러나 이러한 활동은 1989년 천안문 사태 이후의 국제적 고립에서 벗어나기 위한 현대화 전략이었으며, 유리한 국제환경을 조성하여 과거의 소극적 태도를 수정하기 위한 선별적 참여이자 상징적인 의미에 불과했다는 평가를 받고 있다.17

이후에도 중국은 1999~2002년 동티모르(East Timor, INTERFET, UNTAET)에 인민 경찰을 파병함으로써 처음으로 평화활동에 무장한 군사력을 참여시켰고, 2001년 보스니아 헤르체고비나(Bosnia and Herzegovina, UNMIBH)에도 파병을 지원했다. 이에 따라 중국의 평화활동에 대한 입장 및 성격이 본격화되기 시작했다고 볼 수 있다. 전에 중국은 몇몇의 평화활동 임무에 적극적으로 참여하면서도 유엔에 대해 여전히 회의적이며 견제하는 태도를 보였다. 그러나 90년대 말부터 막강한 정치, 경제력을 기반으로 강대국 반열에 오르면서 1997년에는 홍콩을, 1999년에는 마카오를 반환 받고 2001년 WTO에도 가입한 이후에는 국제사회에서의 고립을 우려하기는커녕 주요행위자로 자리를 잡았다는 안심과 자신감을 갖게 되었다. 한편, 2005년 미국 국무부 전 부장관 로버트 졸릭(Robert Zoellick)이 중국으로부터 책임 있는 "이해관계자(responsible stakeholder)"가 되기를 요구하기 6년 전인 1999년에 중국 전 총리 주룽지는 중국이 "부책임대국(負責任大國)"이 되어야 한다고 발표한 바 있다. 이는 중국이 더 이상 경제적으로만 책임 있는 행위자로 머무르기보다는 이제 정치적으로도 세계 평화 및 안보를 지키는 적극적 행위자가 되어야 한다는 의미였다.18 또한 9·11 테러 발생 이후, 극적인 세계적 환경변화는 국가 주권에 대한 중국의 생각을 더욱 유연하고

---

16 He, Yin, 24. 1988~1998년 중국의 유엔 평화활동 참여 활동: UNTSO, the United Nations Iraq-Kuwait Observation Mission (UNIKOM), UNTAC, the United Nations Operation in Mozambique (ONUMOZ) and the United Nations Observation Mission in Liberia (UNOMIL). China's National Defense 1998, White Paper, www.china.org.cn/e-white/5/5.4htm#4 .

17 유동원(2008), p.594.

18 Pang, "China's Changing Attitude to UN Peacekeeping," pp.96-97.

실용적인 방향으로 전환시켰다.[19] 따라서 중국은 1999년 이후의 외교 전략에 있어서 평화유지활동에 대한 적극적 성격 및 활동을 제도화시켰다고 볼 수 있다.

4.3 4 세대 (후진타오: 2003~)

2003 년 콩고(Democratic Republic of Congo, MONUC)에 파병한 218 명의 병참부대를 포함하여 중국은 유엔 평화활동에 대해 그 어느 때보다도 더 적극적인 역할을 함과 동시에 2 천만 달러를 투자하여 중국 평화유지 훈련센터(China Peacekeeping CIVOL Training Center, CPCTC)까지 설립했다. 또한 2004 년에는 지금까지 지원한 규모 중 가장 많은 인원인 1116 명이나 되는 병력을 라이베리아(Liberia, UNMIL)에 파병했다. 같은 해에 아프가니스탄(Afghanistan, UNAMA)과 코소보 (Kosovo, UNMIK), 아이티(Haiti, MINUSTAH)에도 병력을 파병했다. 이처럼 평화활동 임무에 중국의 병력이 투입되면서 파병된 경찰들 (Formed Police Unit, FPU)은 전과 달리 기관총 및 저격총으로까지 무장하게 되어 전투적인 성향을 갖게 되는 커다란 변화를 맞이했다. 또한, 2006 년 수단(Sudan, UNMIS)에 파병한 중국 병력은 6 년 반이라는 긴 시간 동안의 임무를 수행하기도 했고, 서사하라(Western Sahara, MINURSO)에는 군사 지도자의 임무를 담당할 수 있는 짜오징민(Zhao Jingmin) 소장을 파견하여 총사령관을 지휘하게 했다.[20] 2009 년 2 월 통계에 의하면, 중국이 전세계에 파병한 평화유지군은 미국의 20 배나 넘는 2,168 명에 달한다.[21]

지금까지 살펴본 바와 같이 중국은 군사, 정치적 측면에서 유엔 평화활동에 대해 적극적인 지지를 계속적으로 확대 나아가고 있으며, 평화유지군 훈련시설까지 자발적으로 설립하여 유엔에 대한 헌신을 확고히 하고 있다. 뿐만 아니라 경제적으로 평화유지활동 자금 제공에 있어서도 2000 년 0.99%였던 것을 현재 2.7%로 확대시켜 150%나 되는 증가세를 보였다.[22] 즉, 현재 중국은 유엔 평화활동에 있어 자금, 시간, 인력 등 모든 면에서 그 어느

---

[19] 유동원(2008),p. 597.

[20] UN Department of Peacekeeping
http://www.un.org/Depts/dpko/missions/minurso/facts.html. accessed April 6, 2009

[21] UN Department of Peacekeeping
http://www.un.org/Depts/dpko/dpko/contributors/2009/feb09_3.pdf. accessed April 6, 2009.

[22] He, Yin, 32.

나라보다도 높은 기여를 하고 있다고 볼 수 있다. 한편, 2005년 중국 외무부는 2세대의 독립 자주적 화평 외교정책을 발전시킨 화평발전여회작(和平發展與會作)을 발표하여 "국가들 간의 안보는 긴밀하고 밀접하게 연결되어 있으므로 안보 문제를 다루는데 있어서 가장 효율적인 방법은 협의를 통한 것"이라며 평화, 발전 및 협의를 추구하겠다는 의지를 굳건히 했다.[23] 더 나아가 170개 국가가 참석한 유엔 회의에서 후진타오 주석이 연설한 "화해 세계(和諧世界)"는 평화유지활동을 포함한 평화 및 안보를 위한 국제 노력에 기여하겠다는 그의 맹세이자 앞으로의 5세대 지도자에게도 계승될 정책이라고 예측해 볼 수 있다.

4. 미국 및 중국의 UN PKO 참여 비교 분석

미국은 NSS 2002를 통해 약하고 실패하는 국가들은 강대국만큼 안보에 위협이 될 수 있다는 탈 9·11 안보 패러다임을 공식적으로 인정했다. 즉 인도주의적 개입은, 더 이상 좋은 의도의 행동(gesture of goodwill)일 뿐만 아니라 국제사회에서 불안정을 초래하는 약하고 실패하는 국가들에 대응하고 국가안보를 유지하기 위한 필수적인 요소라고 해석한다. 미국은 NSS 2002를 기반으로 하여 유엔 평화유지활동과 같은 다자적 대응 조치가 필요하다고 강조하는 한편, 실질적으로는 유엔 평화활동에 적극적이지 않았다는 비판을 받고 있다. 즉, 유엔의 공식 정책과 미 정부 행동의 모순은 세계 지도자로서의 미국의 신뢰성에 큰 타격을 가져온 것이다. 미국 평화연구소의 특별보고서는 유엔에 대한 미국의 지원이 부족하여 미국에 대한 실망 및 불만이 증가하였으며 이로 인해 국제사회에 있어서 미국의 권리가 침식되고 있다고 보고한다.[24] 이처럼 미국이 유엔 평화활동에 대해 적극적이지 않은 근본적 이유는 르완다 사건부터 계속된 유엔에 대한 미국의 불신 때문이라고 분석해 볼 수 있다. 르완다 사태 이후로 유엔 평화활동에 대한 미국의 입장은 상당히 소극적인 모습으로 변했다. 당시 클린턴 정부는 유엔 평화활동에 대한 국내여론 및 국회의 강력한 저항에 맞서 더 이상 국익에 직접적인 관련이 없는 군사 작전에 참여하지 못하게 되었다. 즉, 미국은 국익과 관련되지 않은 분쟁지역에 미국의 병력을 희생하고 큰 규모로 경제적 지원을 제공하고자 하지 않았던 것이다.

---

[23] Li Zhaoxing, "Peace, Development and Cooperation – Banner for China's Diplomacy in the New Era", Foreign Ministry of PRC website. www.fmprc.gov.cn/eng/zxxx/t208032.htm (accessed April 7, 2009).

[24] Docking, Tim. "Special Report: Peacekeeping in Africa." *United States Institute of Peace*. (February, 2001), 4.

이러한 입장이 계속되다가 9·11테러를 계기로 국익에 대한 입장이 재정의되어 이전에는 국익에 포함시키지 않았던 지역 분쟁 및 인종주의의 위기들까지도 국익의 일부로 인정하게 되었다. 그러나, 유엔 평화활동에 대한 미국의 공식 정책은 적극적이되, 정치, 군사 그리고 경제적 분야에 대한 실질적인 지지는 여전히 미비한 실정이다.

반면, 중국은 1980년대부터 유엔 평화활동에 대한 지지를 지속적으로 증가시켜 1999년부터는 부책임대국(負責任大國)의 이념을 바탕으로 그 참여의 폭을 더욱 적극적으로 확대시켜 나가고 있다. 이같이 중국이 유엔 평화활동에 적극적으로 참여하게 된 요인은 다음의 두 가지로 분석해 볼 수 있다. 첫째로 유엔 평화활동은 중국이 국제사회에서 책임 있는 강대국으로 부상하는 것을 가장 효율적으로 보여 줄 수 있는 수단이었다. 둘째, 80년대까지 중국을 지배했던 주권에 대한 엄격한 해석이 90년대 후반부터 한층 유연해지면서 평화활동을 통해 분쟁 지역에 개입하는 것을 적극적으로 지지하게 되었다.

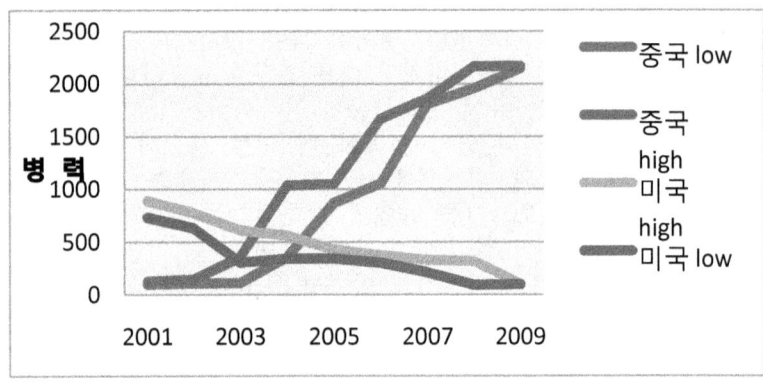

[그림 1] 2001~09년 미중 UN PKO 병력 참여 추세
출처 : United Nations Department of Peacekeeping Operations. Accessed 4/16/2009 (http://www.un.org/Depts/dpko/dpko/contributors/)

현재 유엔 평화활동에 대한 중국의 적극적 입장은 병력 및 경제적 지원에서도 확연히 드러나고 있다. [그림1]에서 볼 수 있듯이, 중국이 지원한 평화유지군은 2001년 130명에 불과했으나 2003년에 미국을 능가해 현재는 2,200명에 육박하는 급격한 증가 추세를 보이고 있다. 이에 반해 미국이 지원하는 평화유지군은 2001년에 거의 900명이었는데 현재는 100명도 안 된다. 즉, 현재 군사적 지원에 있어서 미국과 중국을 비교하면 중국은 미국보다 20배

이상의 병력을 지원하고 있는 것이다. 뿐만 아니라, 중국은 미국과 달리 평화유지 임무를 지도하는 장군까지도 제공하고 있다. 결국 유엔 평화유지활동에 대한 지원을 군사적 차원에서 비교해 보면, 미국이 중국보다 현저하게 뒤떨어진다고 할 수 있다. 게다가 브라히미 보고서의 개혁 조치에는 향후 병력을 제공하는 국가들의 입장을 더 고려할 것이라는 내용이 포함되어 있어 유엔 내에서의 중국의 입지가 미국에 비해 더욱 강화될 것이라고 예측해 볼 수 있다.

경제적 차원에서 미국과 중국을 비교하자면, 유엔 평화유지 예산인 71억 달러 중 미국과 중국 각국이 제공하는 비율은 중국이 3%에 불과하며 미국은 22%에 달한다. 유엔 평화유지 예산은 회원국가들이 자국의 경제적 능력에 따라 자금의 일부를 부담하는 제도이다. 즉, 최고의 강대국인 미국의 경우에는 자금 비율이 22%인 반면, 아직 개발 도상국인 중국은 2.7%에 불과한 것이다. 얼핏 보면 미국이 압도적인 금액을 제공하고 있는 것 같지만 더 자세히 살펴볼 필요가 있다. 미국의 자금 부담이 공식적으로는 22%일지라도 현재까지 지불하지 않아 밀린 채무금액만 8억 6천만 달러이다. 이 금액을 고려해서 미국이 유엔 평화활동 예산에 지불하는 비율을 다시 계산하면 실질적으로는 10% 밖에 되지 않는다. 물론 중국도 밀린 채무금액이 있지만 이를 고려하여 예산 부담 비율을 다시 계산해도 2.5%로 기존의 2.7%와 큰 차이가 없다. 즉, 경제적 비용 부담에 있어서 표면적으로는 미국과 중국의 자금 비율차이가 20%에 달하는 것 같지만, 각 국가의 채무금액을 고려해 재검토해 보면 실질적으로 미국과 중국이 제공하는 자금의 차이는 7.5%에 지나지 않는다. 더 나아가 중국이 지난 10년간 부담한 자금이 150%나 증가한 반면, 미국은 채무금액만 늘어가고 있는 실정이다. 유엔 전 대표 리처드슨(Richardson)은 미국이 채무자 국가(debtor nation)이기 때문에 유엔 내에서 미국의 지위가 약해졌으며, 국익을 추구하는데 있어서도 미국의 채무금액이 큰 장애가 된다고 밝힌 바 있다.[25]

유엔 평화활동에 대한 군사 및 경제적 지원을 중심으로 미국과 중국을 비교해 본 결과, 미국의 영향력 및 신뢰성은 감소하고 있는 반면 중국의 영향력 및 정당성이 증가하는 추세를 볼 수 있었다. 이러한 추세가 중국이 미국을 견제하고자 하는 의도를 보여준다고

---

[25] http://www.globalpolicy.org/finance/chronol/fin1998a.htm "When I go to my fellow Ambassadors and ask for their support on resolutions or agenda items, my position is weakened by America's debtor status. And on a number of substantive issues . . . America's national interests and objectives are being compromised by the failure to pay our dues."

해석할 수도 있다. 그러나 필자는 미국과 중국의 대결구도를 부각시키기보다는 부족한 양국의 협조체계와 미국의 실질적인 지지의 필요성에 대해 지적하고 싶다. 결과적으로 유엔 평화활동에 있어서 미국과 중국 양국의 적극적 참여가 동시에 이루어져야만 유엔의 정당성 및 효율성이 완전히 회복될 수 있기 때문이다.

현재 중국은 정치, 경제 그리고 군사적 차원에서 적극적으로 유엔에 참여함으로써 자국의 정당성과 함께 유엔의 정당성을 증가시키고 있다. 그러나 모든 차원에서 소극적인 입장을 취하고 있는 미국으로 인해 유엔의 효율성은 한계를 드러내고 있다. 이 한계를 극복하기 위해서는 중국뿐만 아니라 미국의 적극적인 참여도 함께 이루어져야 한다.

6. 결론: 전망

중국은 1970년대 유엔 평화활동에 병력 및 자금을 제공하기는커녕 안보리 투표 과정에도 참석하지 않았다. 이 당시 중국을 지배하고 있던 가장 큰 이념은 세개세계이론(三個世界理論)으로, 중국의 정체성은 발전도상에 있는 제3세계국가에 속해 있다고 규정하고 이 국가들을 위해 주권 존중 및 불개입의 원칙을 지키겠다는 입장을 고수하고 있었다. 이후 국가 주권에 대한 중국의 엄격한 해석이 유연해지고 특히 90년대에 들어서는 정치, 경제적으로 강대국의 대열에 합류하게 되면서 중국은 유엔 평화활동에 대한 기존 노선을 수정하여 적극적인 입장으로 변모하게 되었다. 그러나, 이렇게 적극적인 태도와 지지를 보이면서도 중국은 이 모든 활동이 타국의 자주권을 고려하는 범위 내에서 이루어져야 한다는 기본 원칙을 지켜오고 있었다. 이는 세개세계이론의 기본정신을 계승한 것으로 그 어느 때보다도 유엔 평화활동에 적극적인 지지를 보내고 있는 후진타오 주석에게까지 이어져 오고 있다. 앞으로 그의 후계자가 될 5세대 지도자 또한 유엔 평화활동에 대한 적극적인 지지와 함께 이 정신을 계승할 것으로 전망해 볼 수 있을 것이다.

그렇다면, 미국은 어떻게 전망해 볼 수 있을까. 탈냉전 시대를 맞이하여 유엔 평화활동에 대해 긍정적인 자세로 병력, 병참 지원, 자금 등 모든 분야를 적극 지원했던 H.W. 부시와 이러한 이상주의적 입장을 이어받아 계승하고자 했지만 소말리아 사태로 인해 냉정한 현실주의적 태도를 취할 수 밖에 없었던 클린턴 정부, 9·11 테러 이후 평화활동의 역할을 국익과 연관시켜 소극적이나마 다시금 회복시킨 부시 정부까지, 그야말로 미국은 국가의 이해관계에 따라 유엔 평화활동에 대해서도 상반된 입장을 취해 왔다.

이제는 올 1월 국제주의를 강조하며 새로운 대통령으로 취임한 오바마 정권의 입장에 대해 예측해 볼 차례이다. 오바마 정권은 아직 유엔 평화유지활동에 대한 공식정책을 발표하지는 않았으나 유엔에 대한 입장은 부시 전 대통령보다 우호적일 것이라 예상해 볼 수 있다. 우선, 제도적인 측면에서 오바마 대통령은 부시 정권 때 강등된 미국의 유엔 대표들의 지위를 다시 장관급으로 회복시켜 유엔에 대한 중요성을 강조하고 있기 때문이다. 또한, 부시 전 대통령이 과거에 임명했던 존 볼튼(John R. Bolton)은 유엔의 정당성 자체를 부정하는 성향[26]을 나타낸 바 있는 반면, 오바마 대통령이 올해 유엔 대표로 임명한 수잔 라이스(Susan E. Rice)는 인도주의적 활동 및 평화유지활동을 적극적으로 지지하고 있는 성향을 볼 수 있다. 더 나아가 오바마 대통령은 미국과 유엔의 협조를 증대시키기 위해 올 3월 17일 반기문 유엔 사무총장과 만나기도 했다.[27] 오바마 정권은 첫 임기 내에 유엔 평화유지활동에 있어서 정치적으로의 지지는 강화하되 자금 혹은 병력 차원에서의 지원은 확대하지 않을 것이라고 보여진다. 이는 미국이 현재 2개의 중동지역 전쟁에 개입하고 있어 유엔에까지 병력을 제공할 수 있는 여유가 없으며, 경제적으로도 심각한 위기상태에 빠져 유엔 자금을 증가시킬 재정적 여유가 없기 때문이다. 그러나 중장기적으로 경제위기가 극복되고 중동지역의 전쟁이 종결되면, 미국의 평화유지활동 정책은 더욱 적극적으로 변할 것이라고 낙관할 수 있다. 즉, 유엔 평화활동에 있어서 미국과 중국의 협조는 단시일 내에 이루어지기 힘들겠지만, 중장기적으로 미국이 유엔 평화활동에 더욱 적극적으로 참여하게 되면 양국의 협조가 증가해 유엔 평화활동에 대한 정당성 또한 강화될 수 있을 것이라고 전망해 볼 수 있다.

참고문헌

김희오(2001) "탈냉전시대 국제연합 평화유지활동의 새로운 역할과 과제", 『국민윤리연구』제 48 호
배승필(2008) "북한 급변사태 발생시 한국의 PKO 활동 방향 : 동티모르 파병과 관련하여", 경희대학교 석사 논문
成宰豪(2002) "UN 평화활동의 根據와 限界", 『한국법학원』제 69 호

---

[26] Watson, Roland (2005-03-08). "Bush deploys hawk as new UN envoy". The Times. "국제 연합이라는 것은 존재하지 않다. 다만 미국이라는 하나밖에 남지 않는 초강대국이 지도할 수 있는 국제 사회라는 존재이다." ("There is no such thing as the United Nations. There is only the international community, which can only be led by the only remaining superpower, which is the United States.") http://www.timesonline.co.uk/article/0,,11069-1515816,00.html.
[27] "Ban, President Obama discuss boosting US-UN cooperation," UN News Service, March 10, 2009.

유동원(2008) "중국의 유엔 평화유지활동 정책 : 배경, 특징과 제약요인", 『중국연구』제 43 호
이한범(1997) 『유엔 평화유지활동에 관한 연구』, 국방대학원
한석희(2004) "중국의 신안보개념(新安全觀) : 다자간 안보에 대한 중국의 협력 기능성과 한계", 『국제지역연구』제 8 집 1 호
Chen, Jing. "Explaining the Change in China's Attitude toward UN Peacekeeping: a norm change perspective" *Journal of Contemporary China* 157-173 (January, 2009)
Coicaud, Jean-Marc. "The Future of Peacekeeping." Foreign Policy in Focus (December, 2007), 3.
Garrett, Banning. "US-China Relations in the Era of Globalization and Terror: a framework for analysis." *Journal of Contemporary China* 389-415 (August, 2006)
He, Yin. "China's Changing Policy on UN Peacekeeping Operations." *Asia Paper* (July, 2007).
Holslag, Jonathan. "China's Diplomatic Manoeuvring on the Question of Darfur." *Journal of Contemporary China 71-84 (February, 2008)*
Holt, Victoria K. and Mackinnon, Michael G. "The Origins and Evolution of US Policy Towards Peace Operations." *International Peacekeeping* 18-34 (February, 2008).
Sewall, Sarah B. "U.S. Policy and Practice Regarding Multilateral Peace Operations" Carr Center for Human Rights Policy Working Paper. http://www.hks.harvard.edu/cchrp/Web%20Working%20Papers/PKO.pdf
Stahle, Stefan. "China's Shifting Attitude towards United Nations Peacekeeping Operations" The China Quarterly, 631-655 (September, 2008)
Holslag, Jonathan. "China's Diplomatic Manoeuvring on the Question of Darfur." *Journal of Contemporary China 71-84 (February, 2008)*
United nations Peacekeeping Operation: Principles and Guidelines. United Nations Department of Peacekeeping Operations. 2008.
Zhongying, Pang."China's changing attitude to UN peacekeeping." *International Peacekeeping* 87-104 (March, 2005).

www.ingramcontent.com/pod-product-compliance
Lightning Source LLC
Chambersburg PA
CBHW071213090426
42736CB00014B/2810